CIDADES VERTICAIS

Leandro Ludwig

Dinâmicas, tendências e desafios da verticalização das cidades brasileiras no período de 2000 a 2022

Grafia atualizada conforme o Acordo Ortográfico da Língua
Portuguesa de 1990, em vigor no Brasil desde 2009.

Capa, projeto gráfico Malu Vallim
Diagramação e preparação de figuras Thiago Cordeiro
Preparação de textos Hélio Hideki Iraha
Revisão de textos Natália Pinheiro Soares
Impressão e acabamento Meta

Dados Internacionais de Catalogação na Publicação (CIP)
(Câmara Brasileira do Livro, SP, Brasil)

Ludwig, Leandro
Cidades verticais : dinâmicas, tendências e
desafios da verticalização das cidades brasileiras no
período de 2000 a 2022 / Leandro Ludwig. -- São
Paulo : Oficina de Textos, 2025.

Bibliografia.
ISBN 978-85-7975-399-2

1. Arquitetura 2. Cidades - Brasil 3. Edifícios -
Brasil 4. Planejamento urbano I. Título.
24-239202 CDD-720

Índices para catálogo sistemático:
1. Arquitetura e urbanismo 720
Eliane de Freitas Leite - Bibliotecária - CRB 8/8415

Rua Cubatão, 798
CEP 04013-003 São Paulo SP
tel. (11) 3085 7933
www.ofitexto.com.br atendimento@ofitexto.com.br

Pois o arranha-céu não é apenas o edifício do século, é também a única obra de arquitetura que pode ser estudada como a personificação e a expressão de muito do que faz do século o que é...

Para o bem ou para o mal, é medida, parâmetro ou apoteose de nossa cultura de consumo e corporativa. Nenhum outro tipo de edifício incorpora tantas forças do mundo moderno, ou tem sido tão expressivo na mudança de sistemas de crenças e tão responsivo às mudanças de gostos e práticas.

Romantiza o poder e a condição urbana... O edifício alto sonda nossa psique coletiva enquanto sonda o céu.

Huxtable (1984, p. 11, tradução nossa)

APRESENTAÇÃO

Quantos somos? Quanto crescemos? Onde estamos? A busca de respostas para essas perguntas tem motivado, ao longo da história, a realização de recenseamentos populacionais. O mais antigo registrado foi feito na China, em 2.238 a.C. No Brasil, o primeiro censo foi realizado em 1872. Em 1940, o Instituto Brasileiro de Geografia e Estatística (IBGE) deu início ao que viria a ser a série decenal de censos que, apesar de alguns atrasos (1991 e 2022), vem se mantendo como a mais abrangente fonte de informações demográficas do País, fornecendo inestimáveis dados para a pesquisa e a formulação de políticas públicas.

O livro *Cidades verticais* é uma prova do que uma mente investigativa pode extrair de conhecimento mergulhando nos dados do censo. Seu autor, o arquiteto Leandro Ludwig, mestre e doutor pela Universidade Regional de Blumenau (Furb) e pós-doutor pela Pontifícia Universidade Católica do Paraná (PUCPR), analisa a verticalização das cidades brasileiras no século XXI, fazendo uso dos dados dos censos do IBGE referentes aos domicílios do tipo apartamento. Essa metodologia, apesar de não abranger as edificações comerciais, traz a significativa vantagem de cobrir todo o território nacional. Configura-se, assim, como uma grande janela de observação do fenômeno da verticalização em todo o País nas últimas duas décadas.

Os três censos analisados – 2000, 2010 e 2022 – fornecem, inicialmente, o retrato do Brasil no momento em que foram realizados.

A comparação desses três momentos nos permite compreender a evolução do País no período, evidenciando tendências que podem indicar o desenvolvimento futuro de nossas cidades.

O livro *Cidades verticais* apresenta e analisa estas tendências: o crescimento da verticalização expresso no percentual do número de apartamentos sobre o total do número de domicílios, sua concentração nas regiões Sul e Sudeste, e ao longo da faixa litorânea, por onde teve início a ocupação do território, e onde as praias exercem atração e valorização imobiliária. São revelados os Estados e os municípios com maior número absoluto de apartamentos, com maior percentual de apartamentos e com maior crescimento do número de apartamentos. As dinâmicas populacionais indicam dinâmicas urbanas afetadas pela topografia, pela disponibilidade de áreas urbanizáveis e pela proximidade de polos geradores de emprego.

A verticalização revelada em *Cidades verticais* não é apenas aquela dos arranha-céus, dos ícones nos *skylines* das grandes metrópoles, símbolos de poder e de *status*. É também a verticalização dos conjuntos habitacionais que substituíram, com blocos de apartamentos, os mares de casas dos primeiros loteamentos populares, que desperdiçavam terra urbanizada e infraestruturada no nosso País. É ainda a verticalização que permite vislumbrar mudanças estruturais nas famílias brasileiras, com a inserção da mulher no mercado de trabalho e a consequente redução do tamanho das famílias.

Entendemos que a verticalização, quando excessiva, pode comprometer a paisagem e o conforto ambiental e sobrecarregar a infraestrutura. Mas, quando controlada pelos planos diretores e empregada de forma racional, com recuos e afastamentos que assegurem o conforto ambiental, e com a reserva de áreas públicas de convívio e lazer, a verticalização pode gerar cidades compactas, mais eficientes, reduzindo deslocamentos, otimizando o uso da terra e da infraestrutura urbana e democratizando o acesso à moradia.

Os dados analisados em *Cidades verticais* confirmam ainda que a população brasileira continua crescendo, mas com taxas de crescimento cada vez menores, dando continuidade ao processo de transição demográfica iniciado no século XX, que leva países desenvolvidos à estabilização de sua população. A redução da taxa de natalidade brasileira é expressa claramente, nos dados dos censos, na redução do número de moradores por domicílio, de 2000 a 2022. Essa desaceleração do crescimento populacional pode ser considerada uma boa notícia, pois traz alívio na pressão por mais serviços e infraestrutura. No entanto, ainda temos que fazer frente à concentração urbana decorrente dos movimentos migratórios.

Cidades verticais abre o caminho para novas investigações, a serem realizadas nos níveis de Estado, região e município, buscando conhecer melhor a expressão material no espaço urbano da transformação em curso das cidades brasileiras, nas quais os apartamentos ganham maior relevância como forma de morar das famílias brasileiras. O site que acompanha o livro permitirá, de forma interativa, reunir e dar visibilidade a esses futuros estudos, servindo como plataforma colaborativa de pesquisa. A você, leitor, fica a sugestão de fazer parte desse coletivo, contribuindo para mostrar como sua cidade está se verticalizando.

Ao Leandro, expresso os parabéns pela iniciativa e qualidade do trabalho, e os agradecimentos pelo privilégio da leitura pré-publicação.

Profa. Dra. Claudia Siebert
Universidade Regional de Blumenau (Furb)

Edifício Palacete Riachuelo (SP), 1928

SUMÁRIO

Edifício Sampaio Moreira (SP), 1924
Primeiro arranha-céu brasileiro

INTRODUÇÃO

A forma da cidade representa uma singular capacidade da humanidade de materializar suas ideias, problemas e desejos. *A cidade dá forma ao que a humanidade é e ao que pretende ser*, é reflexo e projeção do ser humano e de seu tempo. Sua complexidade e diversidade podem ser representadas tanto pelas diferentes formas que pode assumir quanto pelas diferentes formas pelas quais podemos compreendê-la (Kropf, 2009). A intensificação e a diversificação das dinâmicas urbanas que surgem no século XXI produzem novos desafios em termos de mobilidade, habitação, paisagem e, principalmente, de intenções e desejos a respeito das diferentes formas possíveis para a cidade. Nesse contexto, a intensificação da verticalização urbana representa novos desafios para o desenvolvimento e o planejamento urbano. Como uma terceira dimensão espacial da forma urbana, a verticalização das cidades expressa uma das dinâmicas urbanas mais intensas e desafiadoras do século XXI.

Segundo Al-Kodmany (2018), *somente no período de 2000 a 2020 foram produzidos 8.827 novos edifícios altos no mundo, número expressivamente superior aos 7.513 edifícios altos existentes até então*. A intensificação desse fenômeno pode ser observada também na altura das edificações: antes do ano 2000 existiam apenas 24 edifícios superaltos no mundo (*supertalls*), sendo que apenas nas duas primeiras décadas do século XXI foram construídos mais de 144 *supertalls*. Esse autor utilizou em sua pesquisa as bases de dados e os critérios do Conselho dos Edifícios Altos e do

Hábitat Urbano (Council on Tall Buildings and Urban Habitat – CTBUH), que define e classifica os edifícios como altos (entre 50 m e 300 m), superaltos (entre 300 m e 600 m) e mega-altos (acima de 600 m).

Se a partir do ano 2000 entramos na era dos supertalls, *a partir de 2010 passamos para a era dos* megatalls (edifícios com mais de 600 m de altura), tendo como marco temporal a conclusão do Burj Khalifa, atualmente o edifício mais alto do mundo. Desde então foram construídos outros três edifícios *megatalls*: Makkah Royal Clock Tower, na Arábia Saudita (601 m, em 2012); Shanghai Tower, na China (632 m, em 2015); e Merdeka 118, na Malásia (679 m, em 2023).

Por um lado, o movimento dos *supertalls/megatalls* indica a intensificação do processo de verticalização, que rompe novos limites de altura e produz novas dinâmicas urbanas. Por outro lado, a elevada quantidade de edifícios altos no mundo indica uma maior difusão territorial desse tipo de forma urbana. A intensificação e a difusão da verticalização urbana em nível mundial destacam a relevância desse fenômeno não apenas na escala global, mas principalmente nos contextos nacionais, regionais e locais. Junto com a escala dos *supertalls* e dos *megatalls*, os desafios do espaço urbano também assumem novas escalas. Os efeitos, as razões e as dinâmicas desses novos desafios urbanos podem ser compreendidos por meio dos diferentes espectros da forma urbana.

A morfologia urbana intriga pesquisadores do Urbanismo desde o surgimento desse campo disciplinar. *Parafraseando o axioma* "form follows function", *do arquiteto norte-americano Louis Sullivan, a pesquisadora Carol Willis publicou seu livro com o título* Form Follows Finance, *que destaca a relação da economia com a verticalização* e o *skyline* de Nova York e Chicago (Willis, 1995). A autora aponta que o arranha-céu e a verticalização podem ser entendidos tanto como expressão positiva na cidade (faróis do progresso) quanto como fonte de diversos problemas urbanos.

Diante da complexidade desse fenômeno tão intenso, este livro tem como objetivo principal estabelecer um panorama geral da dinâmica territorial da verticalização urbana no Brasil. A proposta é que esse panorama ofereça subsídios para novas pesquisas e avanços na compreensão desse fenômeno.

Para apresentar a dinâmica territorial da verticalização brasileira, este livro utiliza de forma inédita a base de dados fornecida pelo Instituto Brasileiro de Geografia e Estatística (IBGE) por meio dos censos demográficos de 2000, 2010 e 2022. Essa abordagem se torna possível pois a verticalização brasileira tem como singularidade atender ao mercado da habitação. De tal modo, apesar de não captar a verticalização resultante de outros usos, os censos demográficos possibilitam analisar a verticalização que resulta das dinâmicas habitacionais. A base de dados dos três censos foi sistematizada, compilada e georreferenciada para evidenciar as dinâmicas inerentes ao processo de verticalização. Mais do que apenas utilizar a principal base de dados existente na escala nacional, a decisão de englobar o período de 2000 a 2022 se justifica por ser nesse intervalo que o processo de verticalização passa a se expressar de forma mais intensa, tanto na altura das edificações quanto na quantidade de edificações altas e na difusão territorial. Essa intensificação do fenômeno da verticalização a partir do ano 2000 não é específica do cenário brasileiro (Fig. I.1). Dados do CTBUH indicam aumento similar na escala global a partir do mesmo ano (Fig. I.2).

Para possibilitar uma maior difusão e assimilação do conhecimento, este livro foi desenvolvido em conjunto com a plataforma online *cidadesverticais.com.br*, que apresenta de forma interativa e ampliada os dados discutidos aqui. A proposta é que a plataforma opere como um repositório permanente sobre os dados já produzidos e que ainda serão produzidos sobre o fenômeno da verticalização urbana no Brasil, de forma a facilitar o acesso, a produção e a difusão do conhecimento sobre esse fenômeno tão importante no desenvolvimento das cidades brasileiras.

No que tange à *estrutura do livro*, destaca-se que ela foi pensada por meio dos seguintes capítulos: no Cap. 1 realizamos uma discussão a respeito do contexto histórico, global e nacional, da verticalização urbana; no Cap. 2 analisamos a dinâmica

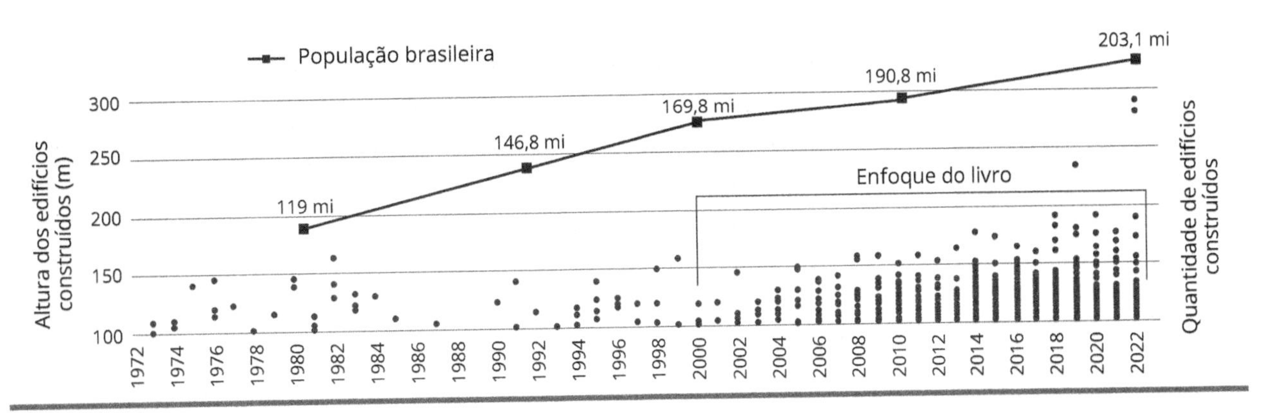

Fig. I.1 *Linha do tempo das edificações com mais de 100 m de altura construídas no Brasil de 1972 a 2022*
Fonte: elaborado com base em CTBUH (2023).

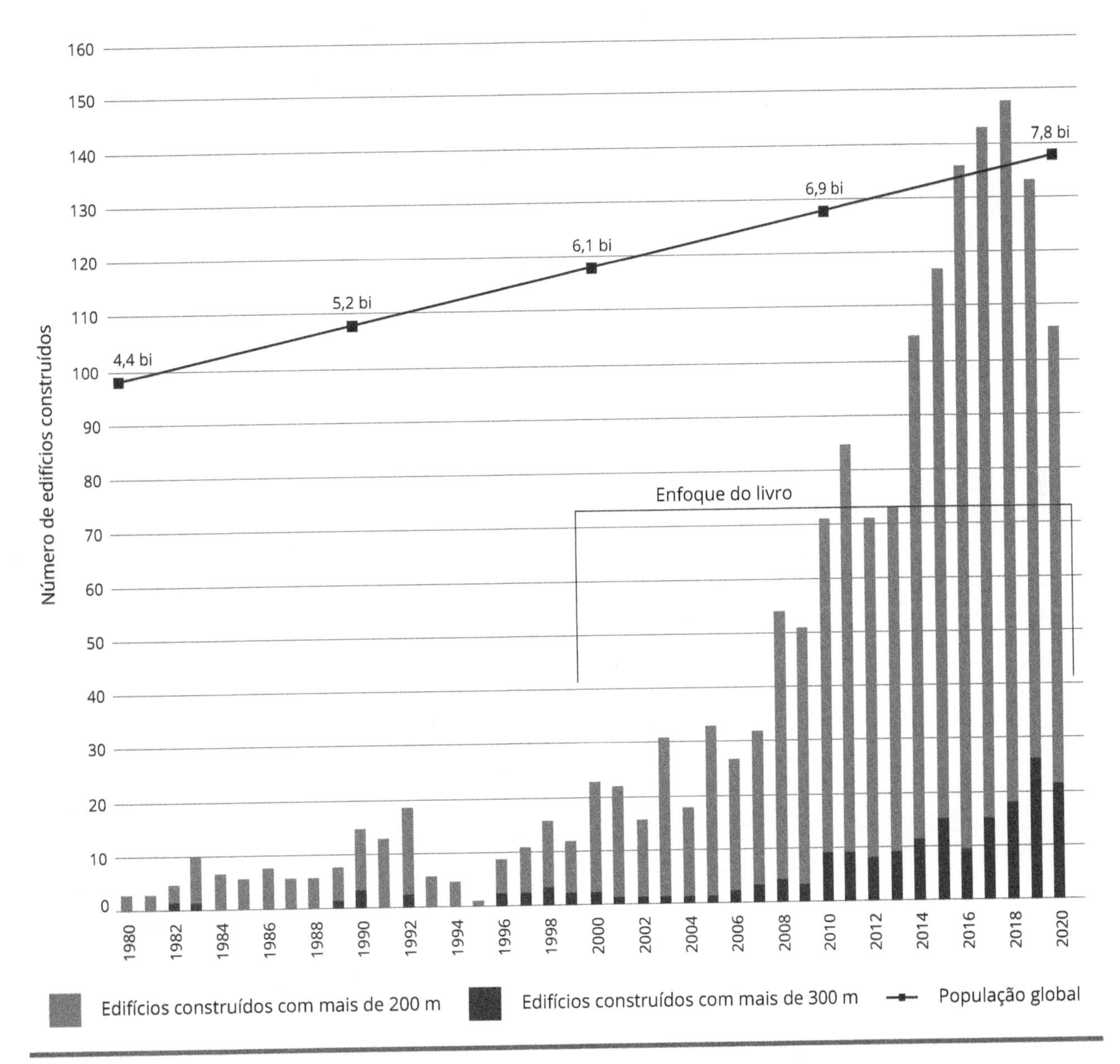

Fig. I.2 *Linha do tempo de conclusão de edifícios altos no mundo no período de 1980 a 2020*
Fonte: CTBUH (2023).

da verticalização no período de 2000 a 2022: apresentamos como a territorialidade da verticalização brasileira ocorreu, assim como lançamos um olhar inédito a partir dos novos dados apresentados pelo censo de 2022 e, consequentemente, uma leitura atualizada da dinâmica recente do processo de verticalização brasileiro; no Cap. 3 a discussão da verticalização é ampliada ao correlacionarmos os dados dos censos demográficos com outras bases de dados e análises, o que nos permite expandir a compreensão do fenômeno; no Cap. 4 realizamos uma análise para os próximos dez anos, classificando as cidades brasileiras conforme as respectivas tendências de verticalização, e, além disso, apresentamos desafios locais da verticalização em termos de escala humana, olhos da rua, cânions urbanos, conforto ambiental, paisagem e morfologia (altura e recuos); no Cap. 5, em um exercício de síntese, destacamos os padrões e os desafios da verticalização urbana nacional a partir das dinâmicas identificadas no período de 2000 a 2022.

Por fim, convidamos o leitor a aprofundar o conhecimento das dinâmicas e das transformações da verticalização urbana brasileira dos últimos 20 anos, apresentadas de forma detalhada neste livro, por meio da plataforma interativa *cidadesverticais.com.br*. Em conjunto, o livro e a plataforma oferecem importantes subsídios para que a comunidade técnica e científica possa estabelecer uma melhor compreensão desse fenômeno no território brasileiro.

Edifício Mirante do Vale (SP), 1966
Maior edifício brasileiro de 1966 a 2014

1 CONTEXTO HISTÓRICO E BASE CONCEITUAL

1.1 Breve contexto histórico da verticalização

O fascínio que a verticalização de edifícios e cidades provoca na humanidade não é recente. Uma primeira forma dessa ambição humana pode ser encontrada ao revisitar as histórias e os mitos da Torre de Babel (Fig. 1.1). Segundo os registros bíblicos, essa torre teria surgido após o dilúvio, quando um grupo de pessoas decidiu construir uma torre para afirmar autonomia, alcançar o céu e, assim, desafiar Deus. Diante da ambição humana, Deus teria lançado um castigo divino sobre a humanidade ao criar diferentes idiomas. O surgimento de diferentes idiomas fez com que as pessoas não se entendessem e se dispersassem, o que originou as diferentes culturas e resultou no abandono da ideia da torre (Hiebert, 2007). De tal modo, é possível considerar a Torre de Babel como o primeiro relato do desejo e da ambição da humanidade de alcançar os céus.

Já nos séculos XIX e XX, o imaginário que permeia a ideia de verticalização passou a ser intensificado e difundido em diferentes expressões de ficção científica sobre o fenômeno urbano. Tais ficções apresentaram ao longo da história variadas visões de cidades altamente verticalizadas e futuristas (Graham, 2021). Da literatura de H. G. Wells (*When the Sleeper Awakes*, de 1899) ao cinema de Fritz Lang (*Metrópolis*, de 1927 – Fig. 1.2) e George Lucas (*Star Wars*, de 1987), a ideia de cidades e edifícios expressivamente verticalizados se fez presente.

Assim, *um primeiro passo para abordar o processo de verticalização brasileiro é compreender como esse fenômeno se desenvolveu no mundo.* Para isso, deve-se inicialmente buscar entender os motivos que levaram a sociedade a ter e fazer prosperar a ideia de construções cada vez mais altas.

Fig. 1.1 *Torre de Babel como primeira ambição humana de alcançar os céus*
Fonte: Pieter Bruegel (1563, https://w.wiki/gc8).

Fig. 1.2 *Cenário de cidade verticalizada do filme* Metrópolis
Fonte: Metrópolis (1927).

Desde a Antiguidade a humanidade busca construir e, paralelamente, regular a verticalização das cidades. Na cidade de Pompeia, por exemplo, as construções tinham a altura limitada por lei imperial em 18 m (aproximadamente seis pavimentos) e deviam ser separadas por uma faixa sanitária de 3 m (Mascaró, 2005). Essa regulação possuía uma dupla razão: primeiro, havia uma preocupação com os incêndios, e tais limitações evitariam uma maior propagação do fogo; segundo, permitia uma melhor gestão do esgoto produzido.

Na Antiguidade, particularmente na *Mesopotâmia*, uma das primeiras formas de verticalização estava associada aos *zigurates*. A palavra "zigurate" vem do acádico *ziqqurratu*, que significa "construção de prédio alto". Os zigurates eram imponentes estruturas em forma de pirâmide escalonada, que serviam como templos e locais de adoração aos deuses nas antigas cidades da Mesopotâmia, tendo como símbolo máximo o emblemático *Zigurate de Ur*. Essas estruturas eram construídas em vários níveis, com terraços sucessivos alcançados por rampas ou escadas, e representavam uma tentativa de alcançar os céus e se conectar com os deuses, refletindo a importância da religião na vida cotidiana e na estruturação da sociedade mesopotâmica.

Por outro lado, no *Egito Antigo*, as pirâmides destacam-se como um exemplo notável de verticalização. As *Grandes Pirâmides de Gizé* são talvez as estruturas mais emblemáticas da Antiguidade. Elas foram construídas como túmulos para os faraós, com o objetivo de preservar seus corpos e garantir sua passagem para a vida após a morte. As pirâmides egípcias eram construções maciças, com paredes inclinadas convergindo em um ponto central, criando uma forma triangular distintiva que se erguia verticalmente em direção ao céu. Assim como os zigurates, as pirâmides possuem uma importante dimensão religiosa, pois os faraós eram vistos como intermediários entre os deuses e o povo egípcio, e as pirâmides serviam como monumentos duradouros de seu poder e divindade.

Tanto os zigurates mesopotâmicos quanto as pirâmides egípcias representam exemplos marcantes de *verticalização na Antiguidade*, onde a construção de estruturas altas estava intimamente ligada à adoração religiosa, à expressão de poder político e ao desejo humano de alcançar o divino e transcender o terreno. Essas estruturas monumentais também desempenharam um papel importante na paisagem cultural e física dessas antigas civilizações, deixando um legado duradouro. Já no século III a.C. é possível destacar a construção do imponente *Farol de Alexandria* (Fig. 1.3), com mais de 40 andares. A estrutura foi construída não apenas para orientar os barcos que navegavam por aquelas partes do mar Mediterrâneo, mas também para ostentar poder. Por muito tempo essa foi a maior estrutura construída pela humanidade. Além de representar outra tipologia construtiva verticalizada, esse farol é uma das Sete Maravilhas do Mundo Antigo e permitiu a hegemonia do principal centro cultural do Mundo Antigo.

Fig. 1.3 *Farol de Alexandria*
Fonte: Von Erlach (1721, https://w.wiki/BSwd).

A história das cidades e da humanidade está intimamente ligada à capacidade da humanidade de construir grandes obras, principalmente em termos verticais. A importância de construções imponentes pode ser destacada quando se percebe a presença do *atributo vertical nas Sete Maravilhas do Mundo Antigo*: i) Grandes Pirâmides de Gizé; ii) Mausoléu de Halicarnasso; iii) Estátua de Zeus; iv) Jardins Suspensos da Babilônia; v) Farol de Alexandria; vi) Templo de Ártemis; e vii) Colosso de Rodes. Em todas as sete maravilhas, a monumentalidade obtida pela verticalidade é utilizada para realçar aspectos funcionais e culturais.

Já em termos da verticalização das *cidades medievais*, é possível perceber que ela ocorreu devido a uma série de razões, tendo diversas implicações sociais, econômicas e culturais. Um aspecto de destaque é que as cidades medievais eram frequentemente cercadas por muralhas de defesa e tinham espaço limitado dentro de suas fronteiras. Para acomodar o crescimento populacional e as atividades comerciais, passaram a ser construídas edificações com mais de um pavimento, de forma a aproveitar melhor o espaço disponível. Outro aspecto importante das cidades medievais é que elas frequentemente enfrentavam ataques e invasões externas, de modo que a construção de edifícios altos oferecia uma segurança a mais.

A economia e o *status* social também representam aspectos importantes da verticalização das cidades medievais. Em muitas sociedades, a altura de uma estrutura era frequentemente associada ao *status* social e à riqueza. Pessoas influentes, como nobres ou comerciantes prósperos, construíam torres ou casas altas para *demonstrar poder e prestígio*. A medição do tempo também pode ser vinculada às torres medievais, isso porque, segundo Harari (2015, p. 365), "em cidades assírias, sassânidas ou incas possivelmente tenham existido no máximo alguns relógios de sol. Nas cidades medievais europeias, em geral havia um único relógio – uma máquina gigante no topo de uma torre alta na praça da cidade" (Fig. 1.4).

Dada a dificuldade em construir edificações altas e torres nas cidades medievais, as poucas torres construídas *marcavam de forma expressiva a paisagem* e possuíam, necessariamente, algum aspecto funcional dentro da dinâmica urbana. Entre os diferentes aspectos de funcionalidade que a verticalização assumiu nas cidades medievais, pode-se destacar dois principais: i) ampliar a segurança por meio de torres fortificadas e ii) expressar o poder de igrejas e catedrais.

Fig. 1.4 *Torre do relógio*
Fonte: Hugo Ferreira (CC BY-SA 4.0, https://w.wiki/BSwg).

Por um lado, a ideia de construir torres fortificadas está vinculada à construção dos castelos medievais e, por outro, essas torres também eram edificadas de forma integrada às muralhas defensivas. Assim, a partir do século XI o *design* e a proposta das torres foram aprimorados em conjunto com o *design* dos castelos (torres em forma de ferradura, torres de canto, torre de menagem etc.). Disso derivou a construção de diversas construções verticais, tais como as *casas-torre* (Fig. 1.5): construções em formato de torre utilizadas pela nobreza como residência e símbolo de poder (Rossella, 2022).

Além do enfoque na segurança, a verticalização das cidades medievais pode ser avaliada por meio da influência e do poder da igreja. As *torres das igrejas* estão entre as características mais proeminentes da paisagem medieval, de maneira que possuem um expressivo valor arquitetônico e simbólico (Pae; Sooväli-Sepping; Kaur, 2010).

Até a Primeira Revolução Industrial, a verticalização das cidades foi limitada por questões técnicas. Mais precisamente, não existiam elevadores e nem mesmo redes elétricas que permitissem sua implantação e difusão. De tal modo, as edificações eram limitadas em aproximadamente cinco pavimentos, não muito diferente da Roma Imperial. Isso resultou em uma *estratificação social da edificação* conforme sua altura, em que cada andar abrigava uma determinada classe social (Fig. 1.6): os andares inferiores possuíam água e banheiros e, assim, abrigavam os mais ricos, enquanto os pavimentos superiores não possuíam banheiros (devido à impossibilidade de levar água) e, por isso, abrigavam os mais pobres (Mascaró, 2005).

Fig. 1.5 *Exemplo de casa-torre*
Fonte: Diego Baglieri (CC BY-SA 4.0, https://w.wiki/BSwh).

Após a generalização da energia elétrica na Segunda Revolução Industrial, os *elevadores se tornam viáveis e, com eles, as cidades mais verticais*. Isso ocorreu pois as novas tecnologias permitiam não apenas o transporte de pessoas, mas também de cargas, assim como a elevação de água, o que possibilitou o abastecimento e o saneamento também dos andares superiores.

Assim, é importante destacar a centralidade da difusão da energia elétrica e da tecnologia dos elevadores para que as edificações ganhassem altura e as cidades se tornassem mais verticais. No que tange à origem dos elevadores, é possível que ela esteja atrelada às minas de carvão que transportavam operários (Gottmann, 1966). Apesar dos inúmeros mecanismos de elevação utilizados na época para diferentes fins, o primeiro elevador voltado para o transporte

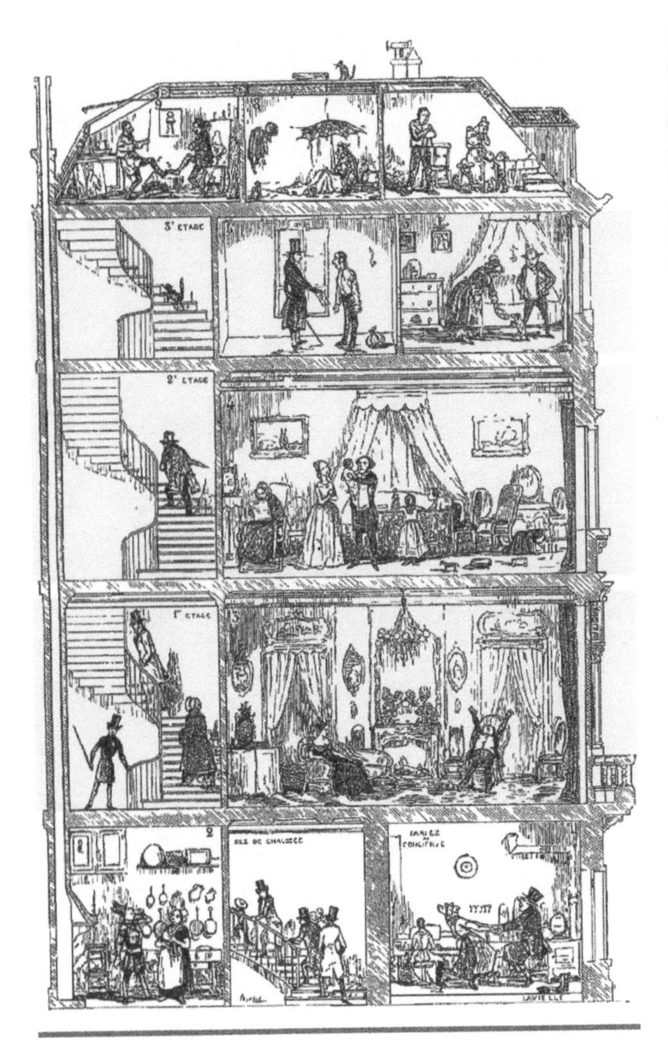

Fig. 1.6 *Os cinco andares do mundo parisiense e a estratificação social por pavimentos nas cidades industriais*
Fonte: Texier (1852-1853).

de pessoas em edificações só teve sua patente registrada em 1857 pela Otis Elevator Company, com o objetivo de atender à construção de um edifício na cidade de Nova York (Gottmann, 1966).

Fundada *em 1853 por Elisha Graves Otis, a empresa teve que convencer a sociedade a respeito da segurança e da eficiência dessa nova tecnologia (Fig. 1.7), tendo implantado seu primeiro elevador* de passageiros em 1857, no luxuoso edifício de ferro fundido com cinco pavimentos de Eder Haughwout, localizado em Nova York. A partir daí, diferentes inovações da tecnologia de elevadores permitiram maior segurança e eficiência, transformando não apenas a forma como as pessoas se deslocavam dentro dos edifícios, mas principalmente as cidades como as conhecemos hoje.

Fig. 1.7 *Demonstração da segurança dos elevadores por Elisha Graves Otis em 1854*
Fonte: https://w.wiki/BSxD.

Apesar de sua primeira implantação datar de 1857, a consolidação da tecnologia dos elevadores ocorre apenas a partir de 1887, quando as cidades passam a ter maior capacidade de suporte com energia elétrica para atender à demanda. Entretanto, a possibilidade de maiores alturas exigiu também a inovação das técnicas construtivas, a fim de viabilizar essa nova escala construtiva. Assim, inicialmente as edificações passaram a ser construídas com estruturas de ferro fundido, posteriormente substituído pelo aço. Um exemplo marcante desse processo de atualização tecnológica das edificações é a Torre Eiffel (Fig. 1.8). Construída em aço fundido em 1889, essa estrutura promoveu em nível global as duas principais tecnologias que tornaram as edificações altas viáveis: o uso do aço e do elevador.

Diante desse contexto de atualização e impulsionamento tecnológico, é possível indicar que o primeiro arranha-céu construído surge com a arquitetura da escola de Chicago do final do século XIX. Vale destacar dois principais aspectos que impulsionaram Chicago para a construção de edifícios altos: o primeiro foi o grande incêndio de 1871, que

Fig. 1.8 *Torre Eiffel e a nova escala construtiva*
Fonte: https://w.wiki/BSxH.

destruiu mais de 17 mil edificações e exigiu uma rápida reconstrução da cidade, e o segundo foi a consolidação da escola de Chicago, que passou a representar um novo marco na arquitetura e na construção ao utilizar novas tecnologias e possibilitar uma construção mais acelerada e padronizada.

Assim, *um dos primeiros edifícios construídos no mundo que pode ser considerado um arranha-céu foi o Home Insurance Building* (Fig. 1.9), erguido em Chicago com dez pavimentos (Gottmann, 1966). Projetado por William Le Baron Jenney e concluído em 1885, esse edifício revolucionou a concepção de edifícios altos, que antes eram feitos inteiramente de alvenaria, e, por isso, enfrentou ceticismo durante sua construção. A inovação foi tão expressiva que a obra foi suspensa em determinados momentos pela gestão local para avaliar a capacidade estrutural e a segurança do edifício.

Vale destacar que Le Baron teve um papel importante não apenas para consolidar essa nova tendência construtiva, com o uso do aço e do ferro fundido, mas também na formação de uma nova geração de arquitetos de importância global. Frank Lloyd Wright compôs essa nova geração e, no âmbito da verticalização, desenvolveu em 1957 o projeto *The Illinois, um arranha-céu que poderia atingir uma milha de altura* (Fig. 1.10). Apesar de nunca ter sido executado, esse projeto representou uma nova expressão da ambição humana em construir edifícios cada vez mais altos e imponentes.

Fig. 1.9 *Home Insurance Building, tido como o primeiro arranha-céu construído no mundo*
Fonte: Chicago Architectural Photographing Company (https://w.wiki/BSxR).

De tal modo, é possível estabelecer que a ideia de arranha-céu se intensificou inicialmente em Chicago devido ao contexto local, à arquitetura praticada e à possibilidade tecnológica dos elevadores hidráulicos e elétricos. No entanto, foi em Nova York que o fenômeno da verticalização passou a ter expressão global. Isso exigiu novas formas de regulamentar tanto a construção das edificações quanto o uso e a ocupação do solo.

Sendo assim, foi implantada em 1892 a Lei de Construção da Cidade de Nova York, que visou garantir a segurança das torres altas. Nesse período surgem os edifícios *Flatiron Building* (1902) (Fig. 1.11), Metropolitan Life Insurance Tower (1908) e Woolworth Building (1913), com um total de 60 andares. Segundo Nascimento (2000), foi nesse período de competição pelas alturas entre Chicago e Nova

Fig. 1.10 *The Illinois, o edifício de uma milha de altura de Frank Lloyd Wright*
Fonte: The Wright Library (2010).

York que ambas as cidades passaram a sofrer com problemas até então desconhecidos nas cidades não verticalizadas, tais como a necessidade de garantir a insolação no nível da rua.

Esse novo cenário exigiu maior regulamentação, tendo resultado, por exemplo, na Resolução de Zona de Construção em 1916 em Nova York. Essa resolução foi pioneira ao estabelecer limites de altura e recuos obrigatórios para as edificações, tendo implementado o *sky angle* (ângulo do céu): mecanismo que passou a escalonar as edificações para garantir abertura solar.

Inicia-se então uma nova era na forma como a sociedade passa a construir suas cidades. Vale destacar o contexto provocado também pelo surgimento dos automóveis, que modificam as dinâmicas de circulação urbana e aproximam tanto atividades econômicas quanto as próprias cidades. Sendo

Fig. 1.11 *Flatiron Building (1902)*
Fonte: PortableNYCTours (CC BY-SA 4.0, https://w.wiki/BSxu).

assim, a cidade passa a viver um novo momento urbano em que os fixos (edificações verticalizadas) e os fluxos (novos modos de deslocamento) passam a remodelar a forma como as cidades poderiam ser pensadas e organizadas.

A partir de 1920 passa a se consolidar o *movimento moderno*, que incorpora em seu arcabouço teórico e metodológico tanto o aspecto da verticalização quanto o dos novos modos de transporte. A história do movimento moderno na Arquitetura está intimamente ligada à história do Congresso Internacional de Arquitetura Moderna (Congrès Internationaux d'Architecture Moderne – CIAM). Nesse contexto, em 1928 foi fundado e realizado o primeiro CIAM em um encontro de 24 arquitetos europeus (Mumford,

1992). Quanto à verticalização das cidades, ocorreu em 1930 o terceiro CIAM. Esse encontro teve como foco a discussão sobre a morfologia urbana das cidades, mais precisamente uma discussão sobre os aspectos que compõem a forma física mais desejada das cidades e qual seria a melhor solução: edifícios altos ou edifícios baixos?

Diante desse debate, é possível destacar a atuação de Le Corbusier e Walter Gropius como os principais defensores do uso de edifícios altos como estratégia de compactação das cidades. Tanto Le Corbusier quanto Gropius foram atores importantes no movimento de estandardização da moradia segundo a lógica dos edifícios altos. A partir desse CIAM a questão da habitação é ampliada para uma escala de cidade, de modo a englobar o impacto das construções na forma urbana (Mumford, 2018).

Em 1933 ocorreu em Atenas o IV CIAM, o mais emblemático da história, que teve como tema "A *cidade funcional*". Nele foram desenvolvidos os preceitos e discutidas as funções da cidade modernista, posteriormente compilados em 1943 por Le Corbusier na controversa Carta de Atenas. Elaborada a partir da análise de 33 cidades industriais da época, a Carta de Atenas apresenta ao mundo uma estrutura de organização das cidades com base em suas principais funções: moradia, lazer, trabalho e circulação. As estratégias modernistas têm como ponto de partida uma crítica às cidades "excessivamente densas, insalubres e entregues ao tráfego e aos usos industriais; mas elas também rejeitaram a 'solução' cada vez mais popular da expansão suburbana de casas isoladas e do abandono de centros urbanos" (Mumford, 1992, p. 392).

Com isso, é possível destacar a preocupação modernista com relação aos novos modos de deslocamento, à questão da densidade populacional e à expansão urbana horizontal com casas isoladas. Assim, as propostas que passam a surgir visam atacar tais problemáticas. Salientam-se aqui duas dessas visões de cidades modernistas: a Ville Radieuse de Le Corbusier e a Brasília de Lúcio Costa. A Ville Radieuse foi apresentada em 1924 e tema de um livro homônimo publicado em 1933. O plano trata de uma remodelação de Paris com base na verticalização, com arranha-céus inseridos dentro de um parque (Fig. 1.12). Para chegar a essa proposta, Le Corbusier incorporou as ideias das *garden cities*, no que ele passou a chamar de *cidade-jardim vertical*.

Com a Ville Radieuse, Le Corbusier apresenta uma perspectiva inovadora de cidade densa e vertical. Nesse projeto, o plano térreo seria destinado aos pedestres, com as edificações elevadas sobre pilotis e um plano exclusivo para as rodovias (o que indica a preocupação com os novos modos de deslocamento). Le Corbusier defendia que a sociedade não estava fazendo o melhor uso dos avanços tecnológicos na área do transporte, por isso a necessidade das rodovias. Apesar do caráter radical e totalitário na ordem e na geometria, a Ville Radieuse teve grande influência no planejamento urbano moderno.

Já no que se refere ao plano piloto de Brasília, é possível apontar nas superquadras e na ocupação verticalizada seus elementos de maior destaque. Como será visto mais adiante ao analisar os dados do censo demográfico brasileiro, apesar de não explorar o uso de arranha-céu, o plano modernista de Brasília resultou numa maior verticalização da capital em relação ao restante do País, o que demonstra o efeito do modelo de ocupação moder-

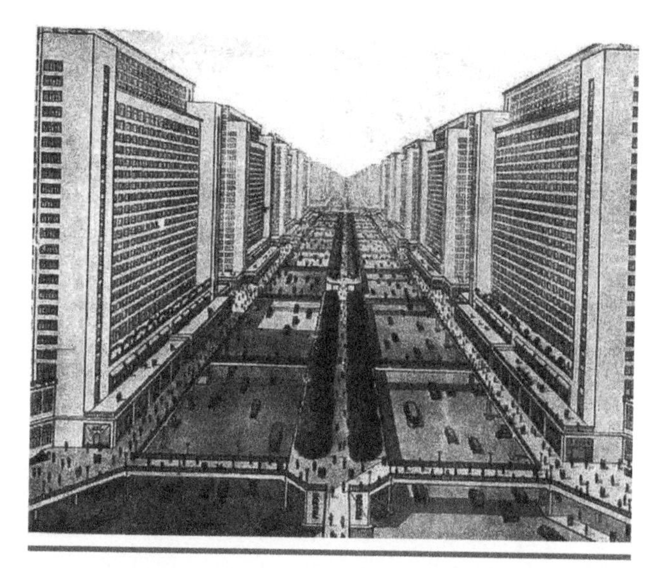

Fig. 1.12 *Verticalização e circulação na Ville Radieuse de Le Corbusier*
Fonte: Le Corbusier (1933).

nista, que possuía preocupação expressiva quanto à densidade, à circulação e à morfologia urbana. Fundada em 1960, a capital passou a representar um novo paradigma para o restante do País e uma das maiores expressões modernistas no mundo.

1.2 Verticalização brasileira no século XX

A verticalização do território brasileiro no século XX apresenta aspectos singulares em relação à verticalização que passou a se desenvolver a partir do ano 2000. Para estabelecer esse entendimento, é preciso primeiro analisar as dinâmicas demográficas do País. Nesse sentido, o período com a maior aceleração no crescimento absoluto da população brasileira foi registrado em 1950, quando ocorreu um acréscimo de 18,1 milhões de habitantes. Isso significa que, em termos relativos, a população cresceu 34,9% no período de 1950 a 1960. Esse padrão elevado no crescimento populacional (32,9%) continuou na década de 1960.

A partir da década de 1970, é possível observar o início de um processo de desaceleração no crescimento populacional. Mais precisamente, no período entre 1970 e 1980 a população brasileira cresceu um total de 27,8%, seguido de 23,4% (de 1980 a 1991), 15,6% (de 1991 a 2000), 12,3% (de 2000 a 2010) e, por fim, 6,5% (de 2010 a 2022). Tais percentuais indicam que, apesar de a população continuar crescendo ao longo das décadas, há uma constante redução da taxa de crescimento, passando de 34,9% em 1950 para 12,3% em 2010. De tal modo, *destaca-se que, em termos absolutos, o maior incremento populacional ocorreu entre 1970 e 1980, quando o País apresentou um crescimento de 27,8 milhões de pessoas* (Fig. 1.13).

Essa dinâmica demográfica pode ser observada também pela taxa média geométrica de crescimento anual da população residente no período de 1872 a 2022 (Fig. 1.14). No que tange à dinâmica de crescimento populacional, é importante destacar que a *taxa de crescimento registrada em 2022 (0,52%) foi a menor da série histórica desde 1872.*

Além do crescimento populacional expressivo no século XX, outro fenômeno experimentado nesse período foi o *êxodo rural ocorrido a partir da década de 1950*, quando o Brasil deixa de ser um país com características rurais para assumir um perfil mais urbano. Esse movimento é impulsionado pela expansão do parque industrial do Sudeste, principalmente do Estado de São Paulo, que passa a atrair um maior volume de população migrante vinda de áreas economicamente mais estagnadas, como o Nordeste (IBGE, 2010).

Assim, pode-se compreender que uma primeira dinâmica territorial que incentivou a verticalização brasileira foi o êxodo rural associado ao incremento da concentração da população nas áreas urbanas. Segundo Santos (1993), em 1872 apenas 5,9% da população era urbana, em um cenário no qual apenas três capitais apresentavam mais de 100 mil habitantes: Rio de Janeiro (274.972), Salvador (129.109) e Recife (116.671). Já em 1900, quatro cidades possuíam mais de 100 mil habitantes: Rio de Janeiro (691.565), São Paulo (239.820), Salvador (205.813) e Recife (113.106). Assim, apesar de ter sido responsável pela origem da verticalização brasileira, São Paulo passou a se consolidar entre as maiores cidades brasileiras apenas a partir de 1900 (Santos, 1993).

Com base em fenômenos como o êxodo rural, a industrialização e a consequente consolidação do setor de serviços, *a população urbana brasileira saltou de 36,16% em 1950 para 56% em 1970, quando passa a representar a maior parcela da população.* Nesse processo, as cidades brasileiras se formaram como um grande "arquipélago" (Santos, 1993), com espaços que se desenvolveram a partir de lógicas próprias e com ligações fracas e inconstantes. Essa característica se deu pelo padrão de desenvolvimento empregado e devido às dimensões continentais do Brasil. Santos (1993) classifica esse processo como *macrocefalias urbanas*, ou seja: áreas vazias desprovidas de infraestruturas e investimentos que surgem entre as grandes metrópoles. Essa realidade passa a mudar a partir da segunda metade do século XIX, quando o setor produtivo do café centraliza São Paulo como cidade

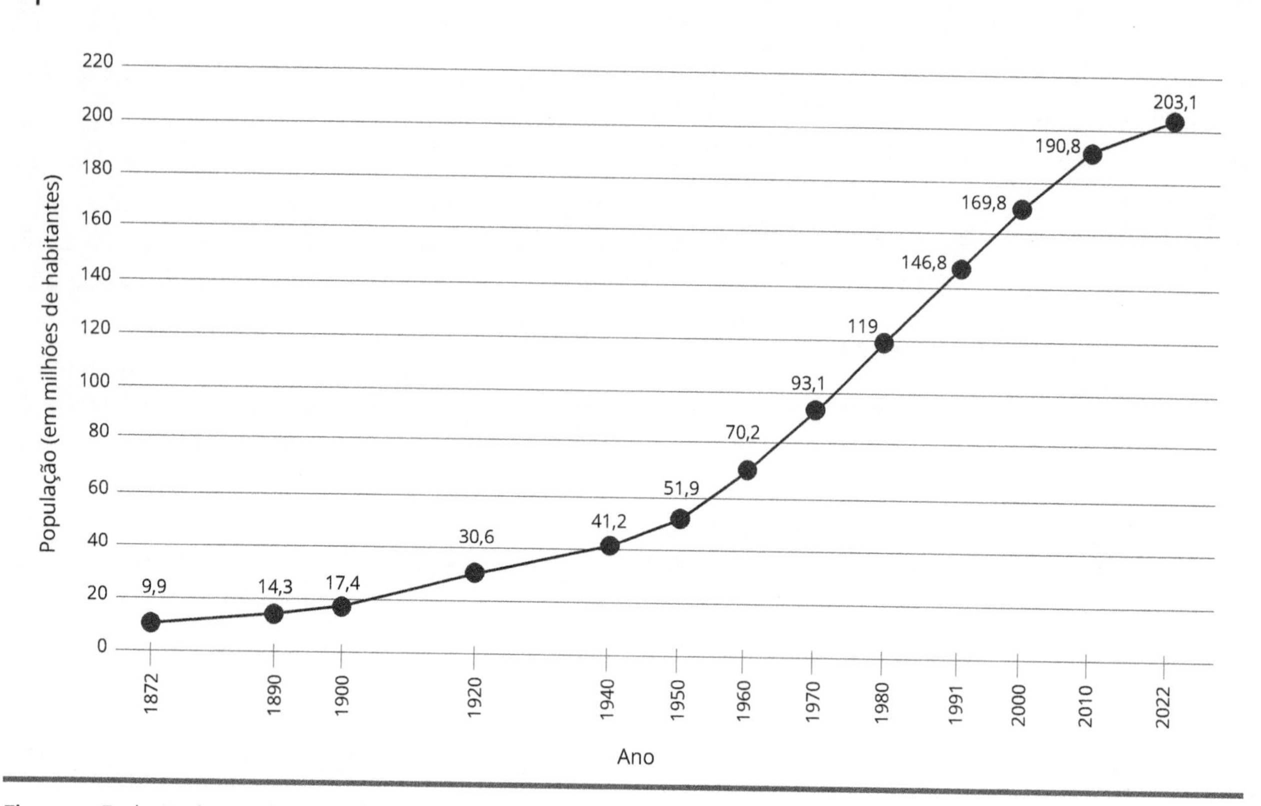

Fig. 1.13 *Evolução da população residente no Brasil em termos absolutos (1872-2022)*
Fonte: elaborado com base em IBGE (2024).

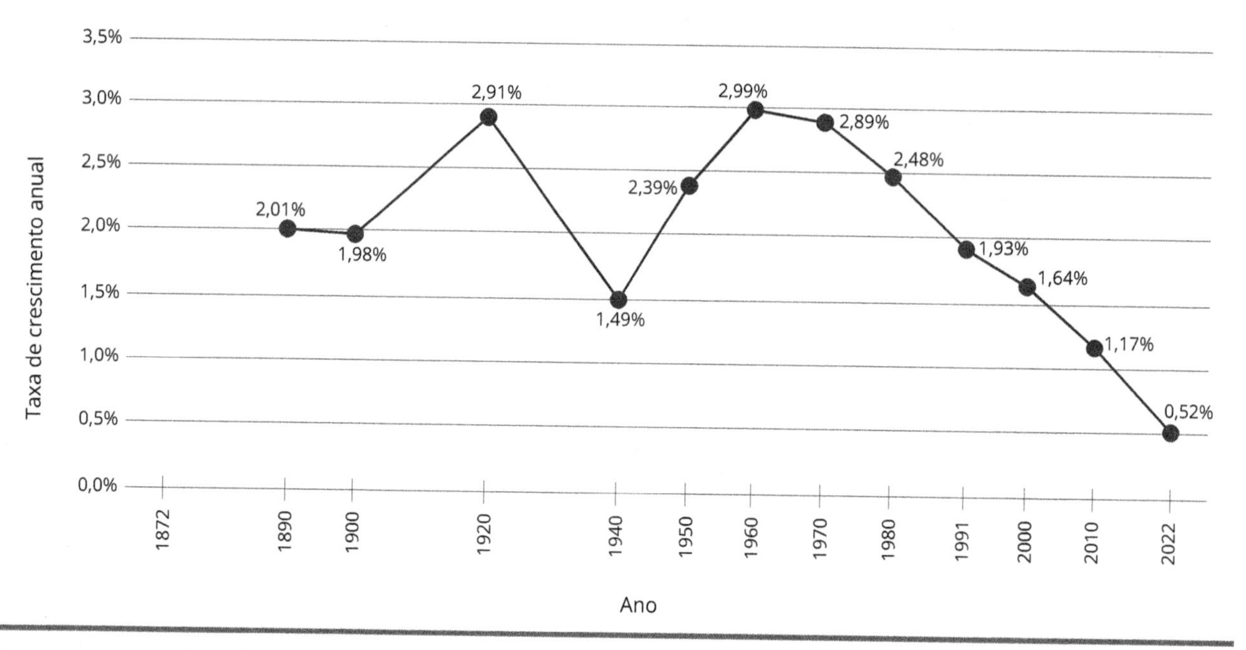

Fig. 1.14 *Taxa de crescimento populacional médio anual*
Fonte: elaborado com base em IBGE (2024).

polo. Entretanto, foi somente após a Segunda Guerra Mundial que a integração do território brasileiro se torna possível, com a implantação e a integração das estradas de ferro e das rodovias (Santos, 1993).

Desse modo, *a partir de 1945, as cidades que antes se desenvolveram em um "arquipélago" passam a ser integradas e fluidas no território*. Em outros termos, tanto a produção quanto o trabalho e o capital passam a ter maior mobilidade. Essa maior fluidez possibilitou uma maior especialização produtiva das cidades e, consequentemente, uma maior produção de bens com valor de troca. Esse processo teve como resultado um movimento de descentralização (ideia de fábrica dispersa e fazenda dispersa), que levou a um processo de ocupação periférica.

Diante de tais dinâmicas de concentração e integração urbana, o *fenômeno da verticalização surge no Brasil a partir de investimentos imobiliários das elites, que passam a se estabelecer nas principais centralidades*. Segundo Maricato (2000, p. 23):

> A drenagem de recursos financeiros para o mercado habitacional, em escala nunca vista no país, ocasiona a mudança no perfil das grandes cidades, com a verticalização promovida pelos edifícios de apartamentos. A introdução do apartamento como principal forma de moradia da classe média tem início na década de 40, em Copacabana, no Rio de Janeiro. Mas é com a implementação do SFH – Sistema Financeiro da Habitação –, em 1964, que o mercado de promoção imobiliária privada, baseado no edifício de apartamentos, consolida-se por meio de uma explosão imobiliária.

Assim, as primeiras cidades a apresentarem processos de verticalização foram São Paulo e Rio de Janeiro, principalmente a partir da década de 1930. Já na segunda metade do século XX as cidades médias começaram a se verticalizar e, por fim, as pequenas cidades ganharam alguma verticalização a partir de 1990 (Casaril; Fresca, 2007). Apesar disso, a verticalização no território brasileiro até então tinha sido pouco expressiva, sendo concentrada e acentuada em poucas cidades com maior grau de urbanização e concentração demográfica. O *primeiro elevador só foi instalado no Brasil em* 1918, pela empresa Pirie, Vilares & Cia. Com isso, o primeiro edifício verticalizado do País só foi construído em 1920, na cidade de São Paulo.

Um ícone que representa o movimento de pioneirismo das elites em busca da verticalização é o *Edifício Martinelli*, em São Paulo, que teve sua altura elevada pelo investidor devido à disputa de altura com outro edifício de Buenos Aires. Esse movimento também ocorreu com o Edifício Sampaio Moreira, o Edifício São Manoel e tantos outros, *batizados com os nomes dos investidores* que desejaram e viabilizaram a verticalização. Nesse sentido, a verticalização brasileira surge como forma de as elites marcarem posição de poder e *status* na cidade. Não houve, portanto, um planejamento ou reflexão inicial sobre as dinâmicas e os efeitos da verticalização do território brasileiro. A verticalização que passou a se desenvolver foi resultado de investimentos imobiliários das elites, sem maiores preocupações com as dinâmicas urbanas e regionais resultantes do fenômeno.

Cabe destacar que os primeiros edifícios verticalizados do Brasil eram voltados para comércio e serviços, sendo que a construção de edifícios residenciais passa a surgir e se consolidar posteriormente. Isso ocorre devido, principalmente, à resistência das elites da época em morar em apartamentos pelo fato de lembrarem os cortiços (divisão de um mesmo lote com outras famílias). Essa resistência contra edifícios residenciais passa a ser quebrada com a construção do *Edifício Palacete Riachuelo*, em São Paulo. Inaugurado em 1928 e projetado pelo arquiteto Cristiano Stockler das Neves e pelo engenheiro Samuel das Neves, foi um dos primeiros edifícios brasileiros com uso residencial. A partir daí a verticalização brasileira passou a atender ao mercado da habitação, cenário que se mantém até os dias atuais.

Mais que edifícios isolados produzidos para marcar a cidade e expressar o poder da elite, a verticalização que se consolida no Brasil a partir de São Paulo ocorreu em dissonância com o planejamento urbano das cidades. Como aponta Nadia Somekh, especialista na temática e coordenadora da sessão livre "Verticalização das cidades brasileiras: legislação, forma urbana, densidades e qualidade de vida", do XVI Encontro Nacional de Planejamento Urbano (Enanpur), de 2015:

> a verticalização de São Paulo expandiu-se pela Região Metropolitana sem produzir uma

> cidade compacta, pois a reversão histórica dos investimentos públicos em transporte coletivo produziu uma cidade vertical, mas não densa (Somekh, 2015, p. 4).

Para Somekh e Gagliotti (2013), a verticalização de São Paulo pode ser interpretada a partir de duas principais etapas:

i] *Etapa de desverticalização (opera até 1988)*: nessa etapa destaca-se a legislação de zoneamento aprovada em 1972 (Lei nº 7.805), que reduziu de forma considerável os coeficientes para 2 e 4. Tem como marcos:
- 1920 a 1940 (verticalização europeia): verticalização que segue os padrões europeus;
- 1940 a 1957 (verticalização americana): tem início com a adoção dos elevadores e segue até a adoção das primeiras limitações de potencial construtivo;
- 1957 a 1967 (verticalização do automóvel): período em que os automóveis definem um novo padrão de desenvolvimento;
- 1967 a 1972 (verticalização do milagre): período com expressivo crescimento da verticalização impulsionado pelo Banco Nacional da Habitação (BNH);
- 1972 a 1988 (verticalização pós-zoneamento): marcada pela redução dos coeficientes, pelo fim do BNH, em 1986, e pela Constituição de 1988.

ii] *Etapa de verticalização negociada (1988/2004)*: período em que ocorre uma reversão do processo de desverticalização por meio de coeficientes mais elevados, operações urbanas e ampliação da outorga onerosa. Porém, segundo Somekh e Gagliotti (2013), esse processo de verticalização negociada não acontece de forma a produzir uma cidade compacta e eficiente.

Em entrevista publicada no portal *Vitruvius* (Pessoa, 2015) com o arquiteto Benjamin Adiron Ribeiro, idealizador da Lei Adiron, é possível compreender os desafios do planejamento urbano de São Paulo em relação à verticalização do espaço urbano. Isso porque a implantação da Lei Adiron converteu problemáticas, passando-se da problemática estética e urbana dos edifícios escalonados para a problemática de edifícios centralizados no lote, que resultaram em edifícios palitos (altos e estreitos) com pouca relação com a rua.

A partir das experiências de São Paulo, Brasília (com seu plano piloto) e Rio de Janeiro, a verticalização brasileira passa a ocorrer de forma singular do restante do mundo. Dois principais aspectos permitem destacar a singularidade da verticalização brasileira: i) desde os primeiros edifícios altos, a produção da verticalização brasileira visou *atender ao mercado da habitação*, diferentemente de outros países e regiões, em que o foco foram edifícios de comércio e serviços; ii) *verticalização de oportunidade*: expressão da verticalização em cidades de pequeno e médio porte que operam como vitrines e com dinâmica de mercado que direciona para esse fenômeno.

Apesar de o *censo de* 1991 ter tido uma metodologia diferenciada, que não permite comparar a diversidade de aspectos do fenômeno da verticalização com os censos de 2000, 2010 e 2022, é importante considerar seus números gerais (Tab. 1.1). Em 1991 havia no Brasil um total de 34.734.715 domicílios, dos quais 3.006.765 eram do tipo apartamento (8,65% do total) e absorviam um total de 9.672.545 pessoas, o que resulta em uma média de 3,21 pessoas por apartamento.

Já no *censo de* 2000, o número de apartamentos subiu para 4.298.980, uma taxa de crescimento de 42% no período de 1991 a 2000, e o total de domi-

Tab. 1.1 Total de domicílios, casas e apartamentos nos censos de 1991, 2000, 2010 e 2022

Censo	Total de domicílios	Total de casas	Total de apartamentos	Apartamentos (%)	Casas (%)
1991	34.743.715	31.736.950	3.006.765	8,65	91,34
2000	44.795.101	40.018.373	4.298.980	9,59	89,34
2010	57.324.167	49.837.433	6.157.162	10,74	86,94
2022	72.456.368	59.649.633	10.767.414	14,86	82,32

Fonte: elaborado com base em IBGE (1991, 2000, 2010, 2024).

cílios passou para 44.795.101. Esse número chegou a 57.324.167 domicílios em 2010, segundo o censo realizado no mesmo ano, o que significa um incremento de 12.529.066 domicílios no período, representando uma taxa de crescimento de 27,96%. Tais percentuais indicam que já na década de 1990 o território brasileiro sofria um crescimento expressivo dos domicílios do tipo apartamento em relação aos demais tipos de domicílios. Entretanto, apesar do crescimento expressivo no período de 1991 a 2000, a verticalização ainda era pouco significativa no território brasileiro. Mais precisamente, em 1991 havia apenas 8,65% de apartamentos em relação ao total de domicílios existentes (Fig. 1.15).

De tal modo, a verticalização pouco expressiva do território brasileiro, aliada à problemática urbana dos efeitos da verticalização destacada por São Paulo, permite compreender que esse fenômeno, até o final do século XX, ocorreu de forma pretérita no País.

A verticalização é aqui chamada de pretérita pois é um fenômeno que até o ano 2000 acontece sem que as cidades tivessem clareza sobre a real necessidade de criar solo urbano por meio da verticalização. Dessa maneira, *assim como a urbanização pretérita de Milton Santos surge antes da cidade, a verticalização pretérita do território brasileiro surge antes de uma real necessidade de gerar solo urbano.* Mais precisamente, a verticalização pretérita brasileira não visou resolver o problema da falta de solo urbano, mas sim atender a demandas do mercado, bem retratadas no caso de São Paulo.

1.3 Ideia de arranha-céu e verticalização

A verticalização do espaço urbano representa uma revolução na forma como a sociedade passa a construir e pensar a cidade. É um processo global de transformação das cidades, que modifica e complexifica diferentes dimensões urbanas. Esse processo pode ser percebido por meio de diferentes perspectivas, tais como: i) como vetor de transformações morfológicas na paisagem e no meio ambiente; ii) pela relação entre verticalidade e densidade populacional; iii) como elemento que permite dilatar o espaço urbano ao ampliar o potencial construtivo por meio de coeficientes; iv) a partir da relação entre densidade construtiva e infraestruturas; v) como resultado de múltiplas formas de capital, tais como o fundiário, o produtivo, o imobiliário e o financeiro (Casaril; Fresca, 2007); vi) como partido de projetos urbanos ou arquitetônicos que visam marcar a paisagem; vii) como consequência do processo de urbanização e concentração urbana; viii) como consequência dos novos materiais e técnicas construtivas; ix) como consequência de lógicas de mercado (como Dubai e Xangai).

O entendimento desse processo por meio das diferentes perspectivas é de suma importância para

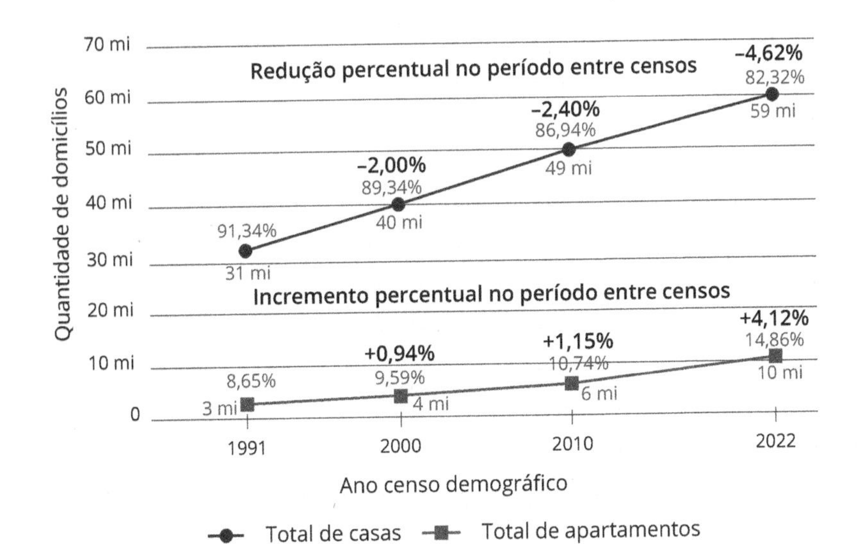

Fig. 1.15 *Percentuais de apartamentos e casas nos censos de 1991, 2000, 2010 e 2022*
Fonte: elaborado com base em IBGE (1991, 2000, 2010, 2024).

o aperfeiçoamento do espaço urbano brasileiro. Assim, *apesar de a verticalização poder ser interpretada a partir de diferentes lógicas, um aspecto está sempre presente: a multiplicação da área do lote por meio da ampliação do potencial construtivo*. Desse modo, é possível compreender que a forma como a sociedade trata a ampliação do potencial construtivo por meio da verticalização modifica o fenômeno e como ele é entendido.

Para analisar as dinâmicas do fenômeno urbano da verticalização no território brasileiro, é fundamental estabelecer uma compreensão sobre como a ideia de verticalização se caracteriza de forma distinta quando aplicada em uma edificação ou no espaço urbano. Nesse sentido, para entender como uma edificação isolada, ou um conjunto de edificações, altera a dinâmica urbana e regional devido ao atributo da altura, é preciso compreender primeiro os conceitos que envolvem a ideia de arranha-céu.

Os padrões internacionais para medir e definir quais edifícios podem ser considerados altos foram estabelecidos pelo Conselho dos Edifícios Altos e do Hábitat Urbano (Council on Tall Buildings and Urban Habitat – CTBUH). É a partir desses padrões que os edifícios mais altos do mundo são reconhecidos. Além disso, esse conselho é responsável por manter o *The Skyscraper Center*, a principal base de dados para obter informações precisas e confiáveis sobre as edificações mais verticalizadas em nível global.

Assim, segundo o CTBUH, apesar de não existir uma definição absoluta para indicar o que é ou não uma edificação alta, é possível destacar *três principais aspectos* que devem ser observados para categorizar uma edificação com o adjetivo de alta ou verticalizada:

i] *Altura relativa ao contexto (Fig. 1.16)*: é preciso considerar qual a relação que a edificação estabelece com o contexto urbano em que está inserida, ou seja, uma edificação de 30 pavimentos pode ser considerada alta se localizada em um município do interior de Santa Catarina, mas considerada baixa em Balneário Camboriú (SC). Esse aspecto, se aplicado de forma isolada, pode indicar que a ideia de *skyscraper* (arranha-céu) é relativa. Entretanto, vale destacar que a classificação de uma edificação como alta deve ser feita a partir de diversos fatores, não apenas o atributo da altura da edificação em relação a seu contexto urbano.

ii] *Proporção (Fig. 1.17)*: é a relação entre a altura da edificação e sua área ocupada (dimensões horizontais de largura e profundidade). Assim, para ser adjetivada como vertical a edificação precisa ter essa relação de proporção estabelecida de forma a evidenciar o atributo da altura. Em outros termos, mesmo que uma edificação seja a mais alta entre as demais inseridas em seu contexto urbano, ela pode não ser classificada como vertical caso sua proporção não ressalte o atributo da altura em relação às demais dimensões da edificação.

iii] *Uso de tecnologias para edificações altas (Fig. 1.18)*: esse aspecto destaca as peculiaridades e necessidades estruturais que passam a surgir quando a edificação é verticalizada. Mais precisamente, quando o fato de a edificação ser alta exige o emprego de tecnologias específicas para resol-

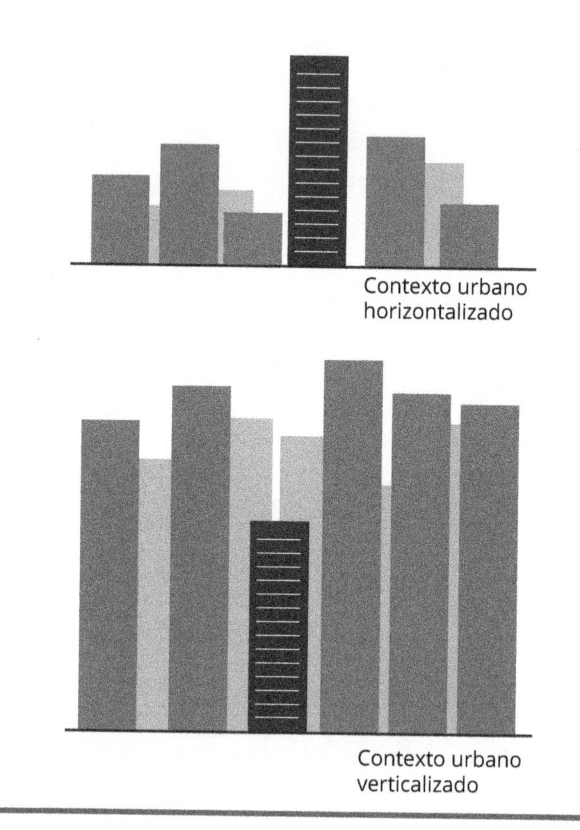

Fig. 1.16 *Contexto urbano no conceito de edificação alta*
Fonte: elaborado com base em CTBUH (2023).

ver o problema provocado por sua altura elevada, como tecnologias de elevadores ou de estabilidade estrutural.

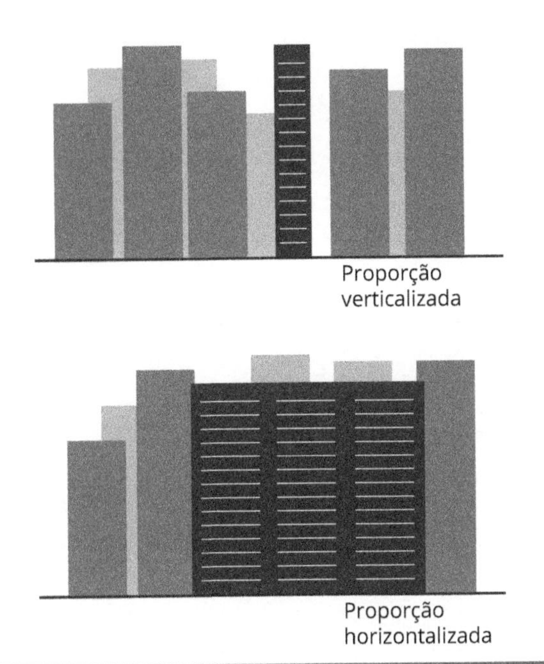

Fig. 1.17 *Proporção no conceito de edificação alta*
Fonte: elaborado com base em CTBUH (2023).

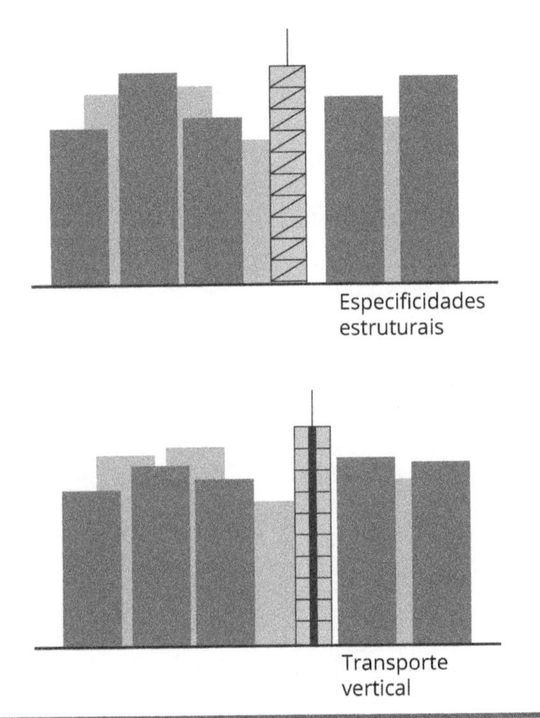

Fig. 1.18 *Tecnologia no conceito de edificação alta*
Fonte: elaborado com base em CTBUH (2023).

Esses três critérios indicam que, para classificar uma edificação ou área urbana como verticalizada, é preciso considerar desde fatores específicos da edificação (como tecnologias empregadas e proporção das dimensões edificadas) até fatores mais amplos do contexto urbano analisado.

A partir da base de dados *The Skyscraper Center*, é possível definir uma compreensão sobre o que é um arranha-céu e sobre como o fenômeno da verticalização opera no âmbito da edificação. Estabelecer esse entendimento a respeito do que se entende como uma edificação alta é importante para compreender como a espacialização dessas edificações configura diferentes padrões do fenômeno da verticalização urbana.

Na Fig. 1.19 são ilustradas as classes de edificações altas sugeridas pelo CTBUH.

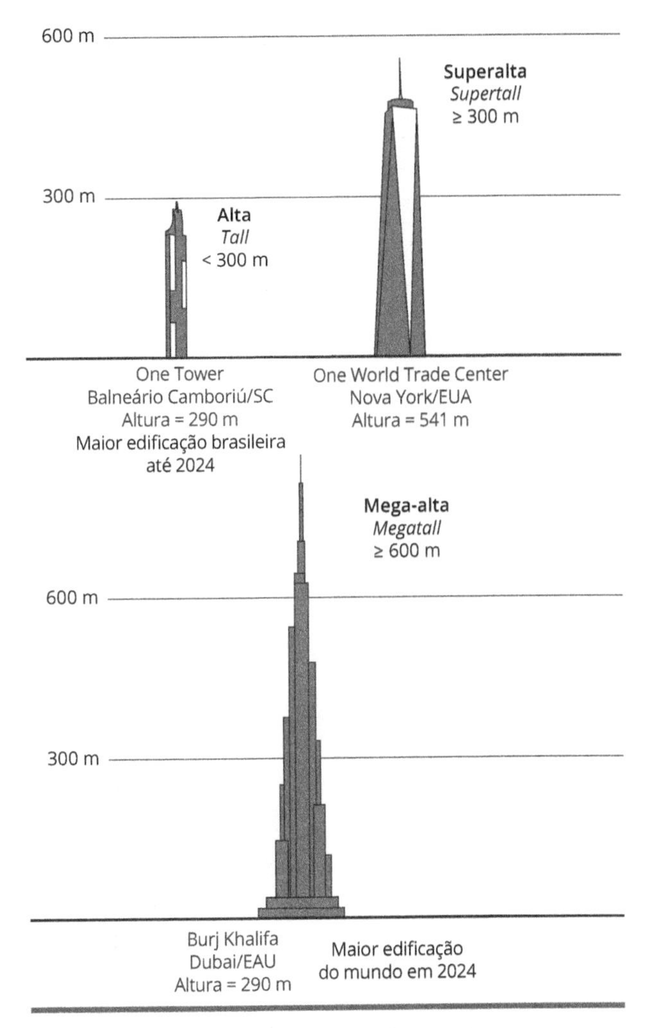

Fig. 1.19 *Classes de edificações altas do CTBUH*
Fonte: elaborado com base em CTBUH (2023).

Edifício Itália (SP), 1965
Edifício mais alto do Brasil entre 1965 e 1966

2 DINÂMICAS DE 2000 A 2022

Apesar de o fenômeno da verticalização no Brasil não ser recente, sua intensificação, distribuição e concentração territorial passaram a apresentar maior expressividade apenas no século XXI. Nesse sentido, os três censos demográficos realizados no Brasil nos anos de 2000, 2010 e *2022 oferecem a base de dados necessária para abordar a verticalização brasileira tanto no sentido de cobertura temporal do processo quanto em termos de atributos do fenômeno captados em cada censo.*

De tal modo, neste capítulo serão apresentados os resultados e as contribuições oferecidas por cada censo no que se refere à verticalização brasileira. Uma característica comum aos três censos demográficos analisados é que, entre as diferentes informações referentes aos domicílios particulares e permanentes recenseados, eles apresentam o tipo de domicílio. Isso significa que *nos três censos é possível identificar não apenas a quantidade de domicílios nos diferentes Estados e municípios, mas também o tipo de domicílio, classificado em dois tipos principais (casas e apartamentos)*, sendo os apartamentos definidos como domicílios localizados em edifícios com um ou mais pavimentos e com espaços de uso comum (áreas de lazer, espaços de circulação, portaria e outras dependências) (IBGE, 1991).

Assim, é importante salientar que as análises realizadas neste livro avaliam apenas os domicílios particulares permanentes e ocupados. Além disso, não foi avaliada, por falta de dados sistematizados, a verticalização resultante de outros usos que não o residencial. Apesar de a abordagem estar limitada apenas a edifícios residenciais ocupados, ela permite representar o padrão de verticalização do Brasil, já que *uma das singularidades do contexto brasileiro é a verticalização ocorrer de forma majoritária para atender ao mercado da habitação.*

A relação entre o tipo de domicílio (casa/apartamento) e a expressão territorial dessas tipologias permite avaliar como o fenômeno da verticalização tem operado no território nacional. Dessa maneira, *a verticalização do território foi analisada a partir das dinâmicas dos domicílios do tipo apartamento. Ou seja, um maior número de apartamentos indica um maior número de edifícios e uma tendência de que a região esteja mais verticalizada.* Por outro lado, uma região com poucos apartamentos indica um número baixo de edifícios e, consequentemente, uma intensidade menor do fenômeno da verticalização.

A forma de identificação do tipo de domicílios nos censos demográficos diferiu das demais informações coletadas. Isso porque a classificação do tipo de domicílio foi realizada diretamente pelo recenseador no momento em que efetuou o cadastro do endereço do domicílio. Todas as demais informações captadas foram obtidas por meio de declaração dos moradores.

Para cada censo realizado, foram construídas duas bases de dados com os aspectos analisados e apresentados aqui: uma base com os dados organizados por Unidades Federativas e outra por municípios. Todas as bases de dados foram georreferenciadas conforme a malha territorial do IBGE para os respectivos censos, e, dessa forma, é possível visualizar os dados no formato de tabelas e mapas. Para facilitar o entendimento, na página do livro no site da editora (www.ofitexto.com.br/cidades-verticais/p) são disponibilizados todos os atributos apresentados nas tabelas acompanhados de dados sobre os códigos utilizados no arquivo georreferenciado e do nome do respectivo arquivo de origem dos dados, além de um *link* direto para a fonte do dado na plataforma Sidra, do IBGE (Fig. 2.1). Foram isolados os principais atributos no que se refere à verticalização, entretanto, em

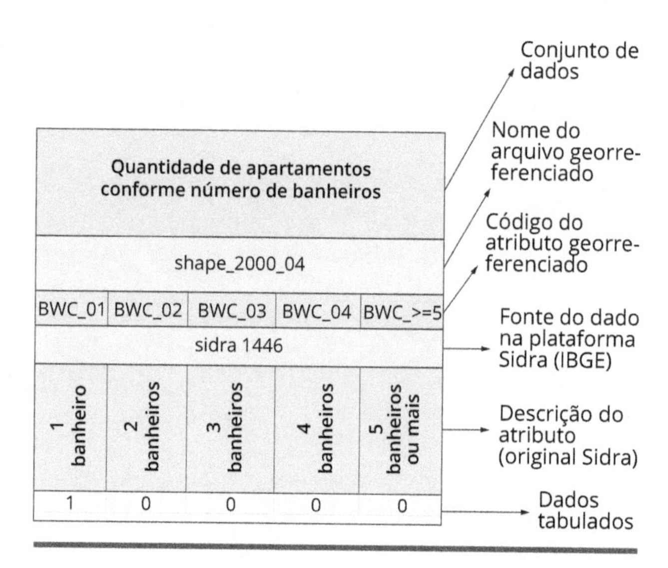

Fig. 2.1 *Exemplo da estrutura de tabulação dos dados*

muitos aspectos, há mais atributos levantados pelo IBGE do que os isolados nas tabelas. Nesse sentido, salienta-se que em alguns casos a soma dos atributos isolados não representa o total levantado pelo IBGE.

Assim, o leitor é convidado a navegar na plataforma *cidadesverticais.com.br* e acessar a base de dados sistematizada. Nela é possível tanto visualizar os dados (em planilhas e mapas) como aplicar novos filtros e arranjos de dados, bem como realizar o *download* dos arquivos para avançar em pesquisas e análises próprias sobre a verticalização do território brasileiro.

Tendo estabelecido o cenário da verticalização brasileira em três momentos, com base nos anos de realização dos censos de 2000, 2010 e 2022, passa-se agora a analisar quais foram as principais dinâmicas ocorridas no período de 2000 a 2022. A partir da análise comparativa entre esses três censos, é possível identificar quais aspectos foram modificados no período, como essas mudanças aconteceram e quais os efeitos nas Unidades Federativas e nas cidades brasileiras.

De início, cabe destacar as dinâmicas demográficas ocorridas no período. *Entre os censos de 2000 e 2022, a população do Brasil passou de 169.799.170 para 203.080.756 (um incremento de 33,3 milhões de pessoas). Entretanto, a taxa média geométrica de crescimento anual da população apresentou uma expressiva redução, passando de 1,17% entre 2000 e 2010 para 0,52% entre*

2010 e 2022. *A taxa de crescimento de 0,52% é a menor desde o início dos registros, em 1872, ficando abaixo de 1% ao ano pela primeira vez* (Tab. 2.1). Até então, a taxa de crescimento de 2010 era a menor já registrada.

Vale salientar que nesse período o crescimento populacional não se deu de maneira uniforme entre as Unidades Federativas. A compreensão desse movimento de crescimento populacional desigual é importante para identificar as relações entre as dinâmicas do processo de crescimento populacional e do fenômeno da verticalização do território brasileiro. Assim, *destaca-se que as maiores taxas de crescimento populacional de 2010 a 2022 foram das regiões Sul (0,74%), Norte (0,75%) e Centro-Oeste (1,23%), todas com percentuais superiores à taxa nacional de 0,52%.* A expressividade do crescimento dessas regiões pode ser destacada ao avaliar a taxa média de crescimento anual da população residente nos Estados no período de 2010 a 2022 (Fig. 2.2). *Nas regiões Sul, Sudeste e Nordeste (as mais verticalizadas do Brasil), o Estado que apresentou maior crescimento foi Santa Catarina (superior a 1,5%), guiada pelo crescimento na faixa leste* (Florianópolis, São José, Itapema, Blumenau e Joinville), responsável também pelo intenso processo de verticalização do Estado.

Tab. 2.1 População residente e taxa de crescimento anual no Brasil no período de 1872 a 2022

Ano	População residente	Taxa geométrica média de crescimento anual (%)
1872	9.930.478	-
1890	14.333.915	2,01
1900	17.438.434	1,98
1920	30.635.605	2,91
1940	41.165.289	1,49
1950	51.941.767	2,39
1960	**70.070.457**	**2,99**
1970	**93.139.037**	**2,89**
1980	119.002.706	2,48
1991	146.825.475	1,93
2000	169.799.170	1,64
2010	190.755.799	1,17
2022	203.080.756	0,52

Fonte: elaborado com base em IBGE (2024).

A Tab. 2.2 permite observar como a taxa de crescimento das Grandes Regiões acompanha a redução do crescimento nacional no período de 1991 a 2022.

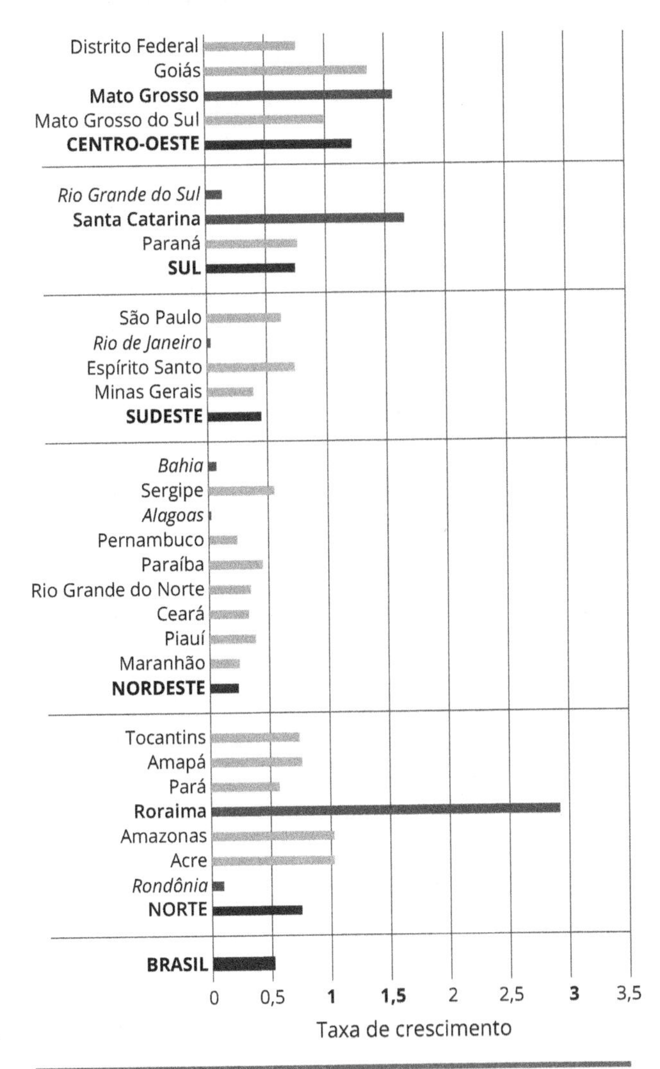

Fig. 2.2 *Taxa geométrica média de crescimento anual da população residente no período de 2010 a 2022 (%)*
Fonte: elaborado com base em IBGE (2010, 2024).

Tab. 2.2 Taxa de crescimento das Grandes Regiões brasileiras no período de 1991 a 2022

Recorte geográfico	1991/2000	2000/2010	2010/2022
Brasil	1,64	1,17	0,52
Norte	**2,86**	**2,09**	**0,75**
Nordeste	1,31	1,07	0,24
Sudeste	1,62	1,05	0,45
Centro-Oeste	2,39	**1,90**	**1,23**
Sul	1,43	0,87	**0,74**

Fonte: elaborado com base em IBGE (1991, 2000, 2010, 2024).

Em termos das Unidades Federativas, cabe destacar Roraima, com taxa de 2,92%.

O crescimento de *Santa Catarina* coloca em destaque a região Sul, que foi a segunda região com maior taxa de crescimento do Brasil no período de 2010 a 2022, com o expressivo valor de 0,74% (apesar do baixíssimo crescimento do Rio Grande do Sul, com apenas 0,14%).

Embora se possa destacar a representatividade das regiões Norte e Centro-Oeste em 2022, é preciso salientar que a *região Sudeste foi a responsável pelo maior crescimento do Brasil em termos absolutos, absorvendo 37,34% do crescimento nacional no período de 2000 a 2022* (Fig. 2.3). Isso ocorreu porque essa região é a que detém o maior contingente populacional do País. Ao analisar as regiões Sudeste e Nordeste, observa-se que, juntas, representam 58,10% (19,34 milhões) do crescimento populacional total do período de 2000 a 2022, além de serem aquelas com maior percentual da população desde 2000 (Tab. 2.3).

A verticalização da região Sul merece destaque, pois ocorre, por um lado, sem ter os maiores percentuais de grau de urbanização (é apenas a terceira região mais urbanizada, perdendo para o Sudeste e o Centro-Oeste) e, por outro, sem ser a mais representativa em termos populacionais (é a terceira região mais representativa, perdendo para o Sudeste e o Nordeste). Desde 2000 as regiões Nordeste, Sul e Sudeste vêm reduzindo sua participação relativa no total da população do País, ao passo que a participação das regiões Norte e Centro-Oeste vem aumentando (Tab. 2.4).

No que se refere à relação entre áreas urbanizadas no período, cabe destacar inicialmente a diferença entre os levantamentos realizados pelo IBGE para os anos de 2005, 2015 e 2019. Mais precisamente, a diferença na quantidade de área urbanizada captada entre os levantamentos, com mais detalhes em 2019 em comparação aos levantamentos anteriores, sendo que, para esse mesmo ano, houve o levantamento por limite municipal. A Fig. 2.4 torna evidente a alta concentração da verticalização e da urbanização nas regiões Sul e Sudeste, seguidas pela região Nordeste, com a concentração de tais fenômenos na faixa leste.

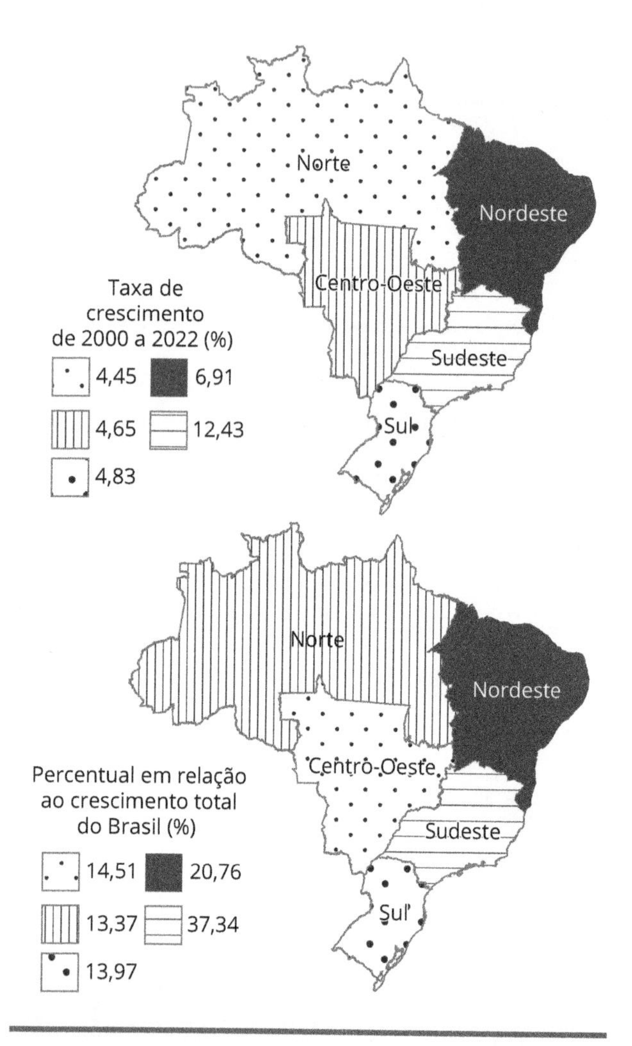

Fig. 2.3 *Taxa de crescimento populacional por região no período de 2000 a 2022*
Fonte: elaborado com base em IBGE (2000, 2010, 2024).

Tab. 2.3 População total, crescimento populacional e representatividade no crescimento por região em 2000, 2010 e 2022

Grandes Regiões	População (milhões) 2000	2010	2022	Variação absoluta de 2000 a 2022 (milhões)	Percentual em relação ao crescimento total do Brasil (%)
Brasil	169,79	190,75	203,08	33,29	100,00
Norte	12,9	15,86	17,35	4,45	13,37
Nordeste	**47,74**	**53,08**	**54,65**	6,91	**20,76**
Sudeste	**72,41**	**80,36**	**84,84**	**12,43**	**37,34**
Sul	25,1	27,38	29,93	4,83	14,51
Centro-Oeste	11,63	14,05	16,28	4,65	13,97

Fonte: elaborado com base em IBGE (2000, 2010, 2024).

O incremento da população e das áreas urbanizadas acompanha o crescimento da verticalização nacional no período. *Enquanto o número de domicílios do tipo casa apresentou uma redução de 7,02% (passando de 89,34% do total de domicílios em 2000 para 82,32% em 2022), os domicílios do tipo apartamento tiveram uma elevação de 5,27% (passando de 9,59% dos domicílios em 2000 para 14,86% em 2022)*. Se em 2000 havia 4.298.980 apartamentos, em 2022 esse número passou para 10.767.414 apartamentos (incremento de 150,5% na quantidade de apartamentos). Já os domicílios do tipo casa eram 40.018.373 em 2000, passando para 59.649.633 em 2022, um incremento de 49,0%. Nesse sentido, o crescimento de apartamentos foi três vezes maior que o de casas.

Tab. 2.4 Participação relativa da população residente por Grandes Regiões no total do País (2000 a 2022)

Ano	Participação relativa da população (%)				
	Norte	Nordeste	Sudeste	Sul	Centro-Oeste
2000	7,6	28,1	42,6	14,8	6,9
2010	8,3	27,8	42,1	14,4	7,4
2022	8,5	26,9	41,8	14,7	8,0

Fonte: elaborado com base em IBGE (2000, 2010, 2024).

2.1 Dinâmica da verticalização nas Unidades Federativas

Em relação ao total de domicílios particulares e ocupados, *ocorreu no período de 2000 a 2022 um crescimento de 27.661.267 novos domicílios, passando de 44.795.101 (2000) para 72.456.368 (2022)*. De tal modo, o número de domicílios apresentou um crescimento significativamente maior (61,75%) que o crescimento populacional de 19,6% no mesmo período. Em números absolutos, houve incremento de 27,66 milhões no número de domicílios e de 33,29 milhões no número de habitantes, ou seja, praticamente um novo domicílio para cada novo habitante.

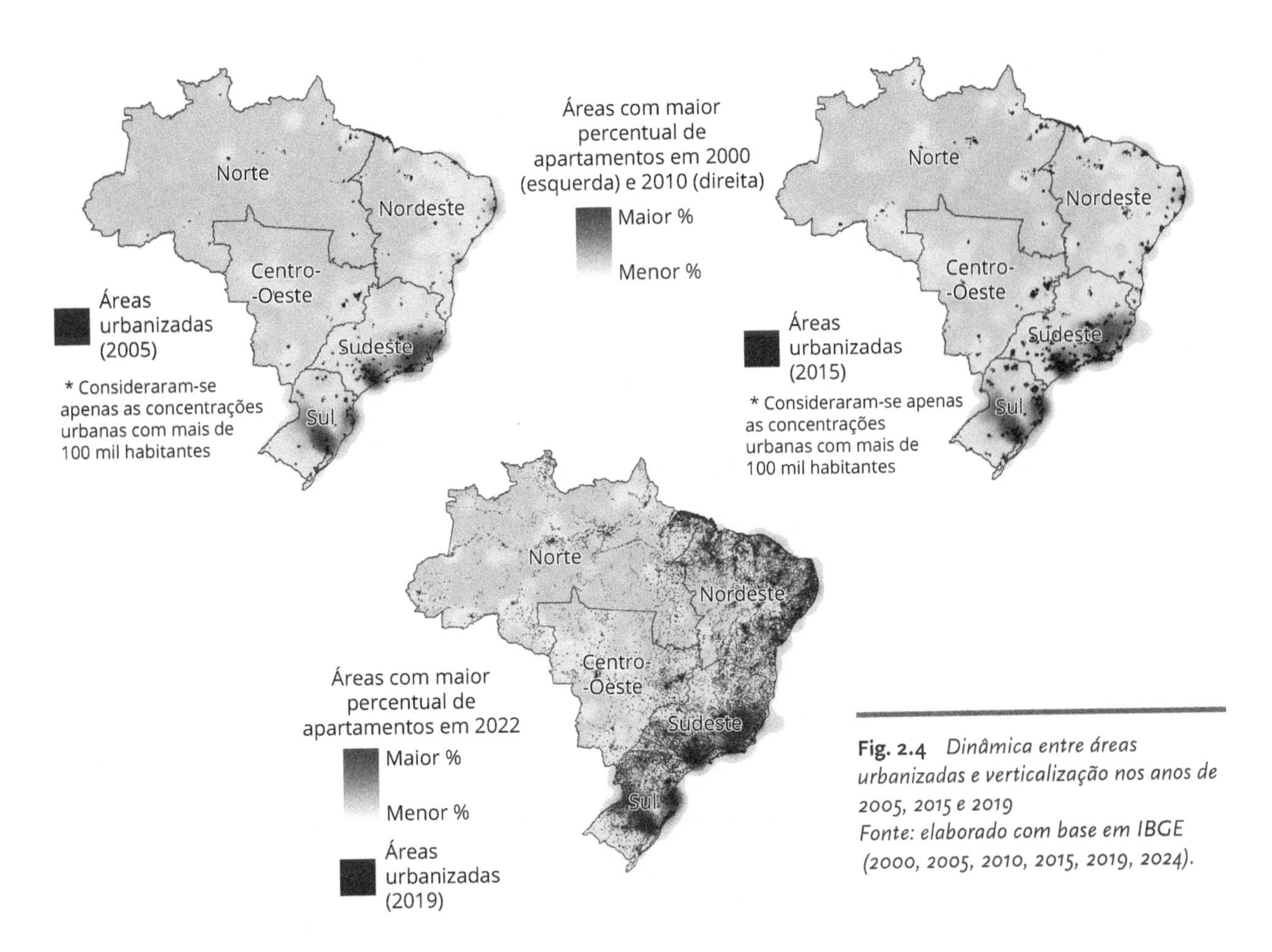

Fig. 2.4 *Dinâmica entre áreas urbanizadas e verticalização nos anos de 2005, 2015 e 2019*
Fonte: elaborado com base em IBGE (2000, 2005, 2010, 2015, 2019, 2024).

No que diz respeito a domicílios vazios ou de uso ocasional, houve um incremento de 107,4%, passando de 8.715.457 em 2000 para 18.077.693 em 2022. Ao avaliar a dinâmica de novos domicílios, o Brasil passou de 4.298.980 domicílios do tipo apartamento em 2000 (9,5% do total de domicílios) para 10.767.414 apartamentos em 2022 (14,8% do total de domicílios). Isso significa um incremento de 6.468.434 novos apartamentos, ou, em termos percentuais, *um aumento de 150,5% no total de apartamentos em apenas 22 anos*. Por outro lado, o número de domicílios do tipo casa passou de 40.018.373 em 2000 para 59.649.633 em 2022, um incremento de 19.631.260 novas casas, o que representa um crescimento de 49,0% no período de 2000 a 2022.

Apesar de em termos absolutos o domicílio do tipo casa ser expressivamente superior aos apartamentos, é possível destacar a intensidade do fenômeno da verticalização do território brasileiro no período de 2000 a 2022. Isso porque, *enquanto os domicílios do tipo casa receberam um incremento de apenas 49,0%, os apartamentos tiveram um aumento de 150,5%*. Em números totais, como se pode constatar na Fig. 2.5 e na Tab. 2.5, São Paulo deixou de ser o único Estado com mais de um milhão de apartamentos (cenário de 2000), sendo possível destacar em 2022 também o Rio de Janeiro (1,3 milhão) e Minas Gerais (um milhão). Ou seja, os três Estados com maior quantidade de apartamentos são do Sudeste. Entretanto, São Paulo se manteve como o Estado mais expressivo em termos absolutos, tendo sido o único com incremento de apartamentos superior a um milhão no período. Se, por um lado, o Sudeste foi a região mais expressiva em números totais, por outro o Norte foi a região com menor incremento de apartamentos no período. Isso porque os quatro

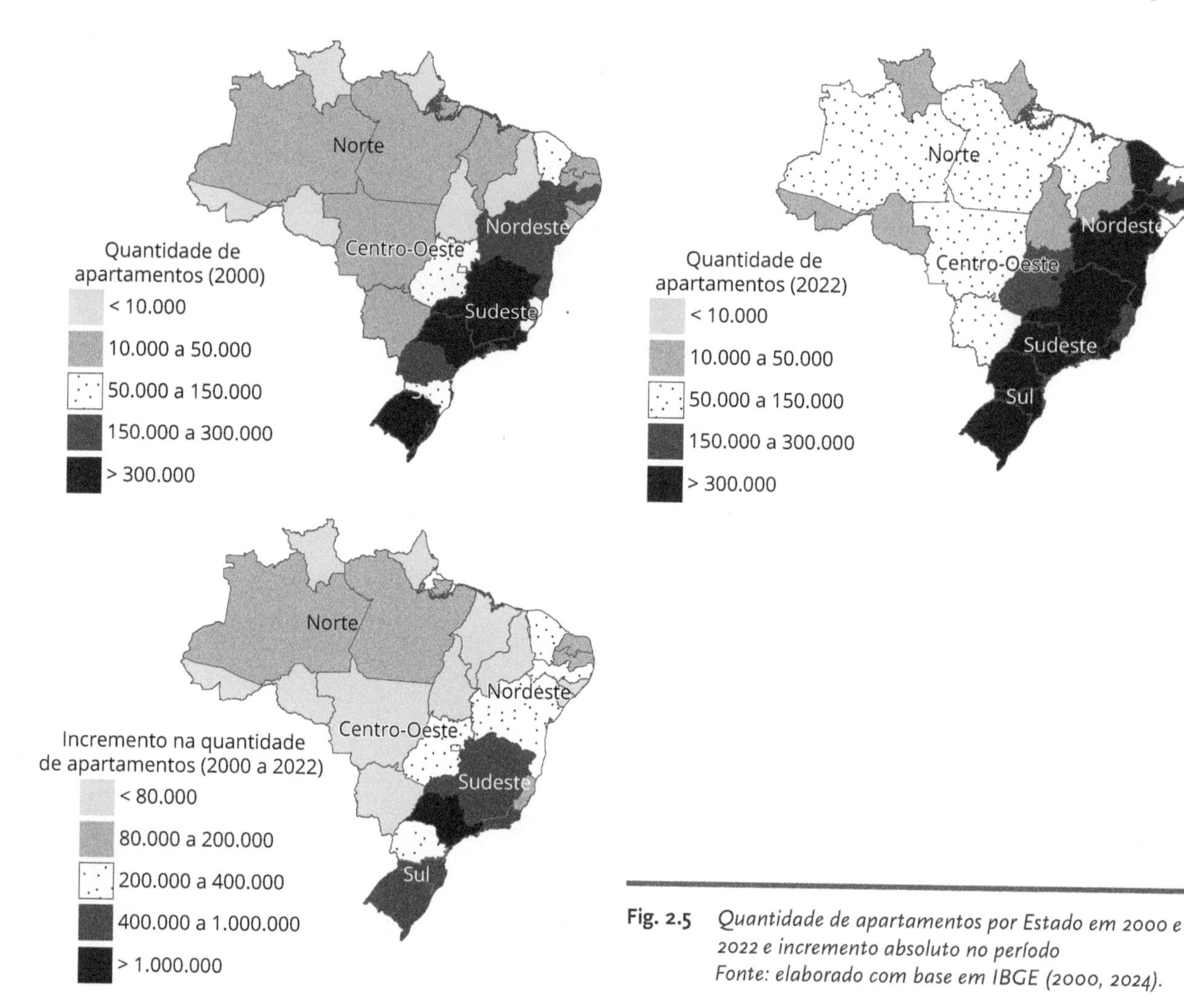

Fig. 2.5 *Quantidade de apartamentos por Estado em 2000 e 2022 e incremento absoluto no período*
Fonte: elaborado com base em IBGE (2000, 2024).

Tab. 2.5 Dinâmica de incremento de apartamentos no período de 2000 a 2022

Recorte territorial	Região	Censo 2000	Censo 2022	Variação absoluta	Representatividade da variação (%)
Brasil		4.298.980	10.767.414	6.468.434	150,5
São Paulo	Sudeste	**1.283.496**	**3.239.424**	**1.955.928**	152,4
Minas Gerais	Sudeste	379.923	**1.081.539**	701.616	184,7
Rio de Janeiro	Sudeste	889.246	**1.373.050**	483.804	54,4
Santa Catarina	Sul	129.038	611.339	482.301	**373,8**
Rio Grande do Sul	Sul	393.409	800.157	406.748	103,4
Paraná	Sul	205.132	556.846	351.714	171,5
Bahia	Nordeste	237.370	479.059	241.689	101,8
Distrito Federal	Centro-Oeste	117.310	338.250	220.940	188,3
Ceará	Nordeste	93.997	310.575	216.578	230,4
Goiás	Centro-Oeste	61.170	272.791	211.621	346,0
Pernambuco	Nordeste	159.279	361.740	202.461	127,1
Paraíba	Nordeste	28.077	179.090	151.013	537,9
Espírito Santo	Sudeste	130.961	272.084	141.123	107,8
Amazonas	Norte	21.056	116.295	95.239	452,3
Pará	Norte	36.295	126.426	90.131	248,3
Rio Grande do Norte	Nordeste	*19.527*	105.892	86.365	442,3
Maranhão	Nordeste	*12.022*	86.166	74.144	616,7
Sergipe	Nordeste	*19.748*	84.540	64.792	328,1
Alagoas	Nordeste	22.284	82.949	60.665	272,2
Mato Grosso	Centro-Oeste	21.773	81.157	59.384	272,7
Piauí	Nordeste	*9.710*	49.174	39.464	406,4
Mato Grosso do Sul	Centro-Oeste	*17.840*	54.320	36.480	204,5
Rondônia	Norte	*3.220*	38.220	35.000	**1.087,0**
Amapá	Norte	*1.105*	*18.160*	*17.055*	**1.543,4**
Tocantins	Norte	*949*	*16.610*	*15.661*	**1.650,3**
Roraima	Norte	*2.270*	*15.759*	*13.489*	594,2
Acre	Norte	*2.773*	*15.802*	*13.029*	469,9

Fonte: elaborado com base em IBGE (2000, 2024).

Estados com menor quantidade de apartamentos no período (tanto em 2000 quanto em 2022) são do Norte: Acre (incremento de 13 mil apartamentos), Roraima (13 mil), Tocantins (15 mil) e Amapá (17 mil). No período, a região Sul se consolidou como a segunda mais verticalizada em termos absolutos, liderada pelo incremento elevado de Santa Catarina (482 mil), seguida pelo Rio Grande do Sul (406 mil) e pelo Paraná (351 mil). A região Nordeste se estabeleceu como a terceira mais vertical do Brasil em termos absolutos, com destaque para a Bahia e Pernambuco (ambos com incremento superior a 200 mil apartamentos). Por fim, na região Centro-Oeste o Distrito Federal e Goiás apresentaram incrementos superiores a 200 mil apartamentos, enquanto Mato Grosso e Mato Grosso do Sul tiveram crescimentos inferiores a 60 mil, demonstrando a baixa intensidade da verticalização na região.

A Fig. 2.5 indica que o incremento na quantidade total de apartamentos foi expressivamente superior na faixa leste, com destaque para os Estados do Sul (especialmente Santa Catarina) e do Sudeste (especialmente São Paulo). *O incremento catarinense deve ser ressaltado devido à representatividade desse crescimento, passando de 129 mil apartamentos em 2000 para um total de 611 mil em 2022.*

O crescimento do número de apartamentos em cada Estado no período de 2000 a 2022 indica que a expressividade do incremento é maior nos Estados em que o fenômeno da verticalização é menos significativo e, portanto, um incremento pequeno de apartamentos representa maiores percentuais (Tab. 2.5), como no caso dos Estados de Rondônia, Amapá e Tocantins (todos com incremento absoluto representando mais de 1.000% na quantidade total de apartamentos existentes no ano 2000).

Ao analisar a verticalização dos Estados brasileiros a partir do percentual de apartamentos em relação ao total de domicílios, pode-se confirmar o maior *incremento na faixa litorânea* (Fig. 2.6). Outro aspecto é a *maior dispersão da verticalização* no território brasileiro no período, comprovada pelos elevados incrementos nas regiões Norte e Centro-Oeste.

A partir da análise do incremento na quantidade e nos percentuais de apartamentos por Estados e regiões (Tab. 2.6), é possível estabelecer duas principais conclusões: i) as *regiões Sul e Sudeste apresentam a verticalização mais expressiva do Brasil*, tanto em termos absolutos (total de apartamentos) quanto em termos relativos (percentual de apartamentos em relação ao total de domicílios); ii) *Santa Catarina representa o Estado com maior intensidade do fenômeno da verticalização urbana no período* de 2000 a 2022, com incremento percentual de 13,19% (o maior do Brasil). Essa intensidade da verticalização catarinense é resultado principalmente da verticalização do litoral, impulsionada por Balneário Camboriú (2ª cidade mais verticalizada do Brasil), São José (6ª), Florianópolis (8ª) e Itapema (10ª), mas também devido a cidades próximas, tais como Jaraguá do Sul (27ª), Criciúma (29ª) e Blumenau (32ª).

A compreensão da dinâmica de verticalização nas Unidades Federativas pode ser ampliada ao observar como ocorreu em relação às dinâmicas demográficas no período (Fig. 2.7). Mais precisamente, tanto as dinâmicas de verticalização quanto as dinâmicas

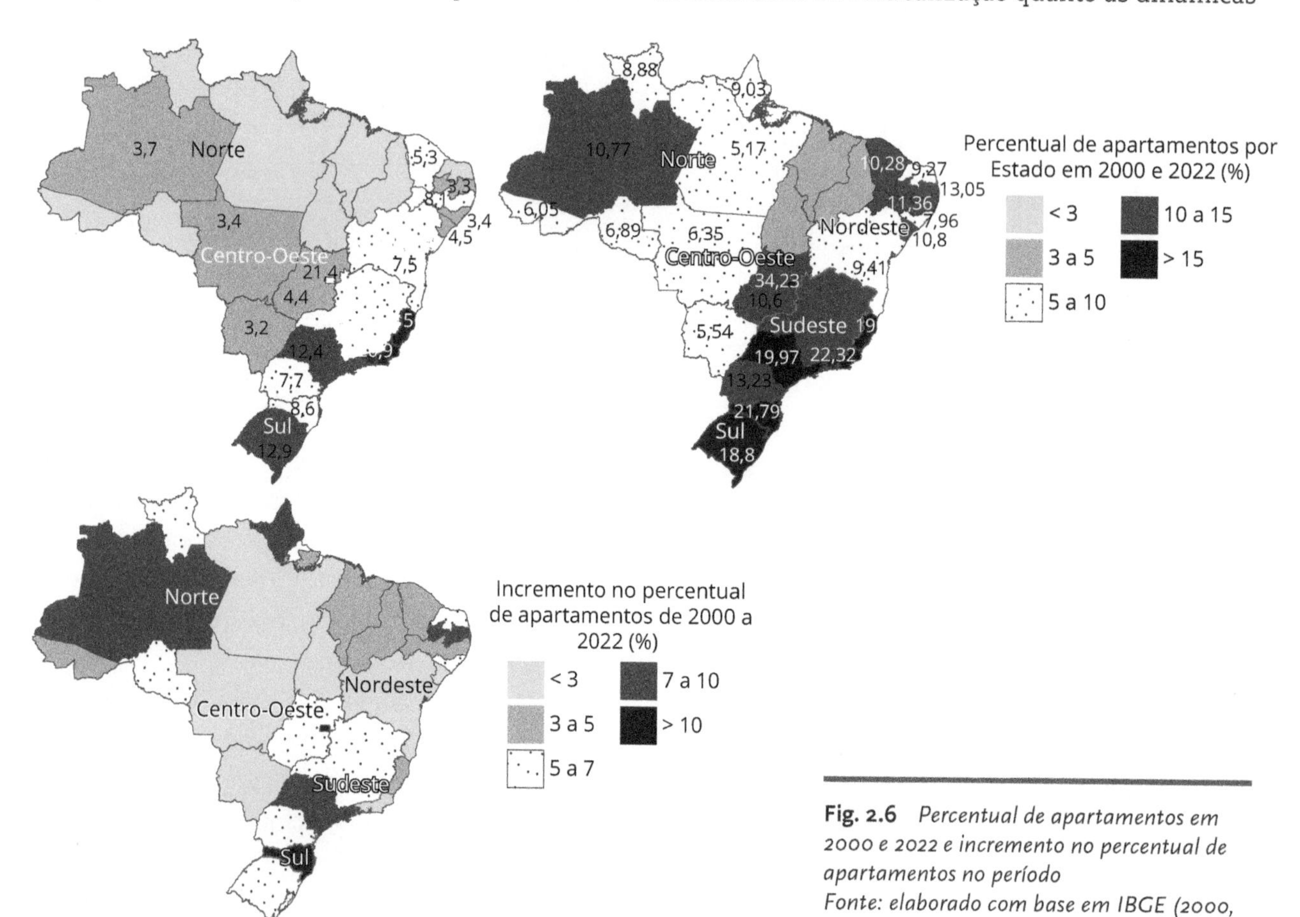

Fig. 2.6 *Percentual de apartamentos em 2000 e 2022 e incremento no percentual de apartamentos no período*
Fonte: elaborado com base em IBGE (2000, 2024).

Tab. 2.6 Dinâmica de incremento percentual de apartamentos no período de 2000 a 2022

Estado	% em 2000	% em 2010	% em 2022	Variação no percentual de apartamentos (%)
Santa Catarina	**8,6**	**13,4**	**21,79**	**13,19**
Distrito Federal	**21,4**	25,6	**34,23**	12,83
Paraíba	**3,3**	**5,9**	**13,05**	**9,75**
Amapá	1,1	4,3	9,03	7,93
São Paulo	12,4	14,3	**19,97**	7,57
Amazonas	3,7	6,7	10,77	7,07
Rio Grande do Norte	2,9	4,6	9,27	6,37
Minas Gerais	8	9,8	14,36	6,36
Sergipe	4,5	6,7	10,8	6,3
Goiás	4,4	5,7	10,6	6,2
Rondônia	0,9	5,8	6,89	5,99
Rio Grande do Sul	12,9	14,6	**18,8**	5,9
Roraima	3	6,9	8,88	5,88
Paraná	7,7	9	13,23	5,53
Ceará	5,3	6,8	10,28	4,98
Alagoas	3,4	5	7,96	4,56
Acre	2,1	5,8	6,05	3,95
Espírito Santo	**15,6**	14,2	**19,04**	3,44
Pernambuco	8,1	8,7	11,36	3,26
Maranhão	1	1,7	4,12	3,12
Piauí	1,5	2,4	4,59	3,09
Mato Grosso	3,4	3,8	6,35	2,95
Tocantins	0,3	1,4	3,23	2,93
Pará	2,8	3,2	5,17	2,37
Mato Grosso do Sul	3,2	3,3	5,54	2,34
Bahia	7,5	6,7	9,41	1,91
Rio de Janeiro	**20,9**	20,1	**22,32**	1,42

Fonte: elaborado com base em IBGE (2000, 2010, 2024).

demográficas foram mais intensas nas regiões Sul e Sudeste no período de 2000 a 2022, especialmente nos Estados de Santa Catarina e São Paulo.

Entre as Unidades Federativas, o Distrito Federal se manteve como o mais verticalizado em termos proporcionais, com 21,4% em 2000, 25,6% em 2010 e 34,23% em 2022, entretanto, devem ser consideradas suas particularidades em relação às demais Unidades Federativas. De tal modo, pode-se destacar a expressividade da verticalização do *Rio de Janeiro* (20,9% em 2000, 20,1% em 2010 e 22,32% em 2022), tanto pelos elevados percentuais no período quanto pelo baixo incremento apresentado, sendo o *Estado brasileiro com menor incremento.*

O expressivo incremento percentual de apartamentos nos Estados do Norte em termos percentuais (tal como ocorrido no Amazonas e no Amapá) está atrelado ao fato de a região possuir poucos apartamentos. Já *São Paulo* se destaca como o Estado com maior quantidade absoluta de apartamentos em toda a série histórica, com um total de 3,2 milhões de unidades em 2022.

Cabe mencionar os números do Estado de Santa Catarina, com um crescimento expressivo tanto em termos absolutos (com 482 mil novos apartamentos) quanto em termos percentuais (com 373,8%) no período de 2000 a 2022. É importante compreender essa expressividade da verticalização catarinense em conjunto com a intensa

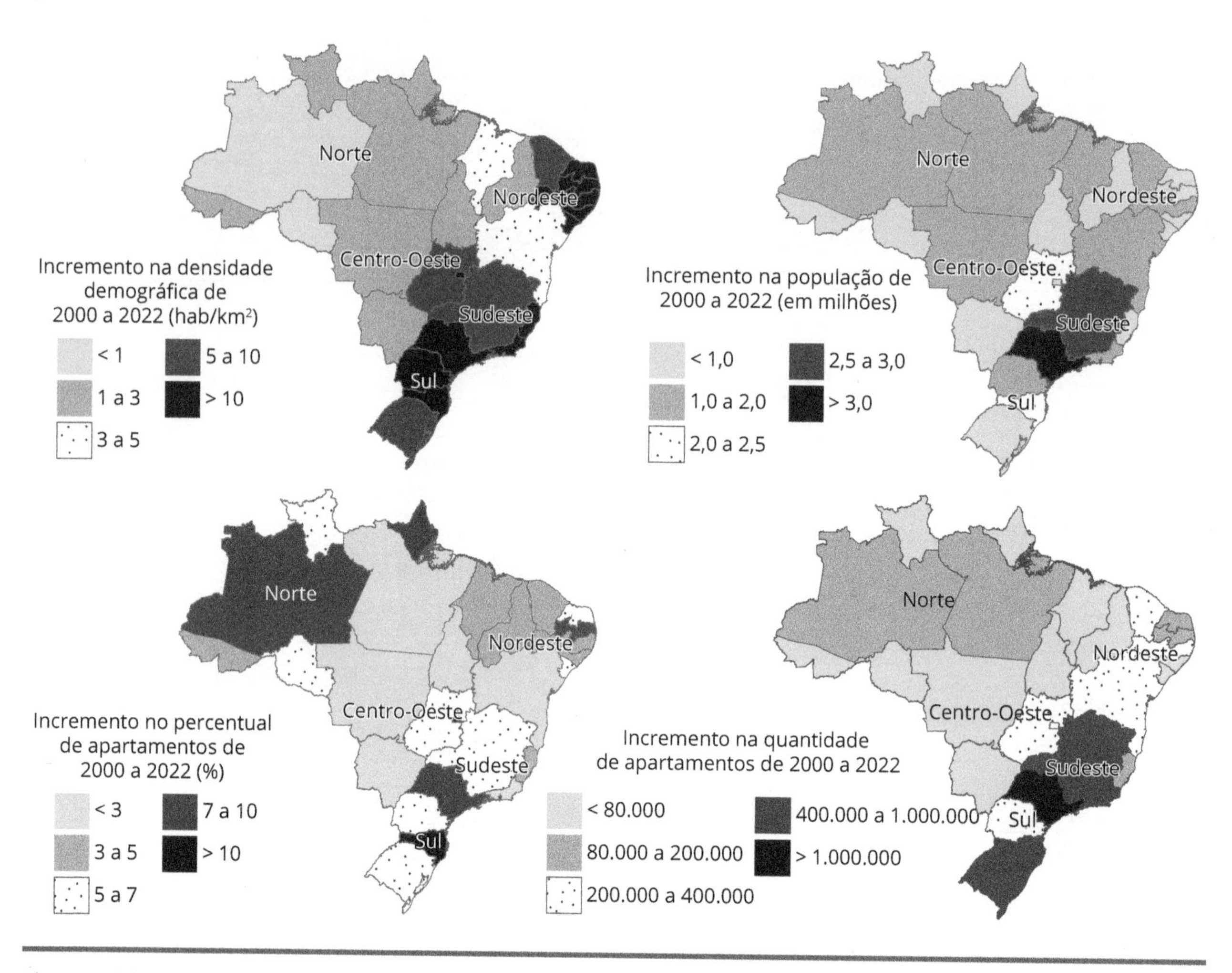

Fig. 2.7 *Dinâmicas demográficas e de verticalização no período de 2000 a 2022*
Fonte: elaborado com base em IBGE (2000, 2010, 2024).

dinâmica de crescimento populacional do Estado no período (maior taxa de crescimento populacional entre os Estados das regiões Sul, Sudeste e Nordeste).

Por outro lado, vale destacar o *crescimento pouco expressivo de apartamentos no Estado do Rio de Janeiro.* Apesar de ser o segundo Estado com maior quantidade e percentual de apartamentos em todo o período de 2000 a 2022 (atrás apenas, respectivamente, de São Paulo e do Distrito Federal), o incremento de verticalização registrado no período foi de apenas 1,42% (o menor do Brasil), passando de 20,9% (2000) para 22,32% (2022).

Sendo assim, ao analisar os padrões territoriais da verticalização nas regiões e nos Estados brasileiros, torna-se possível indicar a existência de *três grandes regiões da verticalização* no período de 2000 a 2022 (Fig. 2.8):

i] *pouco verticalizada*: compreende as regiões Norte e Centro-Oeste, que, apesar de apresentarem incrementos no percentual de apartamentos e na difusão territorial no período, ainda permanecem como as regiões com verticalização menos intensa do Brasil, com menor parcela da população e menor crescimento demográfico;

ii] *muito verticalizada*: compreende as regiões Sul e Sudeste, com destaque para São Paulo (maior incremento absoluto no período) e Santa Catarina (maior percentual e incremento percentual no período), e engloba a região mais populosa do País e com maior parcela do crescimento demográfico no período, que é o Sudeste;

iii] *em processo intenso de verticalização*: compreende a região Nordeste, puxada pelo efeito de concentração da verticalização na faixa leste do Brasil,

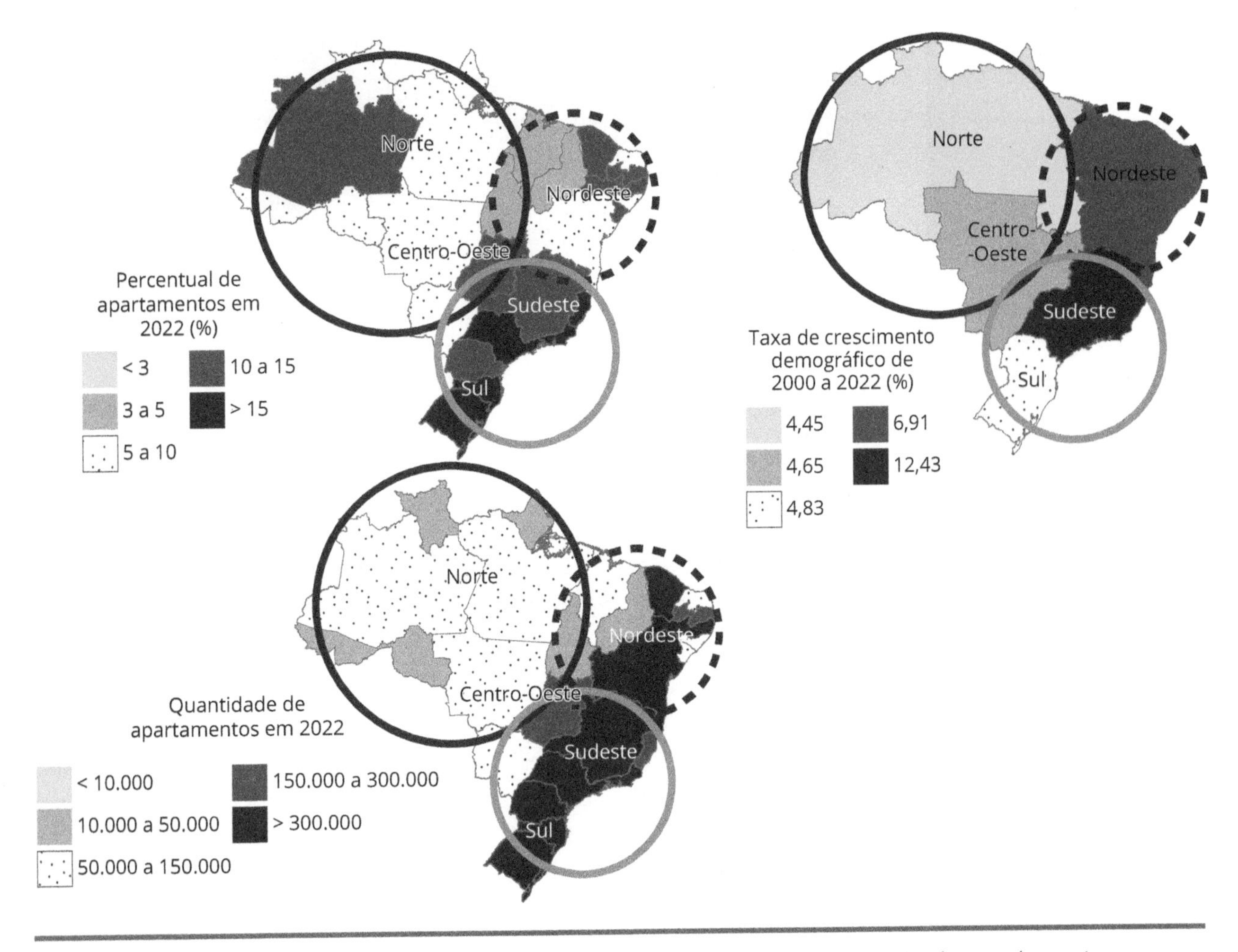

Fig. 2.8 *Três grandes regiões da verticalização: muito verticalizadas (círculo cinza), pouco verticalizadas (círculo preto) e em processo intenso de verticalização (círculo tracejado)*
Fonte: elaborado com base em IBGE (2000, 2010, 2024).

com destaque para a Paraíba (terceiro Estado com maior incremento percentual de apartamentos). É também uma região com expressividade demográfica.

2.2 Dinâmica da verticalização nas cidades

Ao analisar a população dos municípios brasileiros em termos absolutos no período de 2000 a 2022, é possível perceber que o número de municípios com mais de um milhão de habitantes aumentou de 13 para 15, sendo que os dois novos municípios foram Campinas (SP) (1.080.113) e São Luís (MA) (1.014.837). O número de municípios com mais de 100 mil habitantes passou de 224 em 2000 (113 no Sudeste) para 319 em 2022 (149 no Sudeste), ou seja, um incremento de 95 municípios com mais de 100 mil habitantes, dos quais 36 apenas no Sudeste.

Já os municípios de menor porte (até 20 mil habitantes) passaram de 4.024 em 2000 (73% de todos os municípios brasileiros) para 3.860 em 2022, uma pequena redução de 164 municípios. De tal modo, é possível concluir que a quantidade de municípios de pequeno porte pouco se alterou no período de 2000 a 2022.

Em termos de densidade demográfica, um total de 1.871 municípios apresentaram redução na densidade no período de 2000 a 2022 (Fig. 2.9). Destaca-se que apenas 16 desses municípios possuíam mais de 100 mil habitantes em 2022 e que 97,8% deles apresentavam população inferior a 50 mil habitantes, ou seja, *os municípios que apresentaram processo de redução da densidade populacional são majoritariamente de pequeno porte. Por outro lado, apenas 220 cidades brasileiras tiveram incremento na densidade populacional superior a 100 hab/km²*, das quais somente 42 possuíam menos de 50 mil habitantes em 2022.

Assim, *pode-se constatar que a densidade demográfica sofreu processo de redução nas pequenas cidades e de incremento nas cidades de médio e grande porte.* Outro aspecto importante é que as cidades com maior aumento de densidade no período estão concentradas na faixa leste do Brasil.

Cabe destacar os três municípios que apresentaram os maiores incrementos na densidade no período de 2000 a 2022: i) *Taboão da Serra, cidade com maior incremento de densidade do Brasil (3.722,81 hab/km²)*, e também a mais densa em 2022, passando de 9.694 hab/km² (2000) para 13.416,81 hab/km² (2022). Alcançou tal densidade com expressivo aumento de apartamentos tanto em termos absolutos (17.057 novos apartamentos) quanto em termos percentuais (incremento de 12,02%), enquanto reduziu o percentual de casas em 10,54%; ii) *Valparaíso de Goiás*, com incremento na densidade de 1.691,14 hab/km², passando de 1.543 hab/km² (2000) para 3.234,14 hab/km² (2022). Apresentou expressivo aumento de apartamentos tanto em termos absolutos (26.055 novos apartamentos) quanto em termos percentuais (incremento de 32,25%), enquanto reduziu o percentual de casas em 35,3%, o que representa a terceira maior diminuição no percentual de domicílios do tipo casa do Brasil; iii) *São Caetano do Sul*, com incremento na densidade de 1.663,23 hab/km², passando de 9.142 hab/km² (2000) para 10.805,23 hab/km² (2022). Também apresentou expressivo aumento de apartamentos tanto em termos absolutos (21.401 novos apartamentos) quanto em termos percentuais (incremento de 26,81%), enquanto reduziu o percentual de casas em 28,73%, passando a ser a terceira cidade mais verticalizada do País, com 52,55% de apartamentos em 2022.

No que tange às cidades com maior densidade populacional, houve um aumento de três cidades com densidade superior a 10 mil hab/km², passando

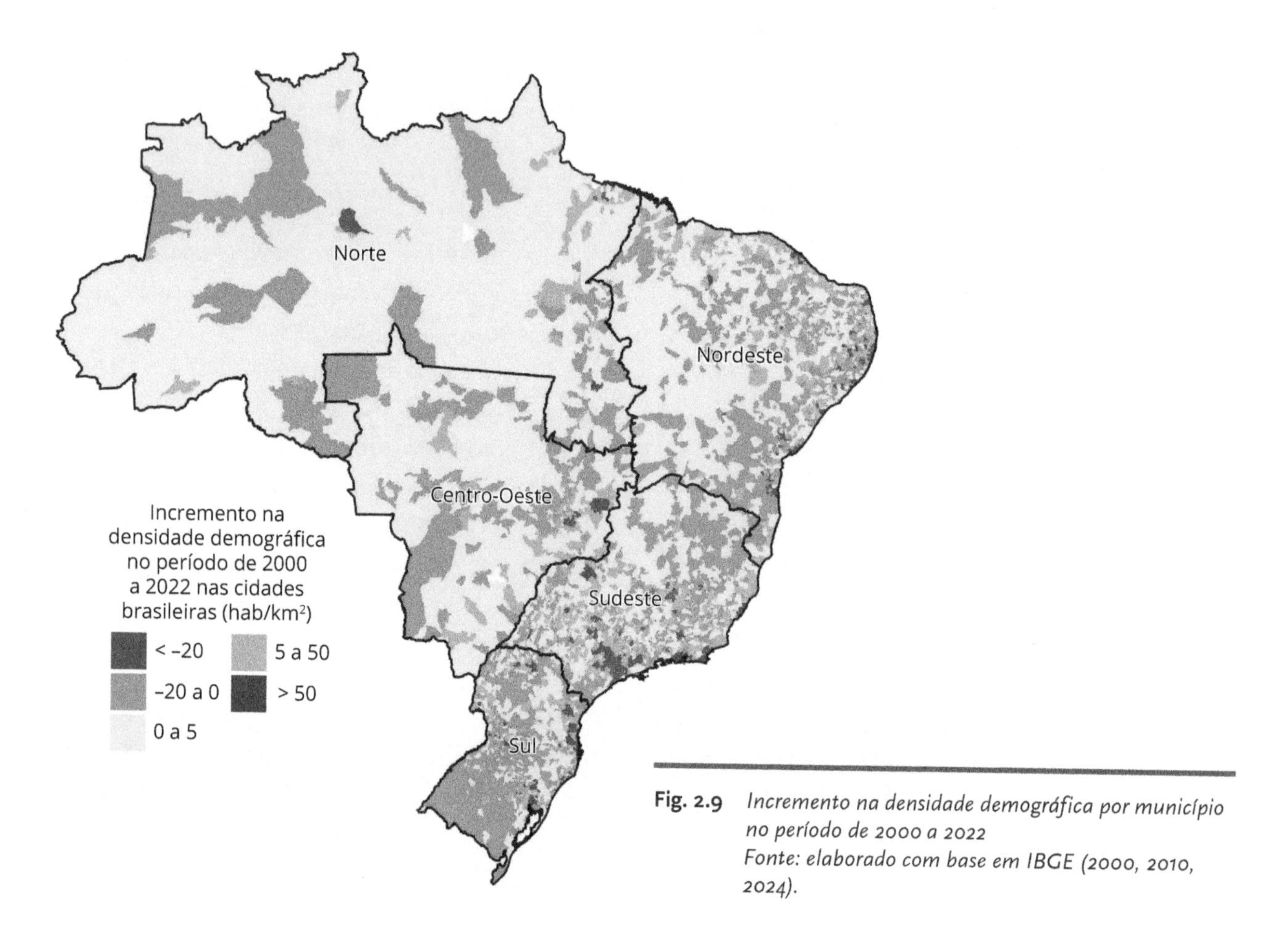

Fig. 2.9 *Incremento na densidade demográfica por município no período de 2000 a 2022*
Fonte: elaborado com base em IBGE (2000, 2010, 2024).

de três cidades em 2000 para seis em 2022. Destaca-se a cidade de *São João de Meriti*, que permaneceu entre as três mais densas do Brasil nos três censos analisados. Quanto aos municípios com densidade superior a 100 hab/km², destaca-se o pequeno incremento de 140 cidades no período de 2000 (642) a 2022 (782).

Tendo compreendido a dinâmica demográfica dos municípios brasileiros, passa-se a identificar o fenômeno da verticalização na escala municipal. Um primeiro fenômeno que se pode destacar é a difusão territorial da verticalização. Isso porque em 2000 apenas 836 municípios possuíam cem ou mais apartamentos (14,9% dos municípios brasileiros), número que foi ampliado para 1.747 municípios em 2022 (31,3%). Nesse sentido, *o Brasil apresentou uma expressiva difusão da verticalização do território, dobrando o número de cidades com cem ou mais apartamentos no período de 2000 a 2022*. Cabe destacar a centralidade das regiões Sul e Sudeste na concentração desses municípios com mais de cem apartamentos: em 2000 essas duas regiões concentravam 79,4%, passando para 65,5% em 2022.

A redução de 13,9% sofrida nessas duas regiões no período de 2000 a 2022 pode ser atrelada à difusão da verticalização no território brasileiro, principalmente ao crescimento das regiões Nordeste (incremento de 3,5%) e Norte (incremento de 2,5%).

Apesar de as regiões Sul e Sudeste concentrarem o fenômeno da verticalização em quantidade e intensidade, é possível perceber em 2022 o crescimento da verticalização no Nordeste, que se consolida como a terceira região mais verticalizada do Brasil. Assim, pode-se constatar a elevada representatividade da faixa leste na verticalização (Sul, Sudeste e Nordeste), que concentrou 93,2% dos municípios com mais de cem apartamentos em 2000 e 89,59% em 2022. Ou seja, a despeito do decréscimo no percentual de municípios com cem ou mais apartamentos nessas três regiões, elas ainda concentraram aproximadamente 90% da verticalização urbana brasileira.

Tendo observado que a verticalização urbana se difundiu no território nacional, passa-se agora a observar a intensidade desse fenômeno no período de 2000 a 2022, mensurada por meio do incremento na quantidade e no percentual de apartamentos.

No que se refere ao incremento total de apartamentos por município (Fig. 2.10), é possível perceber um corredor de cidades horizontais na porção central do território brasileiro, que vai do Centro-Oeste ao Nordeste, que apresentaram pouco ou nenhum incremento na quantidade de novos apartamentos. Por outro lado, nota-se um corredor com cidades mais verticais, que vai do Sul ao Sudeste, que tiveram incrementos expressivos na quantidade de apartamentos.

Já em termos percentuais, a Fig. 2.11 destaca os municípios que sofreram redução e elevação no período. Por meio dessa abordagem, é possível perceber tanto os municípios de maior porção territorial da região Norte (com incremento superior a 5%) quanto os municípios de menor extensão territorial das regiões Sul e Sudeste. *A partir dessa análise, pode-se identificar dois principais corredores territoriais da verticalização brasileira: por um lado, o "corredor de cidades horizontais" que vai da região Nordeste à região Centro-Oeste (tracejado vermelho), e, por outro, o "corredor de cidades verticais" entre as regiões Sul e Sudeste (tracejado azul)*.

Assim, se por um lado a verticalização se difundiu no território brasileiro no período, por outro, em termos de intensidade, é possível observar a consolidação do corredor de cidades verticais, demarcado pelos municípios com elevada intensidade da verticalização urbana do Sul e do Sudeste.

Ainda quanto à intensidade, ao analisar os dez municípios mais verticalizados do Brasil de 2000 a 2022 (considerando o número absoluto de apartamentos – Tab. 2.7), nota-se que nove se mantiveram entre os dez mais verticalizados nos três censos demográficos. A única exceção foi a cidade de *Santos*, que em 2022 deixou de figurar entre as dez cidades com maior quantidade de apartamentos, o que reforça a tendência de estagnação da verticalização no município.

Na Tab. 2.7, é possível perceber que São Paulo (1ª), Rio de Janeiro (2ª) e Curitiba (7ª) mantiveram suas posições no período. Por outro lado, o município de Belo Horizonte subiu da 5ª para a 3ª posição, e Fortaleza, da 10ª para a 8ª. A expressividade da

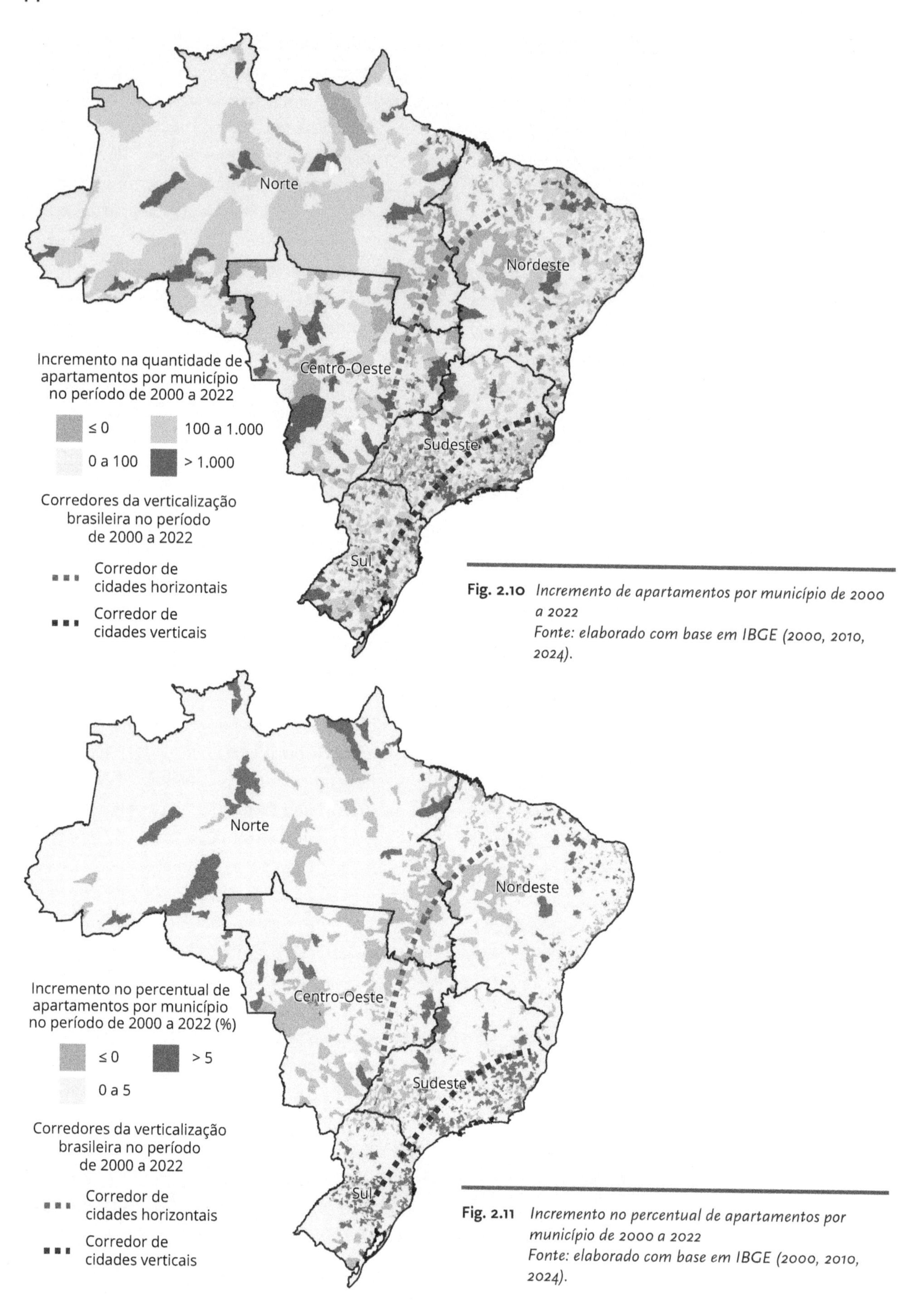

Fig. 2.10 *Incremento de apartamentos por município de 2000 a 2022*
Fonte: elaborado com base em IBGE (2000, 2010, 2024).

Fig. 2.11 *Incremento no percentual de apartamentos por município de 2000 a 2022*
Fonte: elaborado com base em IBGE (2000, 2010, 2024).

Tab. 2.7 Dez municípios brasileiros com maior quantidade de domicílios do tipo apartamento (nos anos de 2000, 2010 e 2022)

Cidade	Quantidade de apartamentos e posição das cidades no *ranking* das mais verticalizadas				Densidade (hab/km²)		
	2000	2010	2022	Variação na quantidade	2000	2022	Variação
São Paulo	751.410	1.009.636	1.435.984	684.574	6.859	7.528,2	669,2 (+9,7%)
	(1°)	(1°)	(1°)	**91,1%**			
Rio de Janeiro	684.154	806.769	963.002	278.848	4.880	5.174,6	294,6 (+6,0%)
	(2°)	(2°)	(2°)	40,7%			
Belo Horizonte	169.554	251.275	345.652	176.098	6.756	6.988,1	232,1 (+3,4%)
	(5°)	**(3°)**	(3°)	**103,8%**			
Porto Alegre	196.137	237.297	276.628	80.491	2.747	2.690,5	−56,5 (−2,0%)
	(4°)	(4°)	(5°)	41,0%			
Salvador	205.437	204.660	270.491	65.054	3.523	3.486,4	−36,5 (−1,03%)
	(3°)	(5°)	(6°)	31,6%			
Brasília	117.310	198.504	338.250	220.940	356	489,0	133 (+37,4%)
	(6°)	(6°)	**(4°)**	**188,3%**			
Curitiba	117.013	152.947	230.711	113.698	3.650	4.078,5	**428,5 (+11,7%)**
	(7°)	(7°)	(7°)	97,1%			
Fortaleza	77.613	126.113	203.488	125.875	6.856	7.775,5	**919,5 (+13,4%)**
	(10°)	**(8°)**	(8°)	**162,1%**			
Recife	86.756	124.355	165.553	78.797	6.502	6.803,6	301,6 (+4,6%)
	(8°)	(9°)	(9°)	90,8%			
Santos	81.689	91.228	112.401	30.712	1.487	1.489,5	2,53 (+0,1%)
	(9°)	(10°)	(13°)	37,5%			
Goiânia	47.096	75.774	152.967	105.871	1.499	1.970,9	**471,9 (+31,4%)**
	(15°)	(14°)	**(10°)**	**(+224,7%)**			

Fonte: elaborado com base em IBGE (2000, 2010, 2024).

verticalização de Goiânia coloca essa cidade entre as dez mais verticalizadas em 2022, com crescimento expressivo de 105 mil novos apartamentos, que incrementaram a densidade da cidade em 31,4%. Entre os municípios que perderam posições estão Salvador (de 3ª para 6ª), Recife (de 8ª para 9ª) e Santos com a maior queda entre as dez cidades com maior quantidade de apartamentos (de 9ª para 13ª).

Outro aspecto importante é o incremento de densidade dessas cidades: *com exceção de Porto Alegre, Salvador e Santos (que tiveram incremento negativo ou inferior a 5 hab/km²), todas as demais cidades tiveram incremento positivo da densidade, com destaque para Goiânia (+471,9 hab/km²), Fortaleza (+919,5 hab/km²) e São Paulo (+669,2 hab/km²)*. Destas, destaca-se Santos: uma cidade com elevado grau de verticalização (considerando percentual de apartamentos em relação ao total de domicílios), mas que pouco alterou sua densidade populacional.

A correlação do incremento do número de apartamentos com a densidade populacional permite identificar quais municípios tiveram uma verticalização desassociada de adensamento populacional no período (Santos, Porto Alegre e Salvador) e em quais cidades o incremento da verticalização ocorreu de forma expressiva juntamente com um significativo aumento do adensamento populacional (Fortaleza, Goiânia e São Paulo).

Cabe destacar ainda que *em 2000 existiam 340 cidades com mais de 5% de apartamentos (das quais 90,5% estavam no Sul e no Sudeste), enquanto em 2022 o número foi ampliado para 575 cidades (das quais 78% no Sul e no Sudeste)* (Tab. 2.8).

Tab. 2.8 Concentração de municípios com 5% ou mais de domicílios do tipo apartamento (por regiões em 2000, 2010 e 2022)

Região	2000	2010	2022	Variação
Sul e Sudeste	**90,5%** (308)	**87,3%** (429)	**78,0%** (449)	−12,5%
Nordeste	**6,1%** (21)	**7,1%** (35)	**14,7%** (85)	**+8,6%**
Norte	0,8% (3)	3,0% (15)	3,8% (22)	**+3,0%**
Centro-Oeste	2,3% (8)	2,4% (12)	3,3% (19)	+1,0%
Total – Brasil	340 municípios	491 municípios	575 municípios	235

Fonte: elaborado com base em IBGE (2000, 2010, 2024).

Ao analisar a concentração dos municípios verticalizados em termos percentuais, a centralidade das regiões Sul, Sudeste e Nordeste se torna ainda mais evidente, ou seja, enquanto em 2000 um total de 96,6% das cidades com mais de 5% de apartamentos se localizava no Sul, no Sudeste e no Nordeste, em 2022 esse percentual se manteve elevado, com 92,7% (essa pequena queda se deve à difusão territorial da verticalização, principalmente para a região Norte do Brasil).

A Tab. 2.9 destaca os dez municípios com maior percentual de apartamentos em relação ao total de domicílios em 2000, 2010 e 2022. Entre os cinco municípios mais verticalizados, apenas Bento Gonçalves caiu de posição (queda expressiva da 5ª posição para a 16ª).

Outro destaque são os municípios catarinenses, que em 2010 passaram a ocupar três posições: Balneário Camboriú (2ª), Florianópolis (7ª) e São José (10ª). Nesse sentido, *destaca-se novamente o protagonismo que o Estado de Santa Catarina passa a exercer em termos de intensidade e concentração da verticalização.*

No que se refere à relação com o número de habitantes, vale destacar a presença de municípios de médio porte, tais como Balneário Camboriú (139.155 habitantes em 2022), Viçosa (76.430 habitantes), São Caetano

Tab. 2.9 Dez cidades brasileiras com maior percentual de apartamentos nos anos de 2000, 2010 e 2022

Rank 2000	*Rank* 2010	*Rank* 2022	Cidade	Percentual de apartamentos (%)			Variação na densidade de 2000 a 2022 (hab/km²)
				2000	2022	Variação	
1	1	1	Santos	62,33	67,11	+4,78	*2,53*
2	2	2	Balneário Camboriú	45,84	63,35	**+17,51**	**1.452,7**
3	3	4	Porto Alegre	44,52	49,55	+5,03	*−56,5*
4	4	5	Vitória	43,21	48,99	+5,78	**314,33**
5	*(43)*	*(16)*	Bento Gonçalves	41,28	37,69	−3,59	**116,28**
6	**5**	9	Niterói	40,42	43,95	+3,53	**166,67**
7	**6**	8	Rio de Janeiro	37,96	39,52	+1,56	**294,6**
8	*(23)*	*(23)*	Salvador	31,54	28,22	−3,32	*−36,51*
9	**7**	**8**	Florianópolis	30,80	43,99	**+13,19**	**289,05**
10	**9**	**7**	Viçosa	26,99	44,99	**+18,00**	*38,26*
(14)	**8**	**3**	**São Caetano do Sul**	25,74	52,55	**+26,81**	**1.663,23**
(23)	**10**	**6**	**São José**	22,46	45,89	**+23,43**	**643,02**
(21)	(12)	**10**	**Itapema**	23,39	43,54	**+20,15**	**860,59**

Fonte: elaborado com base em IBGE (2000, 2010, 2024).

do Sul (165.655) e São José (270.299). Outro aspecto importante é que apenas quatro dos dez municípios não apresentaram elevação significativa na densidade se comparados com os demais municípios do *ranking*: Santos (+2,53%), Porto Alegre (–56,5%), Salvador (–36,51%) e Viçosa (+38,26).

Entre os dez municípios mais verticalizados do Brasil em 2022, destaca-se Balneário Camboriú, que apresentou incremento na densidade demográfica de 1.452,7 hab/km². *Isso significa que a verticalização de Balneário Camboriú não foi apenas uma das mais expressivas do País (17,51% mais verticalizada em apenas 22 anos), mas também foi positiva em termos de densidade.* Essa constatação pode estar atrelada ao fato de que a verticalização do município tem se intensificado, tendo a orla como elemento de atração e concentração das edificações. Sendo assim, destaca-se a importância de pesquisas que interpretem esses fenômenos na escala local, para compreender suas singularidades e especificidades, de forma a contribuir para aperfeiçoar o processo de verticalização das demais cidades brasileiras. Se Balneário Camboriú apresentou um crescimento expressivo tanto em termos de verticalização quanto em termos de densidade, o *município de Santos, por outro lado, teve baixo crescimento da verticalização (apenas 4,78%), assim como baixo incremento da densidade (2,53%), no período de 2000 a 2022. Tais números indicam uma estagnação da verticalização no município. Apesar disso, ele se manteve como o mais verticalizado do Brasil*, tendo expressivos 67,11% dos domicílios do tipo apartamento.

Outra cidade que merece destaque é São Caetano do Sul, que passou a ser em 2022 a terceira mais vertical do Brasil. A intensidade da verticalização nessa cidade pode ser percebida ao analisar sua posição no *ranking* de cidades com maior percentual de apartamentos pelos censos de 2000 (estava na 14ª posição), 2010 (8ª) e 2022 (3ª). Por fim, cabe destacar as cidades do litoral catarinense, que em 2022 passaram a representar quatro das dez cidades mais verticais do País. A Fig. 2.12 indica o percentual de apartamentos dos dez municípios mais verticalizados do Brasil. *Percebe-se que em 2022 as dez cidades mais verticalizadas passaram a estar localizadas nas regiões Sul e Sudeste*, sendo que no período de 2000 a 2022 a única cidade fora dessas regiões (Salvador) perdeu posição, passando de 8ª (2000) para 23ª (2022).

Em linhas gerais, é possível afirmar que as cidades mais verticalizadas no período de 2000 a 2022 são as de maior porte em termos populacionais. Para chegar a essa conclusão foram selecionados os municípios que apresentaram percentual de apartamentos superior ou igual a 15% (classe que indica os mais verticalizados do Brasil). Em 2000 o número de municípios nessa faixa foi de 62, enquanto em 2010 esse número subiu para 81 e em 2022 para expressivas 226 cidades. De tal modo, no período houve um incremento de 364,5% na quantidade de cidades com mais de 15% dos domicílios do tipo apartamento no País, o que reforça novamente o aspecto de dispersão da verticalização no território brasileiro.

Sendo assim, *entre as 226 cidades com 15% ou mais de domicílios do tipo apartamento em 2022, pode-se constatar que*: i) apenas 23 municípios possuíam menos de 20 mil habitantes em 2022 e apenas 61 municípios tinham menos de 50 mil habitantes, o que demonstra a baixa expressividade da verticalização dos municípios de pequeno porte; ii) um total de 131 municípios possuíam mais de 100 mil habitantes, o que demonstra que a verticalização é mais intensa nos municípios de médio e grande porte.

Em termos de densidade, ao analisar essas 226 cidades com 15% ou mais de domicílios do tipo apartamento, *é possível afirmar que a verticalização ocorre, majoritariamente, nas cidades mais densas*. Isso porque apenas 39 municípios possuem menos de 100 hab/km², ou seja, aproximadamente 82% dos municípios mais verticalizados do Brasil possuem mais de 100 hab/km². Ao considerar que, dentro do universo de 5.570 municípios brasileiros em 2022, apenas 782 (14%) têm mais de 100 hab/km², esse percentual de densidade dos municípios mais verticalizados se torna ainda mais expressivo.

Assim, ao analisar o incremento da densidade (no período de 2000 a 2022) e da verticalização nas 226 cidades mais verticalizadas do País em 2022, percebe-se que a verticalização ocorreu em conjunto com a elevação da densidade populacional:

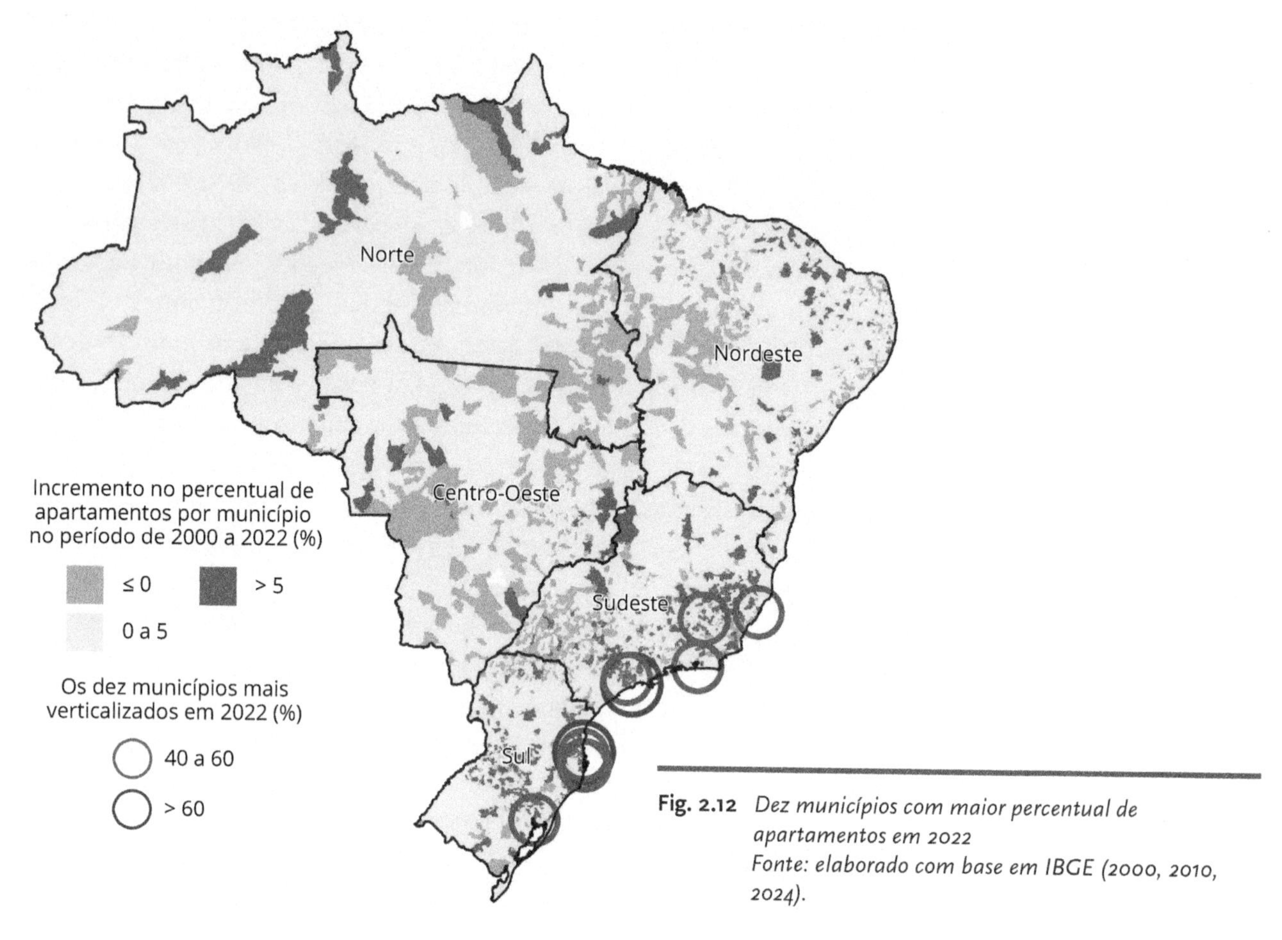

Fig. 2.12 *Dez municípios com maior percentual de apartamentos em 2022*
Fonte: elaborado com base em IBGE (2000, 2010, 2024).

- em apenas dez municípios houve redução da densidade;
- em 212 municípios (93% dos municípios com 15% ou mais de apartamentos) houve elevação do percentual de apartamentos e um incremento na densidade populacional, o que confirma o vínculo entre densidade e verticalização;
- em apenas 27 municípios a elevação da densidade foi pouco expressiva (inferior a 10 hab/km²);
- em 95 municípios (42% dos municípios com 15% ou mais de apartamentos) houve um expressivo incremento da densidade (superior a 100 hab/km²) em conjunto com a elevação do percentual de apartamentos, o que indica forte vínculo da verticalização com o adensamento;
- em 46 municípios a elevação da densidade foi muito expressiva (superior a 300 hab/km²) e acompanhou a elevação do percentual de apartamentos, o que indica uma *verticalização associada a processos de adensamento*;
- em nenhum município com elevação muito expressiva da densidade (superior a 300 hab/km²) ocorreu a redução do percentual de apartamentos.

Ao cruzar o incremento de densidade populacional com o incremento de verticalização nas 226 cidades com 15% ou mais de apartamentos, é possível notar que, *enquanto no corredor de cidades verticais (Sul/Sudeste) ocorreu um incremento positivo na densidade populacional, no corredor de cidades horizontais (Centro-Oeste/Nordeste) houve a redução da densidade populacional sem a presença de cidades com elevado incremento na verticalização* (Fig. 2.13).

De tal modo, pode-se concluir que no período de 2000 a 2022 o fenômeno da verticalização urbana no Brasil esteve atrelado à elevação da densidade populacional (Fig. 2.14), o que pode indicar efeitos positivos da verticalização nas cidades. Entretanto, apesar de tais indicativos, salienta-se que os efeitos da verticalização devem ser avaliados de forma mais abrangente

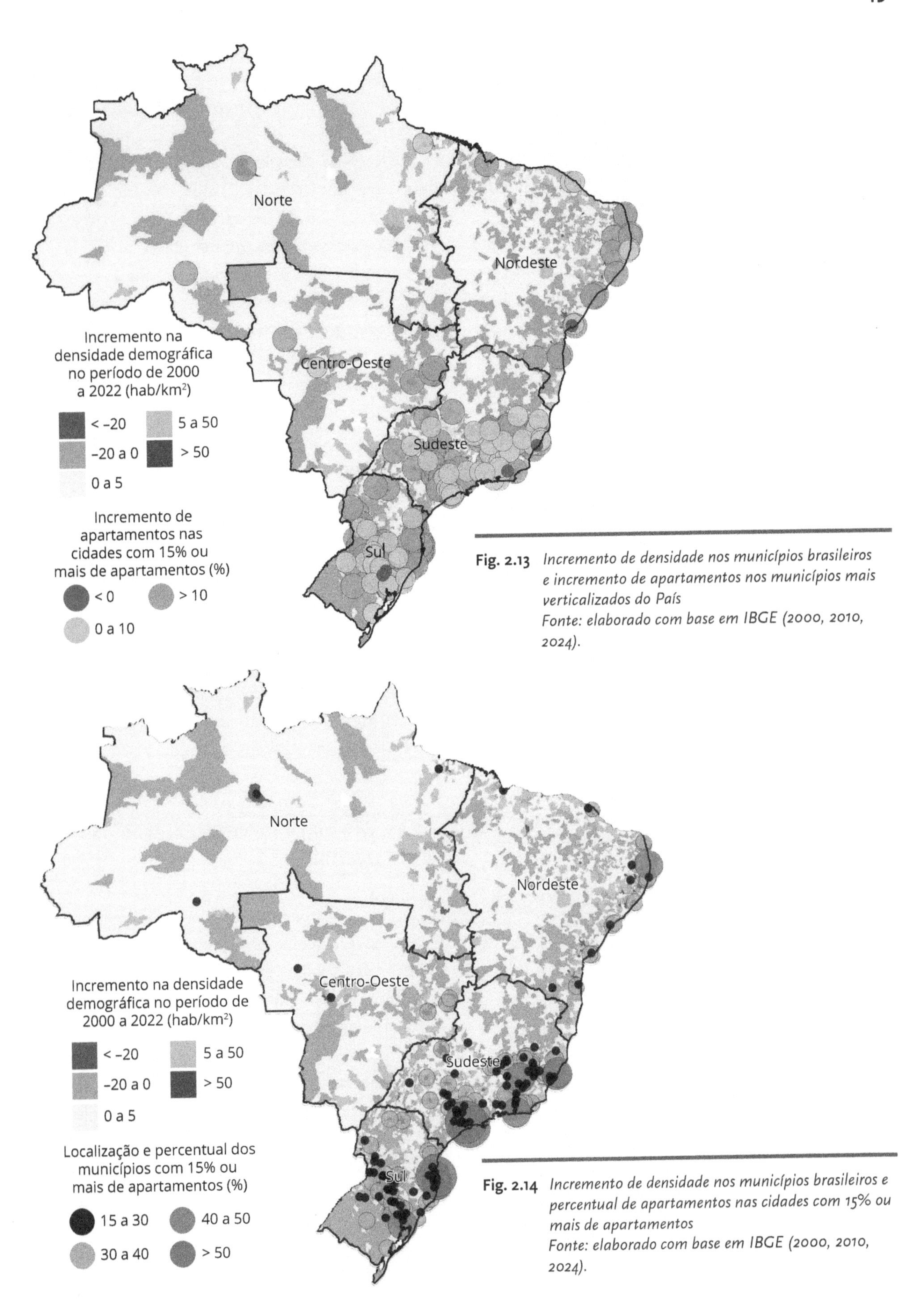

Fig. 2.13 *Incremento de densidade nos municípios brasileiros e incremento de apartamentos nos municípios mais verticalizados do País*
Fonte: elaborado com base em IBGE (2000, 2010, 2024).

Fig. 2.14 *Incremento de densidade nos municípios brasileiros e percentual de apartamentos nas cidades com 15% ou mais de apartamentos*
Fonte: elaborado com base em IBGE (2000, 2010, 2024).

conforme a realidade de cada município. Isso porque é na escala local que se torna possível identificar as singularidades dos efeitos positivos e negativos da relação entre verticalização e densidade.

Outra abordagem possível (ao analisar a relação entre densidade e verticalização nos municípios) é interpretar como o fenômeno da verticalização ocorre nos municípios mais densos (diferentemente da análise anterior, que considerou a densidade nos municípios mais verticalizados). Analisar os municípios mais densos permite verificar a ocorrência ou não de um padrão de densidade sem verticalização. Nesse sentido, a Tab. 2.10 apresenta os dez municípios mais densos em 2000, 2010 e 2022.

Tab. 2.10 Municípios com maior densidade demográfica do Brasil em 2022 e variação de densidade e de apartamentos no período de 2000 a 2022

Cidade	Densidade em 2022 (hab/km²)	Variação de 2000 a 2022	
		Densidade (hab/km²)	Apartamentos (%)
Taboão da Serra	**13.416,8**	**3.722,6**	**12,02**
Diadema	**12.795,6**	**1.177,0**	**9,76**
São João de Meriti	**12.521,6**	−241,7	0,65
Osasco	11.217,4	1.170,4	**14,65**
Carapicuíba	11.201,9	1.227,0	1,64
São Caetano do Sul	**10.805,2**	**1.663,0**	**26,81**
Olinda	8.474,0	−434,0	1,82
Fortaleza	7775,5	919,8	8,91
Nilópolis	7.568,4	−357,7	2,03
São Paulo	7.528,2	669,0	8,18

Fonte: elaborado com base em IBGE (2000, 2010, 2024).

Percebe-se que seis dos dez municípios mais densos do Brasil possuem incremento de apartamentos superior a 5% no período e apenas São João de Meriti não possui incremento percentual de apartamentos superior a 1%. De tal modo, *assim como a análise da densidade nos municípios mais verticalizados, a análise da verticalização nos municípios mais densos indica uma associação direta entre os dois fenômenos*. Além disso, cabe citar dois padrões de desenvolvimento que se destacam: i) *São João de Meriti*: alta densidade sem verticalização urbana, sendo que ocupou o lugar de mais denso do Brasil tanto em 2000 quanto em 2010, tendo um baixo grau de verticalização; ii) *São Caetano do Sul*: elevada densidade (10.805,2 hab/km², sexto mais denso em 2022) associada a elevado percentual de apartamentos (52,5%, terceiro mais verticalizado em 2022). Outra cidade que se destaca é *Taboão da Serra*, que em 2022 se tornou a mais densa do Brasil, tendo apresentado elevada expressão da verticalização urbana no período (incremento de 12,02%).

A partir das análises feitas, a relação direta entre densidade e verticalização se torna evidente. Ou seja, *quanto maior a verticalização, maior a tendência da cidade de se tornar mais densa*. Entretanto, vale ressaltar que tais conclusões não significam que o adensamento urbano só é possível pela via da verticalização (assim como mostra o município de São João de Meriti), ou que essa verticalização vinculada à densidade não produza efeitos negativos no tecido urbano. Dessa maneira, destaca-se a necessidade de investigar os diferentes padrões da verticalização urbana na escala local, a partir dos indicativos aqui apresentados, de forma a identificar com maior propriedade como a verticalização e a densidade se materializam nas diferentes realidades municipais.

2.3 Dinâmica da verticalização nas capitais

As dinâmicas socioeconômicas que produzem, intensificam, diversificam e difundem a verticalização urbana se expressam de maneira singular nas capitais brasileiras. Essa singularidade se justifica não apenas pelo fato de as capitais possuírem elevada concentração demográfica e de recursos, mas principalmente pelo fato de esses municípios representarem centros culturais e de poder. Portanto, quando se pensa na verticalização do território brasileiro, torna-se fundamental pensar na expressão territorial singular da verticalização urbana das capitais brasileiras.

Ao analisar as capitais com maiores percentuais de apartamentos em 2022, pode-se evidenciar as cinco mais verticalizadas: i) Porto Alegre (RS) (49,55%); ii) Vitória (ES) (48,9%); iii) Florianópolis (SC) (43,9%); iv) João Pessoa (PB) (41,3%); e, por fim, v) Rio de Janeiro (RJ) (39,5%). Já entre as capitais com menor percentual de verticalização, destacam-se as capitais da região Norte, entre as quais Rio Branco (AC) (10,5%), a capital brasileira com menor percentual de apartamentos. Para além das capitais da região Norte, a cidade de Campo Grande (MS) (11,6%) se destaca como a segunda capital com menor verticalização urbana.

Aracaju e João Pessoa foram as capitais brasileiras com maior incremento de apartamentos no período; por outro lado, apenas *Salvador* não apresentou incremento da verticalização urbana. Vale destacar que 23 capitais apresentaram incremento superior aos dos respectivos Estados, o que confirma uma maior intensidade da verticalização nessas cidades. Outro aspecto importante é a intensidade da verticalização nas capitais das regiões Sul e Sudeste em relação às demais regiões (todas acima de 30%).

Salvador foi a capital que apresentou um processo de desverticalização mais expressivo, tendo reduzido o percentual de apartamentos em relação ao total de domicílios em 3,3%, o que não acompanha a verticalização de 1,9% identificada no Estado da Bahia, indicando que a desverticalização de Salvador é um processo exclusivo dessa capital. Já no caso da cidade do Rio de Janeiro, percebe-se o pequeno incremento de 1,5% da capital (o menor incremento entre as capitais que apresentaram intensificação da verticalização), que acompanha o crescimento tímido da verticalização do Estado do Rio de Janeiro.

Em termos regionais, destaca-se o incremento das capitais da região Nordeste (com média de incremento de 11,5%), puxado pela expressiva verticalização de João Pessoa, seguido do incremento das capitais das regiões Sul (com média de incremento de 10,6%, puxada pelo incremento de Florianópolis) e Norte (com média de incremento de 9,7%). *Tais dados destacam a intensidade da verticalização principalmente na região Sul*: i) Santa Catarina é o Estado brasileiro com maior incremento percentual de apartamentos (13,1%), alinhado ao incremento de 13,1% de Florianópolis no período de 2000 a 2022; ii) todas as capitais do Sul possuem percentual de apartamentos superior a 30% em 2022 (Porto Alegre com 49,55%, Florianópolis com 43,9% e Curitiba com 33,6%); iii) cinco dos dez municípios com maior percentual de apartamentos do Brasil em 2022 são da região Sul (Balneário Camboriú, Porto Alegre, Florianópolis, Itapema e São José).

A Tab. 2.11 resume o incremento da verticalização nas capitais, nos Estados e nas regiões brasileiras entre 2000 e 2022.

No que se refere às capitais que apresentaram maior expressão do fenômeno da verticalização no período de 2000 a 2022, destacam-se aquelas que tiveram um incremento da verticalização igual ou superior ao dobro do identificado no respectivo Estado: Porto Velho (14,1%), Belém (6,1%), Palmas (12,3%), São Luís (12,7%), Teresina (9,6%), Natal (13,4%), João Pessoa (28,3%), Recife (7,1%), Maceió (12,2%), Aracaju (14,3%), Goiânia (12,8%) e, por fim, Cuiabá (6,4%). Percebe-se que as capitais do Norte e do Nordeste tiveram uma verticalização muito mais expressiva que seus respectivos Estados. *Assim, um primeiro aspecto de destaque quanto às capitais brasileiras é que elas apresentaram um processo de verticalização expressivo e, no geral, superior ao processo identificado em seus respectivos Estados e regiões.*

Na sequência, analisa-se a verticalização das capitais brasileiras a partir da correlação entre o percentual de apartamentos e as respectivas densidades demográficas (Tab. 2.12).

Quanto à densidade populacional das capitais, é possível estabelecer uma relação entre essa densidade populacional e a verticalização, mais precisamente: *as capitais com maiores densidades demográficas tendem a ter maiores taxas de verticalização.* Por exemplo, todas as capitais com mais de 2.000 hab/km² apresentam mais de 20% de domicílios do tipo apartamento. Cabe destacar que a alta densidade das capitais do Sul (apenas Florianópolis apresenta densidade inferior a 2.000 hab/km²) e do Sudeste (todas as capitais acima de 3.000 hab/km²) está atrelada a cidades mais verticalizadas (todas com percentual de apartamentos superior a 30%). As capitais da região Norte são as menos expressivas em termos de verticalização e densidade. Por fim, a região Centro-Oeste

Tab. 2.11 Incremento da verticalização nas capitais, nos Estados e nas regiões brasileiras no período de 2000 a 2022

Região	Capital	Apartamentos em 2022 (%)	Variação da verticalização por capital (%)	Variação da verticalização por Estado (%)	Densidade (hab/km²)
Norte	Manaus	16,6	10,5	7,0	181,0
	Rio Branco	10,5	6,4	3,9	41,2
	Porto Velho	16,1	14,1	5,9	13,51
	Boa Vista	12,4	7,8	5,8	72,71
	Macapá	12,2	10,9	7,9	67,4
	Belém	16,4	6,1	2,3	**1.230,2**
	Palmas	13,3	12,3	2,9	135,9
Nordeste	São Luís	17,9	12,7	3,1	1.779,8
	Teresina	14,7	9,6	3,0	622,6
	Natal	21,8	13,4	6,3	4.488,0
	Fortaleza	23,6	8,9	4,9	**7.775,5**
	João Pessoa	**41,3**	**28,3**	9,7	3.970,2
	Salvador	28,2	−3,3	**1,9**	**3.486,4**
	Recife	30,2	7,1	3,2	**6.803,6**
	Maceió	23,0	12,2	4,5	**1.880,7**
	Aracaju	30,5	14,3	6,3	3.308,8
Centro-Oeste	Goiânia	27,8	12,8	6,2	1.970,9
	Brasília	34,2	12,8	12,8	489,0
	Cuiabá	18,7	6,4	2,95	150,4
	Campo Grande	11,6	3,8	2,34	111,1
Sudeste	Belo Horizonte	38,8	11,8	6,3	**6.988,1**
	Vitória	**48,9**	5,78	3,4	3.324,3
	Rio de Janeiro	39,5	1,5	1,4	**5.174,6**
	São Paulo	33,3	8,1	7,5	**7.528,2**
Sul	**Florianópolis**	**43,9**	13,1	13,1	796,0
	Curitiba	33,6	8,8	5,5	4.078,5
	Porto Alegre	**49,55**	5,0	**5,9**	2.690,5

Fonte: elaborado com base em IBGE (2000, 2010, 2024).

possui capitais com uma verticalização semelhante às da região Nordeste (apenas Campo Grande com menos de 12%), mas com densidades pouco expressivas. De tal modo, percebe-se que a forma urbana das capitais representa espaços verticalizados e com alta densidade (com exceção das capitais da região Norte), com destaque para Fortaleza (a capital mais densa do Brasil em 2022, com 7.775,5 hab/km²), Porto Alegre (a capital mais verticalizada do Brasil em 2022, com 49,5%) e João Pessoa (a capital com o maior incremento de apartamentos no período, com expressivos 28,3%).

2.4 Dinâmicas no perfil dos apartamentos e dos moradores

Esta seção analisa a dinâmica no perfil dos apartamentos e dos moradores a partir dos dados disponíveis dos censos de 2000, 2010 e 2022. Se por um lado os dados referentes aos censos de 2000 e 2010 foram analisados em sua totalidade, por outro os dados do censo de 2022 ainda não foram liberados de forma completa até a data de lançamento do livro. Sendo assim, muitos dos aspectos aqui analisados representam as dinâmicas de 2000 a 2010.

Tab. 2.12 Perfil das capitais brasileiras em termos de verticalização e densidade

Capital	Região	Densidade (hab/km²)		Verticalização (%)	
		2022	Variação de 2000 a 2022	2022	Variação de 2000 a 2022
Porto Alegre	Sul	2.690,5	−56	**49,5**	5,03
Florianópolis	Sul	796,0	288,8	**43,9**	**13,1**
Curitiba	Sul	4.078,5	**428,6**	33,6	8,8
Vitória	Sudeste	3.324,3	314,7	**48,9**	5,7
Rio de Janeiro	Sudeste	**5.174,6**	294,3	39,5	1,5
Belo Horizonte	Sudeste	**6.988,1**	232,4	38,8	11,8
São Paulo	Sudeste	**7.528,2**	**669,0**	33,3	8,1
Manaus	Norte	181,0	57,7	16,6	10,5
Porto Velho	Norte	13,51	3,6	16,1	14,1
Palmas	Norte	135,9	74,2	13,3	12,3
Boa Vista	Norte	72,71	37,4	12,4	7,8
Macapá	Norte	67,4	24,3	12,2	10,9
Rio Branco	Norte	41,2	12,6	10,5	6,4
Belém	Norte	1.230,2	21,5	16,4	6,1
João Pessoa	Nordeste	3.970,2	1.123,5	41,3	28,3
Aracaju	Nordeste	3.308,8	775,2	30,5	14,3
Recife	Nordeste	6.803,6	301,6	30,2	7,1
Salvador	Nordeste	3.486,4	−36,6	28,2	−3,3
Fortaleza	Nordeste	7.775,5	919,8	23,6	8,9
Maceió	Nordeste	1.880,7	314,4	23,0	12,2
Natal	Nordeste	4.488,0	232,8	21,8	13,4
São Luís	Nordeste	1.779,8	287,7	17,9	12,7
Teresina	Nordeste	622,6	108,4	14,7	9,6
Brasília	Centro-Oeste	489,0	133,0	34,2	12,8
Goiânia	Centro-Oeste	1.970,9	472,1	27,8	12,8
Cuiabá	Centro-Oeste	150,4	38,7	18,7	6,4
Campo Grande	Centro-Oeste	111,1	29,0	11,6	3,8

Fonte: elaborado com base em IBGE (2000, 2010, 2024).

A quantidade de apartamentos conforme o número de banheiros é um aspecto importante a ser considerado quando se pensa nos diferentes perfis de apartamentos produzidos. Isso porque a quantidade de banheiros configura um dos principais aspectos que definem o padrão do apartamento (alto ou baixo padrão). De tal modo, observa-se que no período de 2000 a 2010 (dados de 2022 não disponíveis) houve um significativo incremento de apartamentos com dois banheiros (583.186 novos apartamentos). Além disso, destaca-se o incremento absoluto de apartamentos com apenas um banheiro (1.004.699 novos apartamentos). A Tab. 2.13 permite compreender que, em termos proporcionais, a representatividade dos apartamentos conforme a quantidade de banheiros pouco foi alterada no período de 2000 a 2010.

Cabe destacar que os apartamentos com um ou dois banheiros se mantiveram como o principal padrão de apartamento brasileiro no período, passando de 79,1% em 2000 para 81% em 2010 (incremento total de 1,9%). Ao considerar apartamentos com até três banheiros, tem-se um total de 95% dos apartamentos brasileiros.

No que se refere aos apartamentos próprios e alugados, a Tab. 2.14 evidencia a dinâmica de crescimento por tipo no período de 2000 a 2010 (dados de 2022 não disponíveis). Apesar de os apartamentos

Tab. 2.13 Quantidade de apartamentos de acordo com o número de banheiros em 2000 e 2010

Quantidade de banheiros	Quantidade de apartamentos		Percentual por quantidade de banheiros em relação ao total de apartamentos (%)		Incremento percentual no período 2000/2010
	2000	2010	2000	2010	
1	2.257.278	3.261.977	52,5	**53**	0,5
2	1.143.871	1.727.057	26,6	**28**	**1,4**
3	689.872	855.614	16	14	–2,2
4	134.240	215.493	3,1	3,5	0,4
5 ou mais	49.050	87.823	1,1	1,5	0,3

Fonte: elaborado com base em IBGE (2000, 2010).

Tab. 2.14 Quantidade de apartamentos próprios e alugados em 2000 e 2010

Apartamentos próprios				Apartamentos alugados			
2000	2010	Incremento absoluto	Incremento (%)	2000	2010	Incremento absoluto	Incremento (%)
2.914.784	**4.014.522**	1.099.738	38	1.162.174	1.900.073	737.899	**63**

Fonte: elaborado com base em IBGE (2000, 2010).

próprios representarem a maioria dos apartamentos brasileiros (67,8% em 2000 e 65,2% em 2010), *observa-se um expressivo incremento de apartamentos alugados (63%) em relação ao de apartamentos próprios (38%) no período de 2000 a 2010.*

Quanto à distribuição espacial, é possível perceber que em 2000 os maiores percentuais de apartamentos alugados estavam nas regiões Norte e Centro-Oeste, aspecto que foi ampliado para as regiões Sul e Nordeste em 2010 (Fig. 2.15). Mais precisamente, nota-se uma ampliação dos apartamentos alugados na faixa leste do Brasil.

A Tab. 2.15 permite identificar os Estados com maior variação no percentual de apartamentos alugados em relação ao total de apartamentos no período de 2000 a 2010: Rondônia (21,57%), Acre (21,01%), Mato Grosso (18,14%), Amazonas (15,39%) e Pará (13,81%). Destaca-se que nenhum desses Estados encontra-se entre os dez mais verticalizados do Brasil. Sendo assim, *o maior incremento de apartamentos alugados em relação ao total de apartamentos encontra-se nos Estados com pouca expressão territorial da verticalização.* Por outro lado, ao considerar os Estados com maior percentual de apartamentos alugados, apenas o Distrito Federal (1º) e Santa Catarina (6º) estão entre os dez Estados mais verticalizados do Brasil no período, ambos com quantidade expressiva de apartamentos alugados em 2010 (42,16% e 43,09%, respectivamente).

Com base na Tab. 2.15, observa-se também os Estados em que o percentual de imóveis alugados apresentou uma redução no período de 2000 a 2010: Tocantins (–7,95%), Alagoas (–4,08%) e São Paulo (–0,61%).

Em termos de quantidade de moradores por apartamento, a Tab. 2.16 apresenta a dinâmica ocorrida no período de 2000 a 2010 (sem dados para 2022). Percebe-se que as faixas de apartamentos com um ou dois moradores representam as que sofreram maior incremento percentual (ambas com incremento superior a 5%). Já os apartamentos com três moradores (que representam a segunda classe com maior percentual) não apresentaram variação significativa. Por fim, todas as classes com quatro ou mais moradores tiveram redução. De tal modo, *pode-se afirmar que a verticalização produzida no período de*

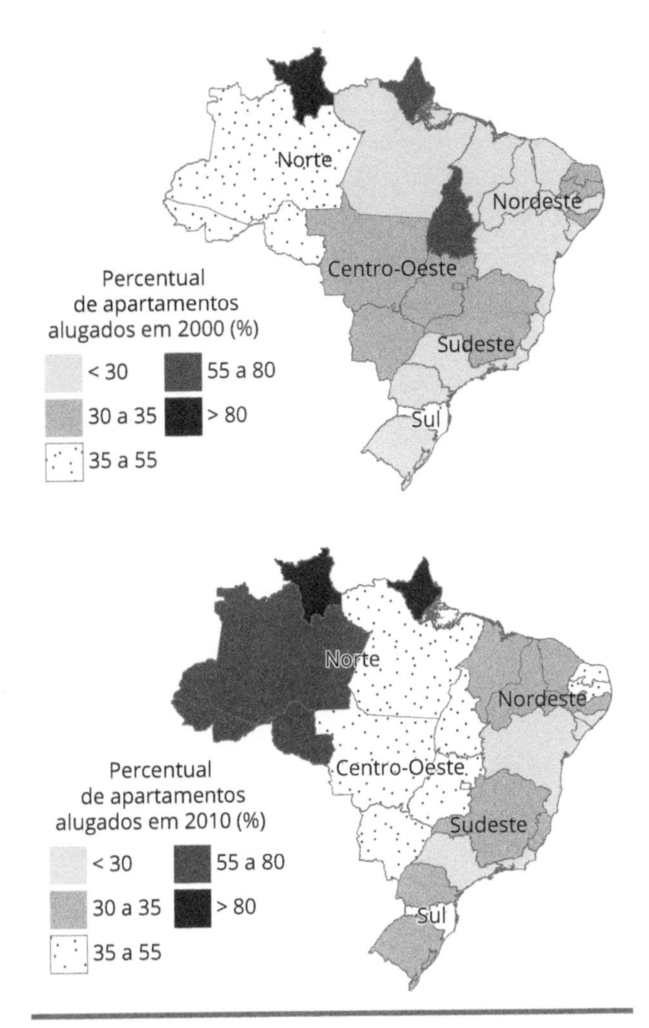

Fig. 2.15 *Percentual de apartamentos alugados por Estado em 2000 e 2010*
Fonte: elaborado com base em IBGE (2000, 2010).

2000 a 2010 visou atender majoritariamente aos pequenos grupos familiares, com até três pessoas (um ou dois quartos). Juntas, as classes com uma, duas ou três pessoas apresentaram um incremento percentual de 11,6%, sendo que representavam 65% em 2000 e 76,6% em 2010.

A Fig. 2.16 permite identificar a dinâmica territorial da faixa de apartamentos com um e dois moradores no período de 2000 a 2010. Mais precisamente, torna evidente que o incremento de ambas as faixas ocorreu majoritariamente nas regiões Sul, Sudeste e Nordeste.

Apesar de o incremento de novos apartamentos ter sido superior na faixa de um e dois moradores, é possível perceber que a média de moradores nos apartamentos é superior a duas pessoas em todos os

Tab. 2.15 Percentual de apartamentos alugados em relação ao total de apartamentos por Estado de 2000 a 2010

Estado	Percentual de apartamentos alugados (%)			*Rank* do maior percentual de apartamentos (%)	
	2000	2010	Variação	2000	2010
Roraima	80,7	81,47	0,77	19	10
Amapá	76,8	81,28	4,48	24	21
Rondônia	55,0	76,57	**21,57**	26	16
Acre	52,9	73,91	**21,01**	22	17
Amazonas	46,1	61,49	**15,39**	14	14
Tocantins	58,2	50,25	-7,95	27	27
Mato Grosso	32,0	50,14	**18,14**	16	22
Santa Catarina	36,0	**43,09**	7,09	**6**	**6**
Distrito Federal	33,3	42,16	8,86	**1**	**1**
Pará	26,8	40,61	**13,81**	21	24
Rio Grande do Norte	31,2	39,98	8,78	20	20
Mato Grosso do Sul	31,9	39,73	7,83	18	23
Paraíba	33,5	38,79	5,29	17	15
Goiás	30,3	35,72	5,42	13	18
Ceará	26,9	34,82	7,92	11	11
Paraná	28,4	33,52	5,12	9	8
Maranhão	29,7	33,46	3,76	25	26
Piauí	26,9	33,45	6,55	23	25
Minas Gerais	30,5	33,33	2,83	8	7
Espírito Santo	26,1	33,01	6,91	3	5
Rio Grande do Sul	29,0	31,31	2,31	4	3
Pernambuco	25,7	31,17	5,47	7	9
Rio de Janeiro	26,9	29,66	2,76	2	2
Bahia	22,1	28,92	6,82	10	12
Sergipe	26,5	27,37	0,87	12	13
Alagoas	31,3	27,22	-4,08	15	19
São Paulo	23,8	23,19	-0,61	5	4

Fonte: elaborado com base em IBGE (2000, 2010).

Tab. 2.16 Percentual de apartamentos por número de moradores em 2000 e 2010

Ano	Percentual de apartamentos por quantidade de moradores (%)					
	1	2	3	4	5	6
2000	16	25	24	21	8	2
2010	**21**	**30,8**	**24,8**	16,3	5,2	1,3
Variação (%)	**5**	**5,8**	0,8	-4,7	-2,8	-0,7

Fonte: elaborado com base em IBGE (2000, 2010).

Estados brasileiros (Fig. 2.17). Isso acontece pois há uma elevada quantidade de apartamentos com dois, três e quatro moradores, tanto no ano 2000 (70%) quanto em 2010 (71,9%).

A série histórica permite destacar a constante redução da média de moradores em apartamentos no período de 2000 a 2022, sendo que em 2022 apenas a região Norte apresentava Estados com média de moradores em apartamentos superior a 2,57. Destaca-se que, com exceção do Amapá e de Roraima, todos os Estados expressaram uma redução da média de moradores por apartamento no período de 2000 a 2022. Ainda em

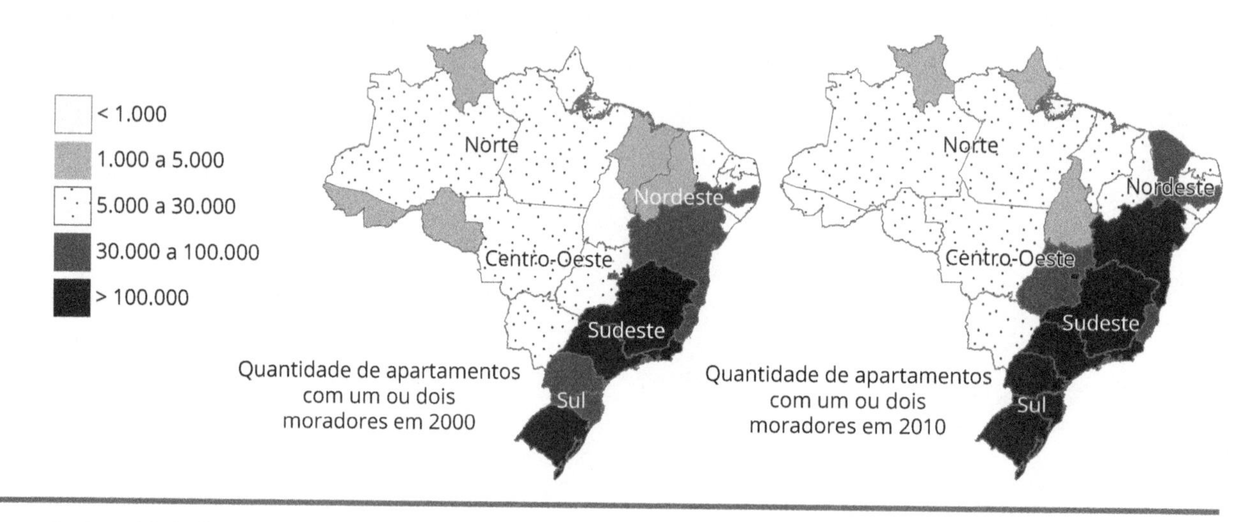

Fig. 2.16 *Quantidade de apartamentos com um e dois moradores por Estado em 2000 e 2010, respectivamente*
Fonte: elaborado com base em IBGE (2000, 2010).

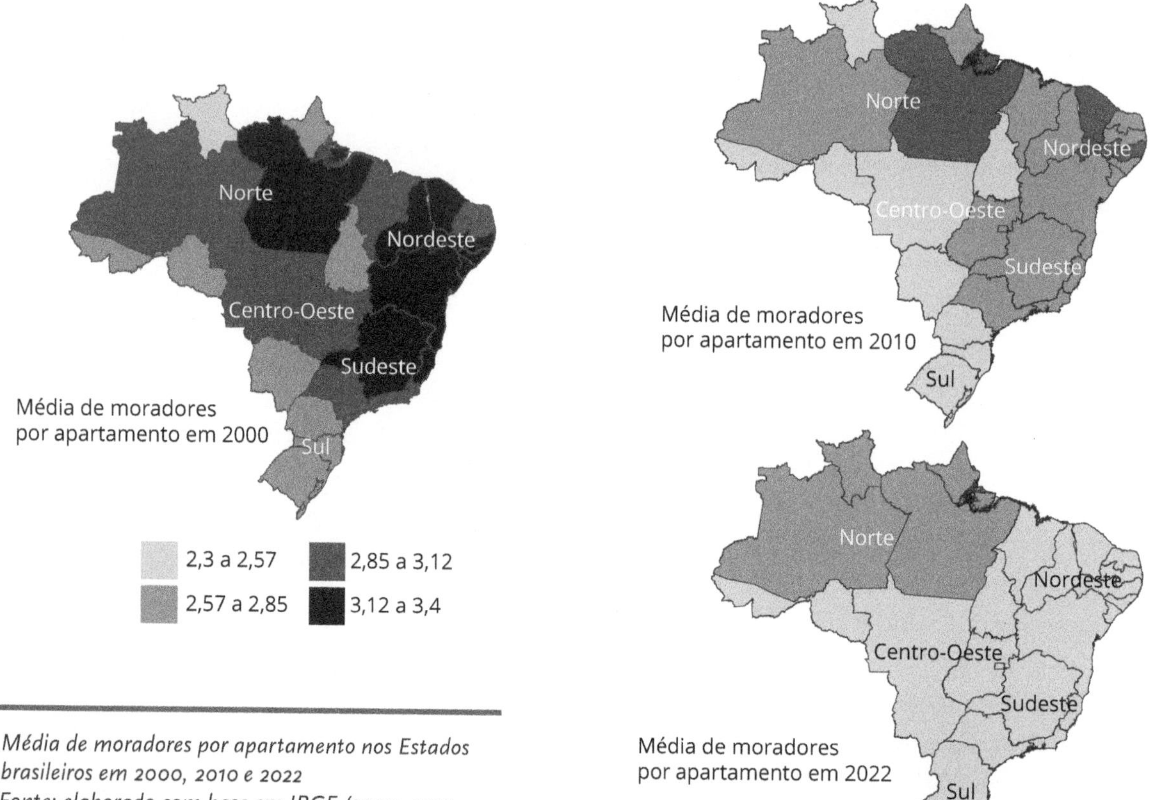

Fig. 2.17 *Média de moradores por apartamento nos Estados brasileiros em 2000, 2010 e 2022*
Fonte: elaborado com base em IBGE (2000, 2010, 2024).

termos de média de moradores por apartamentos, a Tab. 2.17 destaca que *a média de moradores em apartamentos é expressivamente inferior à média de moradores em casas nos três censos analisados*. Outro aspecto é que a redução na média de moradores por domicílio ocorreu tanto para apartamentos quanto para casas, sendo um padrão brasileiro independente do tipo de domicílio.

Tab. 2.17 Média de moradores por apartamento e por casa por Unidade Federativa em 2000, 2010 e 2022

Estado	Média de moradores em apartamentos				Média de moradores em casas			
	2000	2010	2022	Variação apart.	2000	2010	2022	Variação casas
Acre	2,6	2,3	**2,1**	−0,5	4,3	3,9	2,8	−1,5
Alagoas	3,1	2,7	2,5	−0,6	4,4	3,7	3,2	−1,2
Amapá	2,8	2,7	2,8	0	4,9	4,4	3,7	−1,2
Amazonas	3	2,8	2,7	−0,3	5,0	4,5	3,6	−1,4
Bahia	3,3	2,8	2,4	−0,9	4,2	3,5	3,3	−0,9
Ceará	3,4	**2,9**	2,5	−0,9	4,3	3,6	3,7	−0,6
Distrito Federal	3	2,6	2,4	−0,6	4,0	3,6	2,9	−1,1
Espírito Santo	3,2	2,7	2,4	−0,8	3,8	3,2	3,2	−0,6
Goiás	3	2,6	2,3	−0,7	3,6	3,2	3,0	−0,6
Maranhão	3	2,7	2,4	−0,6	4,6	4,0	2,9	−1,7
Mato Grosso	2,9	2,5	**2,2**	−0,7	3,8	3,3	2,9	−0,9
Mato Grosso do Sul	2,7	2,4	**2,2**	−0,5	3,7	3,2	2,9	−0,8
Minas Gerais	3,1	2,7	2,4	−0,7	3,8	3,3	2,8	−1,0
Pará	3,3	**2,9**	2,6	−0,7	4,7	4,1	3,0	−1,7
Paraíba	3	2,8	2,5	−0,5	4,1	3,5	2,8	−1,3
Paraná	2,8	2,5	**2,2**	−0,6	3,6	3,2	2,8	−0,8
Pernambuco	3,3	**2,9**	2,5	−0,8	4,1	3,5	2,7	−1,4
Piauí	3,1	2,7	2,4	−0,7	4,3	3,7	2,7	−1,6
Rio de Janeiro	2,9	2,6	2,3	−0,6	3,5	3,2	2,6	−0,9
Rio Grande do Norte	3	2,7	2,4	−0,6	4,1	3,6	2,8	−1,3
Rio Grande do Sul	2,6	2,3	**2,1**	−0,5	3,4	3,1	2,7	−0,7
Rondônia	2,7	2,4	**2,2**	−0,5	4,0	3,5	2,8	−1,2
Roraima	2,3	2,3	2,8	+0,5	4,4	4,0	2,6	−1,8
Santa Catarina	2,8	2,5	2,3	−0,5	3,6	3,2	2,8	−0,8
São Paulo	3	2,6	2,4	−0,6	3,6	3,3	2,9	−0,7
Sergipe	3,3	2,8	2,5	−0,8	4,1	3,6	2,7	−1,4
Tocantins	2,7	2,4	2,3	−0,4	4,1	3,5	3,0	−1,1

Fonte: elaborado com base em IBGE (2000, 2010, 2024).

Edifício Altino Arantes (SP), 1947

3 ANÁLISES AMPLIADAS

Após compreender as dinâmicas da verticalização brasileira entre 2000 e 2022, *este capítulo desenvolve uma análise mais aprofundada dos processos e das bases de dados a fim de ampliar o entendimento do assunto.* Para isso, serão apresentadas sete análises importantes da estrutura urbana verticalizada brasileira: i) particularidades da verticalização nas diferentes redes e hierarquias urbanas, analisadas por meio das Regiões de Influência das Cidades (Regic – IBGE, 2020); ii) ampliação da percepção da densidade urbana do espaço verticalizado por meio da publicação *Áreas urbanizadas* (IBGE, 2019); iii) influência das políticas habitacionais na verticalização urbana do Brasil: uma análise do efeito do programa Minha Casa Minha Vida (MCMV) na verticalização brasileira; iv) análise do Índice de Desenvolvimento Humano Municipal (IDHM) e das disparidades socioeconômicas nas cidades verticalizadas; v) tendências da verticalização para os próximos dez anos; vi) desafios locais da verticalização urbana; vii) os edifícios mais altos como indicadores das cidades protagonistas da verticalização brasileira.

Tais análises permitem uma visão mais completa e detalhada das dinâmicas da verticalização urbana no País. Ao considerar não apenas os aspectos físicos da construção de edifícios e apartamentos, mas também suas implicações sociais, econômicas e ambientais, é possível compreender melhor como a verticalização está transformando as cidades brasileiras. Essa compreensão ampliada permite identificar novos padrões e tendências, bem como estabelecer um melhor entendimento do território brasileiro.

3.1 Verticalização nas Regiões de Influência das Cidades (Regic)

Uma perspectiva singular da verticalização brasileira pode ser obtida a partir da análise das Regiões de Influência das Cidades (Regic). Elaborada e atualizada pelo IBGE, a publicação que trata das Regic tem como objetivo estabelecer as hierarquias e os vínculos entre as cidades, assim como apresentar suas áreas de influência.

A concepção de cidades (ou de centros urbanos) foi abordada em tal publicação (IBGE, 2020) por meio de duas principais unidades territoriais: os municípios e os arranjos populacionais. Se, por um lado, os municípios compreendem as mesmas unidades territoriais englobadas nos censos demográficos (com as mesmas codificações, o que permite o cruzamento de informações), os arranjos populacionais, por outro, correspondem a agrupamentos de municípios integrados e com deslocamentos frequentes.

Já a noção de *região de influência* é constituída pelos vínculos entre centros urbanos de hierarquia menor e maior (IBGE, 2020). Difere, portanto, das noções de regiões estabelecidas como poligonais contínuas. Isso significa que as regiões de influência não possuem limites claros, sendo estruturadas de forma reticulada a partir da rede de ligações entre os centros urbanos.

As regiões de influência e suas respectivas hierarquias são obtidas a partir de dois principais aspectos (IBGE, 2020): i) a *força de atração* que se estabelece entre as cidades; ii) as *ligações* de longa distância, resultado da atuação dos setores público e privado nos centros urbanos.

A partir disso as regiões de influência das cidades foram estruturadas por meio de cinco principais níveis de hierarquia, sendo eles (IBGE, 2020): i) *metrópoles*: grande metrópole nacional, metrópole nacional e metrópole; ii) *capitais regionais*: capital regional A, capital regional B e capital regional C; iii) *centros sub-regionais*: centro sub-regional A e centro sub-regional B; iv) *centros de zona*: centro de zona A e centro de zona B; v) *centros locais*.

Ao identificar as *regiões de influência com maior e menor grau de verticalização*, torna-se possível avançar em pesquisas futuras a respeito das especificidades da verticalização em cada rede, de forma a aprofundar a noção sobre a regionalidade da verticalização brasileira.

A análise da verticalização pela perspectiva das Regic representa potencial para diferentes publicações específicas sobre o tema. Nesse sentido, as análises desenvolvidas aqui têm como objetivo compor uma primeira perspectiva em âmbito nacional sobre a verticalização urbana nas regiões de influência das cidades, portanto, sem pretensão de esgotar o potencial que a abordagem oferece.

Uma primeira hipótese ao analisar a verticalização urbana brasileira a partir das regiões de influência das cidades é que ela tende a ser mais expressiva nas cidades de maior hierarquia, que concentram áreas urbanas, pessoas e recursos. Estabelecer esse entendimento permite compreender a verticalização como um fenômeno que apresenta especificidades conforme as singularidades e as características da rede urbana em que opera.

As 15 metrópoles brasileiras configuram o nível hierárquico mais elevado da rede urbana nacional, de forma que cada metrópole representa uma região de influência de primeiro nível, na qual é possível analisar a intensidade e a concentração da verticalização urbana. A Tab. 3.1 permite tanto entender como os diferentes níveis hierárquicos estão distribuídos no território brasileiro quanto compreender quais níveis são mais verticalizados.

No que tange à distribuição territorial das cidades por nível hierárquico, percebe-se que as metrópoles, as capitais regionais e as capitais sub-regionais se concentram na região Sudeste, enquanto as cidades centros de zona e centros locais se concentram na região Nordeste. Por outro lado, o Norte e o Centro-Oeste são as regiões com menor quantidade de cidades em todos os níveis hierárquicos.

Em termos de verticalização, *nossa hipótese inicial é confirmada. Ou seja, a verticalização é mais intensa nas*

Tab. 3.1 Verticalização em 2022 por Grandes Regiões e por níveis hierárquicos

Recorte territorial	Metrópole			Capital regional			Capital sub-regional			Centro de zona			Centro local		
	Cidades	%	Verticalização (%)	Cidades	%	Verticalização (%)	Cidades	%	Verticalização (%)	Cidades	%	Verticalização (%)	Cidades	%	Verticalização (%)
Brasil	15	100	33,1	97	100	17,9	352	100	7,7	398	100	3,9	4.037	100	1,4
Norte	2	13,3	16,5	11	11,3	8,5	27	7,7	3,2	21	5,3	1,2	373	9,2	0,5
Nordeste	3	20,0	27,4	21	21,7	15,0	88	25,0	4,5	135	**33,9**	2,1	1.436	**35,6**	0,8
Sudeste	5	**33,3**	38,3	38	**39,2**	19,4	120	**34,1**	8,4	107	26,9	4,1	1.074	26,6	2,2
Sul	3	20,0	42,4	21	21,7	25,2	83	23,6	12,8	90	22,6	8,0	819	20,3	2,4
Centro-Oeste	2	13,3	31,0	6	6,2	10,6	34	9,7	4,1	45	11,3	1,4	335	8,3	0,3

Fonte: elaborado com base em IBGE (2020, 2024).

cidades de maior nível hierárquico. Em nível nacional, as metrópoles possuem em média 33,1% dos domicílios do tipo apartamento, e em seguida vêm as capitais regionais, com 17,9% de apartamentos. Todas as demais hierarquias possuem menos de 10% de apartamentos e, portanto, apresentam uma baixa intensidade da verticalização.

A alta intensidade da verticalização no Sul e no Sudeste se reflete e é confirmada ao identificar que a verticalização está presente de forma mais elevada em todas as hierarquias de cidades. Entretanto, a verticalização da região Sul merece destaque. Isso porque, apesar de possuir menor quantidade de cidades (se comparada com as regiões Sudeste e Nordeste), apresenta percentual de verticalização superior em todos os níveis de hierarquia. *Entre as metrópoles, a região Sul alcança uma média expressiva de 42,4% para as três metrópoles*, sendo as mais verticais do Brasil.

Tendo compreendido a dinâmica da verticalização nas diferentes hierarquias de cidades, passa-se agora a analisar as dinâmicas territoriais da verticalização nas *Regic de primeiro nível, que compreendem as regiões de influência das 15 metrópoles brasileiras*. De modo a facilitar o entendimento das diferentes especificidades regionais, essa abordagem será desenvolvida por meio das cinco Grandes Regiões brasileiras.

No que se refere às *Regic na região Sul do Brasil* (Fig. 3.1), pode-se perceber as singularidades do Rio Grande do Sul (concentração na faixa norte e no entorno da Região Metropolitana de Porto Alegre), de Santa Catarina (concentração na faixa litorânea e na faixa oeste, com um vazio na região central do Estado) e do Paraná (com a pouca concentração localizada no sul e no norte do Estado, orbitando a metrópole de Curitiba e as capitais regionais).

Já nas *Regic da região Sudeste*, fica evidente a concentração da verticalização no entorno das metrópoles de Belo Horizonte, Vitória, Rio de Janeiro, Campinas e São Paulo (Fig. 3.2). Juntas, elas representam a maior concentração de renda e densidade demográfica do País, sendo que apenas o arranjo populacional de São Paulo (SP) corresponde a 23,6% da população e 33,3% do PIB brasileiro (IBGE, 2020). Apesar de as áreas mais ao norte e ao oeste do Sudeste não apresentarem expressividade da verticalização quando analisadas de forma global (concentração da verticalização na região como um todo), ao analisá-las localmente se destaca que sua verticalização se concentra nas capitais regionais, que possuem média de 16% de apartamentos.

Ao analisar a *região Nordeste*, constatam-se dois principais aspectos (Fig. 3.3): i) a concentração da verticalização na faixa litorânea, com uma expressiva redução na porção central e na faixa oeste; ii) a

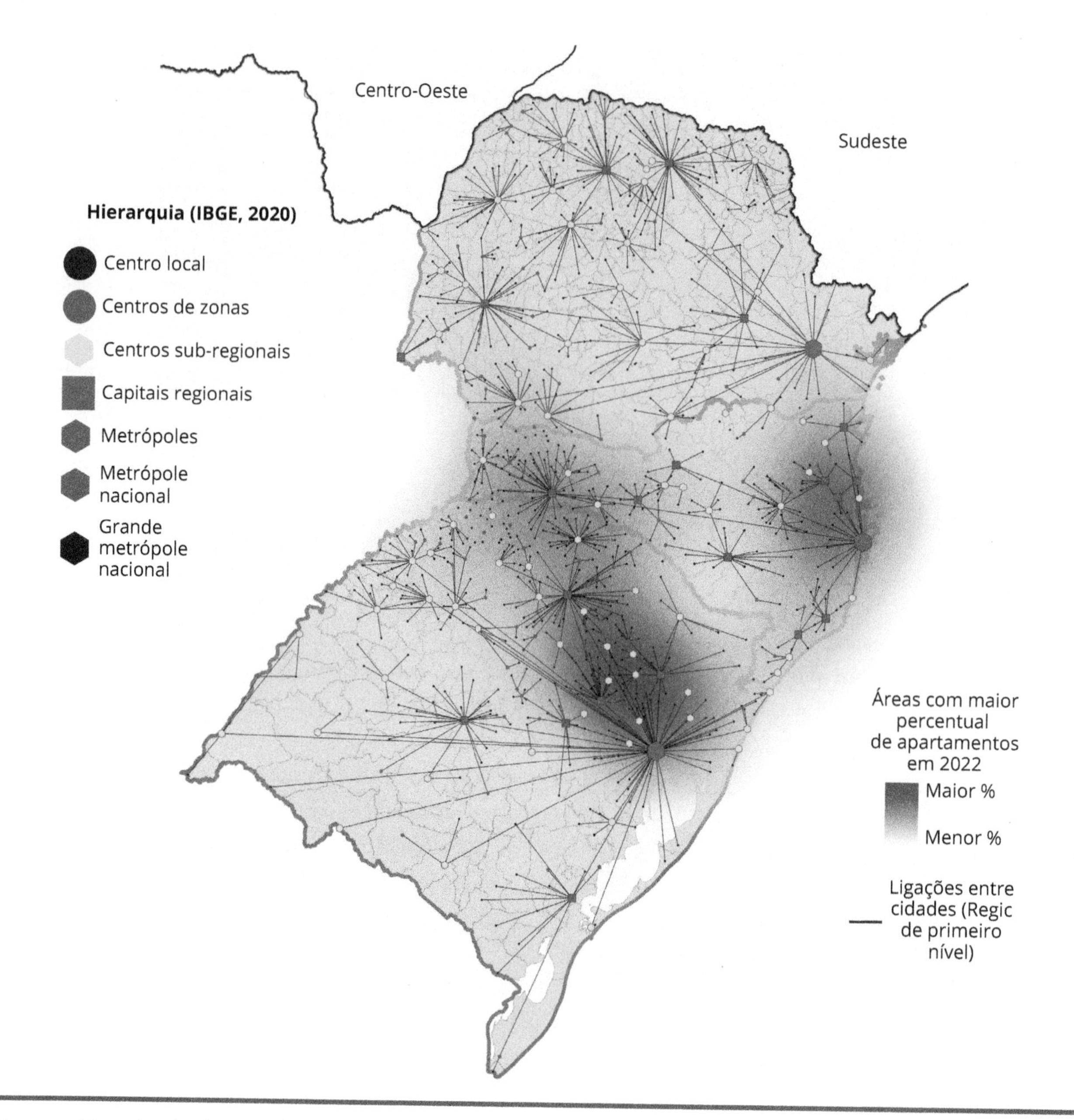

Fig. 3.1 *Mapa de calor da verticalização (considerando percentual de apartamentos por município) e as redes urbanas de primeiro nível das Regic no Sul do Brasil*
Fonte: elaborado com base em IBGE (2020, 2024).

concentração das metrópoles e das capitais regionais na faixa litorânea, o que pode justificar a maior verticalização nessas áreas. Outro aspecto importante é a baixa concentração da verticalização nas capitais regionais de São Luís (MA) e Teresina (PI), mesmo essas cidades tendo uma maior hierarquia e influência na rede urbana da região.

A *região Norte* demonstra ter a menor expressão da verticalização brasileira (Fig. 3.4), e, além disso, suas regiões de influência apresentam poucas e longas ligações convergindo diretamente para as metrópoles de Manaus (com as maiores distâncias nas ligações entre as redes de primeiro nível) e Belém. Tanto a rede de Manaus quanto a de Belém são marcadas pela baixa quantidade de cidades e pela fraca presença de cidades de níveis intermediários. Nesse sentido, a verticalização e a rede urbana se mostram de baixa intensidade.

Por fim, a *região Centro-Oeste* demonstra a centralidade das redes urbanas das metrópoles de

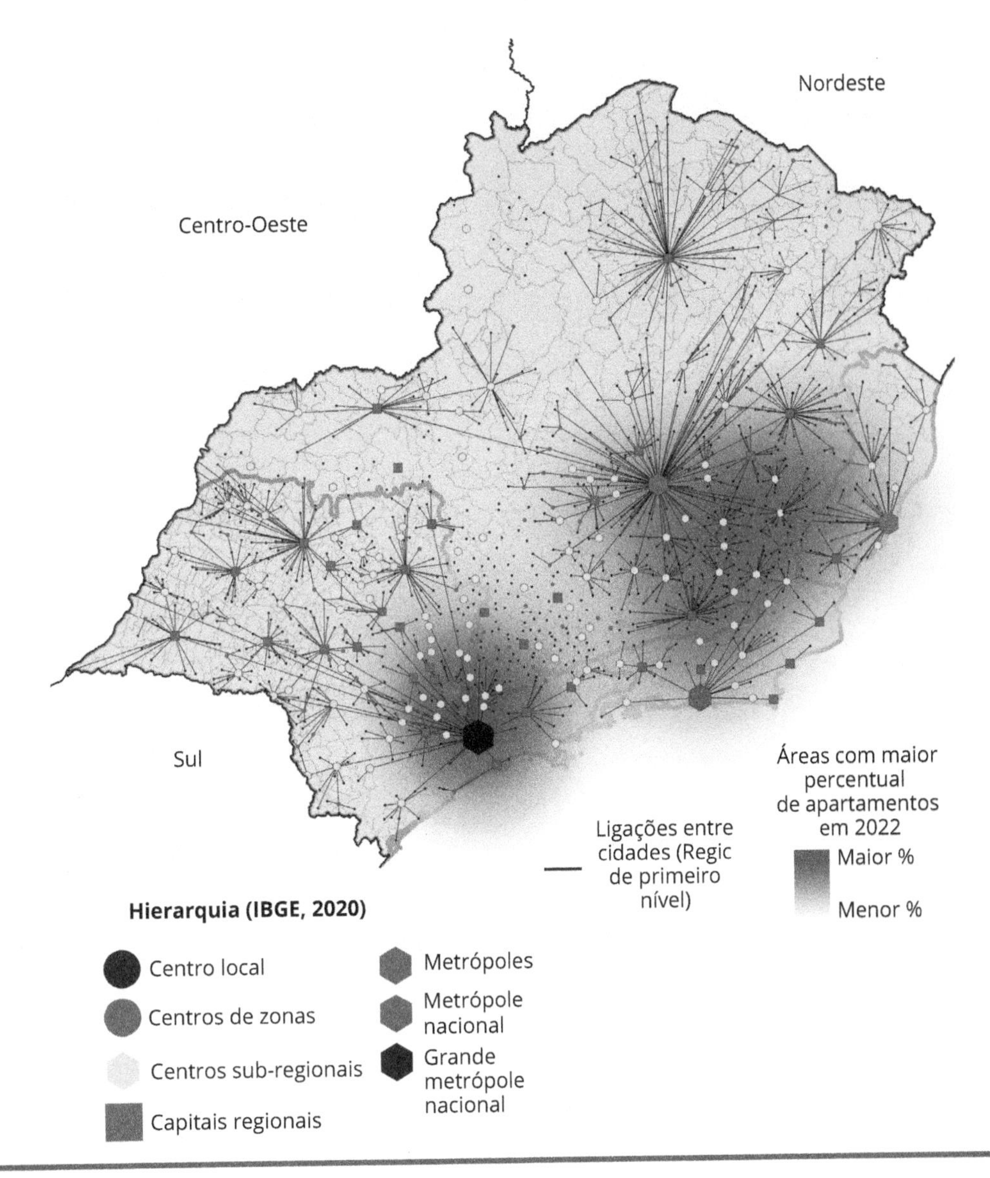

Fig. 3.2 *Mapa de calor da verticalização (considerando percentual de apartamentos por município) e as redes urbanas de primeiro nível das Regic no Sudeste do Brasil*
Fonte: elaborado com base em IBGE (2020, 2024).

Goiânia e de Brasília, com a pouca verticalização estando mais concentrada no entorno dessas cidades (Fig. 3.5). Para além das metrópoles, destaca-se a importância de Cuiabá na região Centro-Oeste, com uma significativa extensão da rede urbana, porém sem expressividade da verticalização.

A análise da territorialidade da verticalização em relação às Regic de primeiro nível *torna evidente a concentração da verticalização no entorno das metrópoles* e das capitais regionais. Além disso, torna notórias as singularidades desse fenômeno nas regiões de influência de primeiro nível das 15 metrópoles nacionais.

A análise da verticalização por meio das Regic permite compreender que o corredor horizontal (discutido no Cap. 2) se desenvolve justamente nas regiões em que há menor presença de ligação das cidades com as redes urbanas de primeiro nível conformadas pelas metrópoles. Por outro lado, o corredor vertical ocorre nas duas regiões mais verticalizadas do Brasil (Sul e Sudeste), justamente nas áreas dessas regiões onde há maior influência das

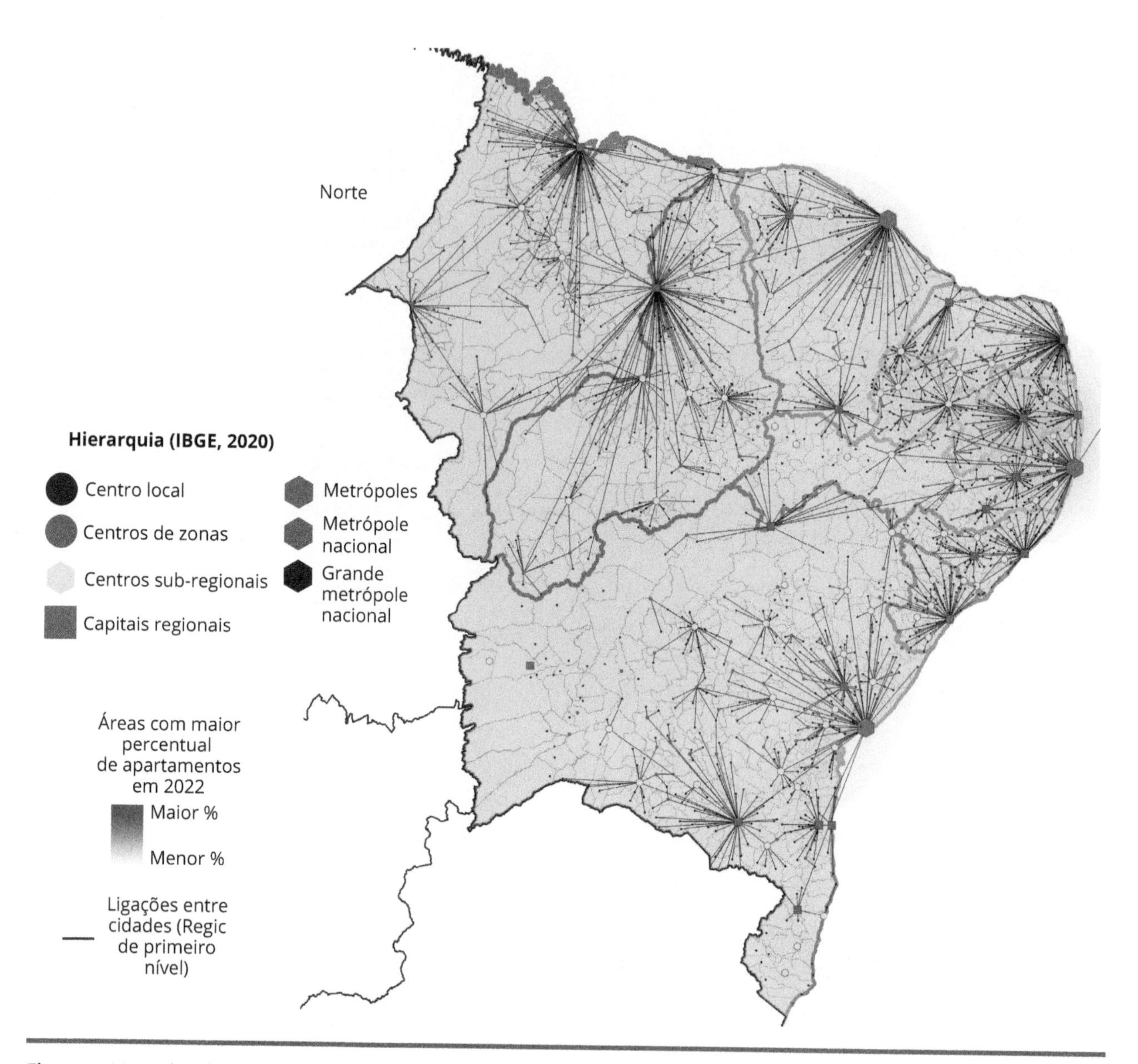

Fig. 3.3 *Mapa de calor da verticalização (considerando percentual de apartamentos por município) e as redes urbanas de primeiro nível das Regic no Nordeste do Brasil*
Fonte: elaborado com base em IBGE (2020, 2024).

metrópoles. Nesse sentido, as Regic possibilitam calibrar a localização dos corredores horizontal e vertical do território brasileiro (Fig. 3.6).

3.1.1 Classificação das regiões de influência

Metrópoles

Representam os 15 centros urbanos que exercem influência direta em todas as cidades brasileiras. Possuem uma média de 33,1% de apartamentos em relação ao total de domicílios em 2022, o que demonstra uma alta intensidade da verticalização. Estão subdivididas em três níveis de hierarquia:

- *Grande metrópole nacional*: corresponde à cidade de São Paulo (que apresentou em 2022 um total de 33,3% de apartamentos) e a seu arranjo populacional, que engloba 679 cidades. Ao concentrar 23,6% da população e 33,3% da renda total do País, esse arranjo é o de maior hierarquia do Brasil. Salienta-se que essa concentração é percebida de forma mais intensa no entorno imediato de São Paulo, onde estão localizadas

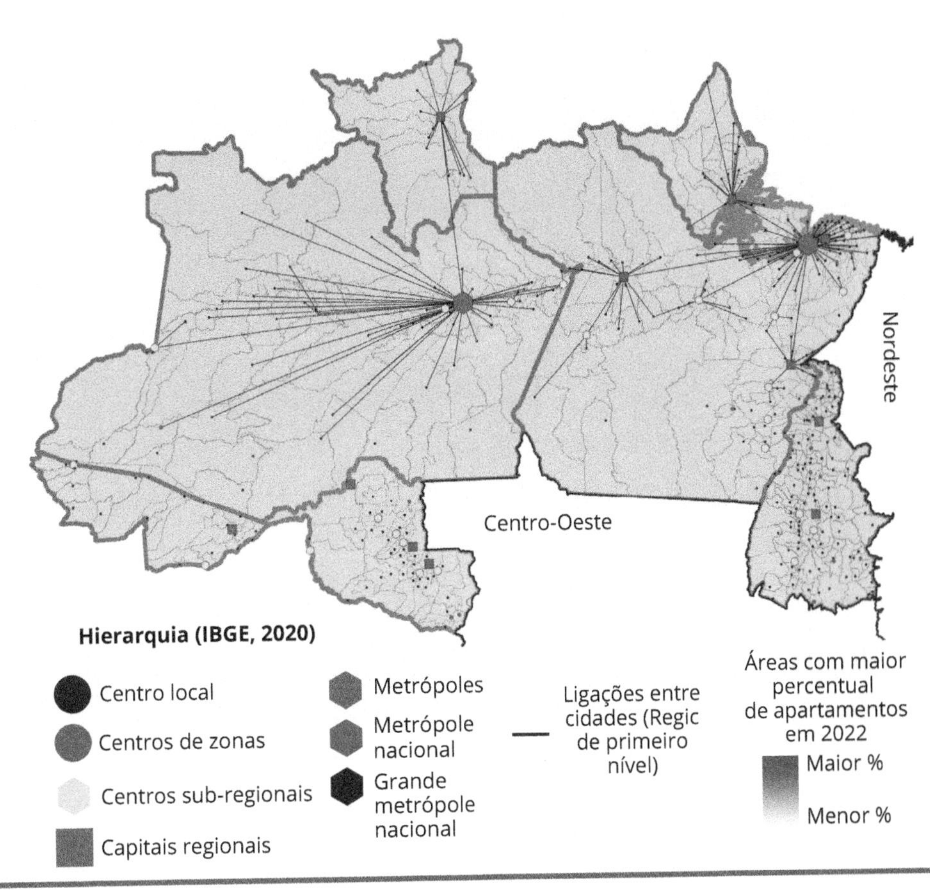

Fig. 3.4 *Mapa de calor da verticalização (considerando percentual de apartamentos por município) e as redes urbanas de primeiro nível das Regic no Norte do Brasil*
Fonte: elaborado com base em IBGE (2020, 2024).

as principais cidades em termos de densidade demográfica (Taboão da Serra, São Caetano do Sul, Diadema, Osasco e Carapicuíba). Além disso, pode-se destacar que no arranjo populacional de São Paulo estão duas das três cidades mais verticais do Brasil: São Caetano do Sul e Santos.

- *Metrópole nacional*: é a segunda posição hierárquica das metrópoles, correspondendo ao arranjo populacional de Brasília (DF) (11,6 milhões de habitantes em 2018) e ao arranjo populacional do Rio de Janeiro (RJ) (17,2 milhões em 2018). Essas duas metrópoles nacionais estão inseridas nas duas Unidades Federativas com maior intensidade da verticalização: Brasília (com padrão de desenvolvimento singular e distinto do das demais unidades) e Rio de Janeiro (Estado com maior percentual de apartamentos nos três censos analisados).
- *Metrópole*: corresponde aos demais 12 centros urbanos dos quais todas as outras cidades brasileiras recebem influência, sendo que Campinas (SP) é a única metrópole que não é capital estadual. Como visto, é no entorno dessas metrópoles que a verticalização se concentra, especialmente nas regiões Sul e Sudeste, em que essa concentração é a maior do País.

Capitais regionais

Correspondem a 97 cidades com alta concentração de atividades de gestão, entretanto com redes urbanas de menor alcance do que as encontradas nas metrópoles. Configuram a segunda hierarquia com maior concentração da verticalização urbana, tendo uma média de 17,9% de apartamentos em relação ao total de domicílios em 2022. Estão estruturadas em três níveis de hierarquia:

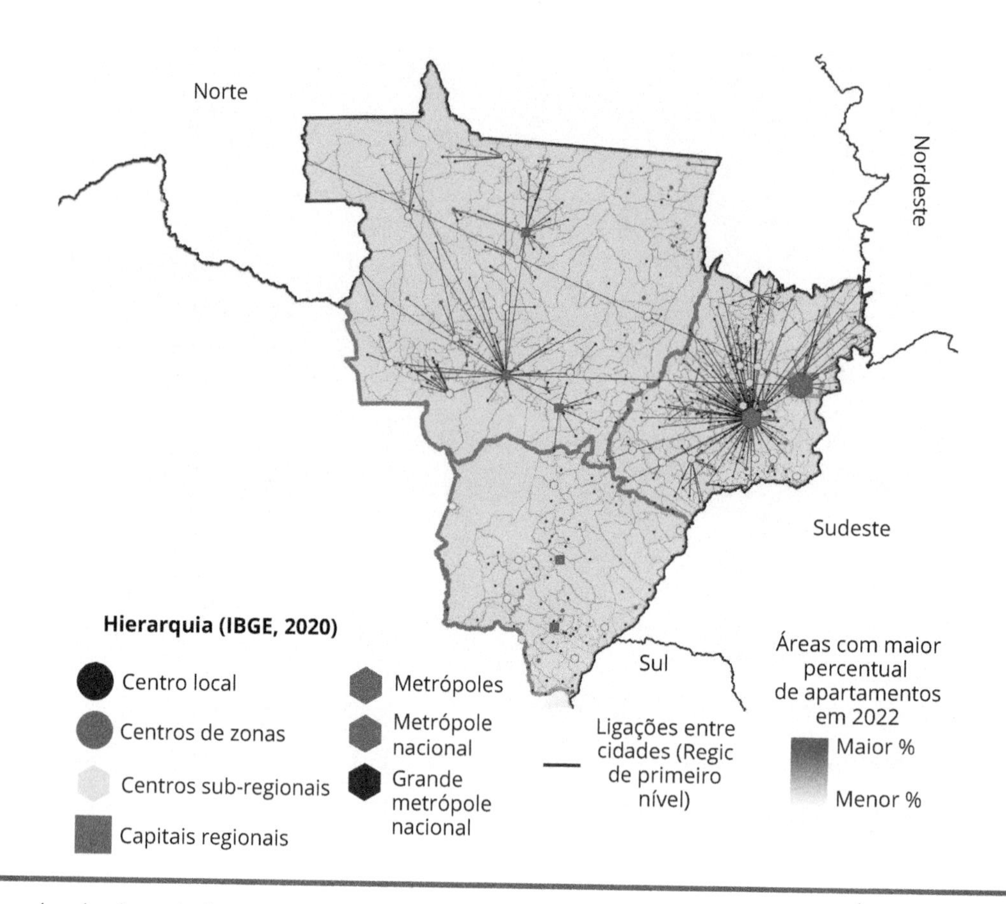

Fig. 3.5 *Mapa de calor da verticalização (considerando percentual de apartamentos por município) e as redes urbanas de primeiro nível das Regic no Centro-Oeste do Brasil*
Fonte: elaborado com base em IBGE (2020, 2024).

- *Capital regional A*: engloba um total de nove cidades que apresentam contingente populacional que varia de 800 mil a 1,4 milhão de habitantes (2018) e se relacionam diretamente com as metrópoles. Possuem uma média de 23,8% de apartamentos em 2022, o que demonstra uma alta intensidade da verticalização.
- *Capital regional B*: engloba 24 cidades que configuram centralidades no interior dos Estados – com exceção do arranjo populacional de Palmas (TO) e do município de Porto Velho (RO). Possuem em média 530 mil habitantes, com maior concentração na região Sul, em que se localizam dez cidades. Apresentam uma média de 23,5% de apartamentos em 2022, o que demonstra uma alta intensidade da verticalização.
- *Capital regional C*: engloba 64 cidades, das quais três são capitais estaduais pertencentes à região Norte. Apresentam média populacional de 300 mil habitantes e uma média de 15,0% de apartamentos em 2022, o que demonstra uma alta intensidade da verticalização.

Centros sub-regionais

Representam o terceiro nível hierárquico, englobando um total de 352 cidades com influência de menor extensão e menor porte populacional (média nacional de 85 mil habitantes). Possuem uma média de 7,7% de apartamentos em 2022, o que demonstra uma baixa intensidade da verticalização. Os centros sub-regionais estão estruturados em dois grupos, conforme o porte em termos demográficos e a localização:

- *Centro sub-regional A*: engloba 96 cidades (a maior parte delas do Sul, do Sudeste e do Nordeste), com população média de 120 mil habitantes e média de 10,7% de apartamentos em 2022.
- *Centro sub-regional B*: engloba 256 cidades (a maior parte delas do Sudeste e do Nordeste),

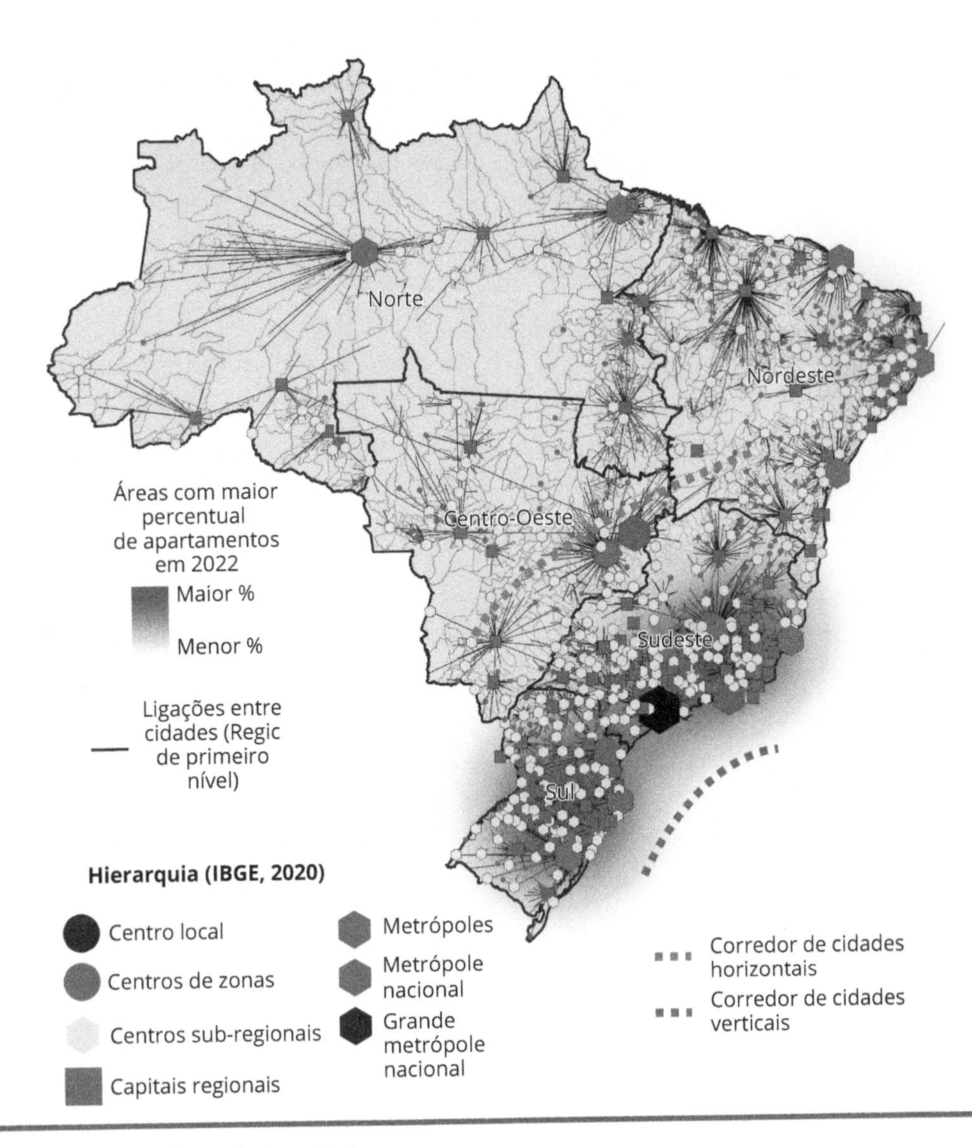

Fig. 3.6 *Corredores horizontal e vertical e as Regic*

com população média de 70 mil habitantes e média de 6,5% de apartamentos em 2022.

Centros de zona

Constituem um quarto nível de hierarquia urbana, exercendo maiores influências nas cidades vizinhas devido a comércio e serviços. Englobam 398 cidades de pequeno porte populacional, com média nacional de 30 mil habitantes e média de 3,9% de apartamentos em 2022, o que representa uma baixa intensidade da verticalização. Estão estruturados em dois grupos:

- *Centro de zona A*: engloba 147 cidades com média populacional um pouco acima dos 30 mil habitantes e com média de 5,0% de apartamentos em 2022.
- *Centro de zona B*: engloba 251 cidades, das quais cem apenas no Nordeste. Apresentam média nacional de 25 mil habitantes e média de 3,1% de apartamentos em 2022.

Centros locais

São o último nível de hierarquia urbana. Esses centros locais não exercem influência para além dos próprios limites, mas podem atrair população de cidades vizinhas (sem ser destino principal de deslocamentos de outras cidades). Representam um total de 4.037 cidades, com média populacional de 12,5 mil habitantes e média de 1,4% de apartamentos em 2022, ou seja, com uma baixíssima expressão territorial da verticalização urbana.

3.2 Densidade do espaço urbano

Para compreender a diferença de densidade entre as cidades mais verticalizadas do Brasil e as demais cidades, as análises de densidade a seguir foram formuladas a partir da relação entre população total e áreas urbanizadas. Ou seja, a densidade é igual à população total dividida apenas pela área urbanizada de cada município. Com isso, torna-se possível obter a densidade demográfica do espaço urbano, já que são desconsideradas as extensões de áreas não urbanizadas, tais como as áreas rurais e as massas de água.

A importância dessa análise pode ser evidenciada ao perceber que sete das dez cidades mais densas em termos absolutos (população total por área total) possuem mais de 80% do território como área urbanizada. Nesse sentido, ao avaliar a densidade das cidades apenas em termos absolutos, as cidades mais densas tendem a ser as com maior percentual de área urbanizada, e não as áreas urbanas realmente mais densas.

Como observado nos censos de 2000, 2010 e 2022, São João de Meriti é a cidade brasileira de maior expressão em termos de alta densidade. Porém, cabe destacar que 100% do território do município corresponde a área urbanizada (IBGE, 2019). De tal modo, a alta densidade de São João de Meriti deve ser analisada tendo como parâmetro comparativo a densidade das áreas urbanas dos demais municípios brasileiros.

Ao comparar as densidades considerando apenas o espaço urbano, percebe-se que a cidade de São João de Meriti pouco difere da cidade de Salvador. Isso porque, enquanto a primeira apresenta densidade do espaço urbano de 12.522,7 hab/km², a segunda exibe densidade de 12.318,94 hab/km². Entretanto, enquanto São João de Meriti é composta apenas de área urbanizada, Salvador, por outro lado, tem apenas 28,3% do território urbanizado, com uma extensa área de massa de água (Fig. 3.7). Ao considerar toda a área territorial de Salvador, a densidade cai para 3.486,49 hab/km², ou seja, torna-se 3,5 vezes menor.

Nesse sentido, a análise da densidade do espaço urbano nas cidades brasileiras é de suma importância, pois permite identificar quais são as cidades que de fato possuem alta densidade no espaço urbano e qual é a relação dessas densidades com a verticalização urbana.

Para obter apenas a área urbanizada de cada município, utilizou-se aqui o levantamento *Áreas urbanizadas* (IBGE, 2019). Esse levantamento apresentou de forma pioneira o total de área urbana para todos os municípios brasileiros. A partir das áreas urbanizadas de cada município, foi possível estabelecer dois importantes aspectos da realidade urbana das cidades brasileiras: i) a relação de proporção entre a área urbana e a área total (o que indica o

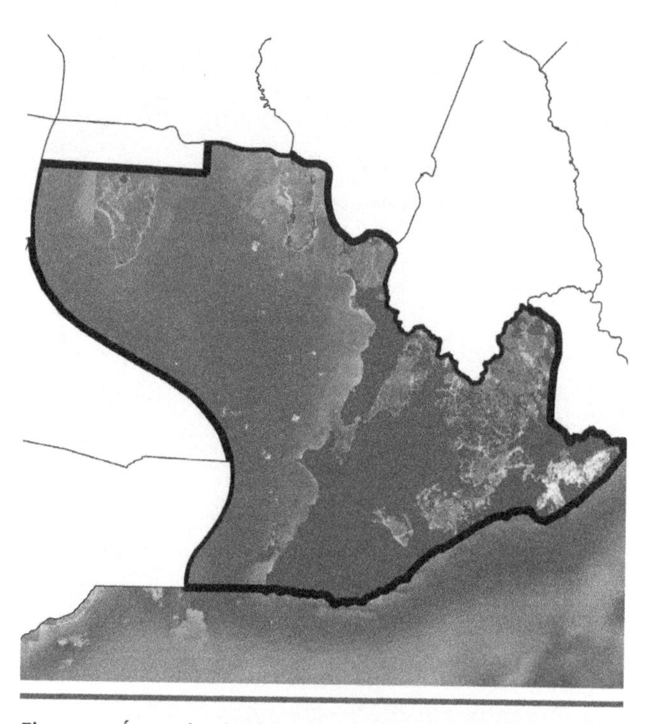

Fig. 3.7 *Área urbanizada (em vermelho) e expressividade da massa de água na área total de Salvador, cidade com apenas 28,3% do território com área urbanizada*
Fonte: elaborado com base em IBGE (2019).

percentual de área urbanizada de cada cidade); ii) a densidade demográfica do espaço urbano.

Tendo estabelecido a *densidade demográfica do espaço urbano das cidades brasileiras*, três análises foram realizadas: i) da densidade de todas as cidades com mais de 100 mil habitantes, de forma a evitar disparidades ocorridas em cidades de pequeno porte (em que a população tende a estar pouco concentrada na área urbana) e identificar as cidades com as áreas urbanas mais densas do País; ii) da densidade demográfica do espaço urbano nas cidades com mais de 15% de apartamentos, a fim de identificar o padrão de densidade das cidades verticais brasileiras; iii) por fim, da relação de densidade entre as cidades mais verticais e as mais densas do Brasil.

De início, destaca-se que todas as 320 cidades brasileiras com mais de 100 mil habitantes em 2022 possuem densidade populacional do espaço urbano igual ou superior a 2.000 hab/km². *É importante observar que, dessas 320 cidades mais populosas do Brasil, apenas 33 possuem mais de 50% do território como área urbanizada*, o que torna evidente a importância de comparar as densidades apenas dos espaços urbanos. Mais precisamente, 287 das 320 cidades com mais de 100 mil habitantes teriam um desvio expressivo na densidade do espaço urbano percebida, devido principalmente à elevada extensão de áreas não urbanizadas que possuem.

Outro aspecto importante é que *cinco das dez cidades mais densas do Brasil estão entre as cem mais verticais* (Tab. 3.2), ou seja, possuem percentual de apartamento superior a 20%. Sendo assim, com exceção das cidades de São João de Meriti e Mesquita (esta última com 9,7% de apartamentos), as demais oito cidades mais densas do Brasil possuem uma verticalização expressiva no cenário nacional (superior a 12%). A centralidade do *Estado de São Paulo* nesse aspecto se torna evidente ao constatar que seis das dez cidades mais densas do País estão no Estado, com destaque para Osasco, Carapicuíba, Taboão da Serra e Diadema.

Ao abordar como ocorre a verticalização nas 320 cidades mais populosas do Brasil, pode-se destacar três aspectos principais: i) são verticais: apenas 131 cidades possuem menos de 10% de apartamentos; ii) tornaram-se ainda mais verticais no período de 2000 a 2022: somente 13 cidades tiveram redução no percentual de apartamentos e 119 tiveram baixo incremento (inferior a 5%), e, por outro lado, um total de cem cidades apresentaram incremento expressivo, superior a 10%; iii) exibem elevada intensidade da verticalização: essas 320 cidades possuem um *percentual de apartamentos médio de 15%*.

No que tange à verticalização nas dez cidades mais densas do Brasil, percebe-se que apenas São João de Meriti apresenta percentual de apartamen-

Tab. 3.2 Dez cidades brasileiras (com mais de 100 mil habitantes) com espaço urbano mais denso e respectivos percentuais de apartamentos em 2022

Cidade	UF	Área (km²)	Área urbanizada (km²)	População total (2022)	Densidade (hab/km²)	% de área urbanizada	% de apartamentos
Nilópolis	RJ	19,393	9,584	146.774	**15.314,48**	49,4	12,1
Taboão da Serra	SP	20,388	18,609	273.542	**14.699,45**	91,3	**22,8**
Diadema	SP	30,732	27,511	393.237	**14.293,81**	89,5	18,7
São Vicente	SP	148,151	26,232	329.911	12.576,66	17,7	**25,2**
São João de Meriti	RJ	35,216	35,213	440.962	12.522,70	100	4,2
São Paulo	SP	1.521,202	914,564	11.451.999	12.521,81	60,1	**33,3**
Salvador	BA	693,442	196,257	2.417.678	12.318,94	28,3	**28,2**
Mesquita	RJ	41,169	13,83	167.127	12.084,38	33,6	9,7
Osasco	SP	64,954	60,619	728.615	12.019,58	93,3	**24,8**
Carapicuíba	SP	34,546	32,575	386.984	11.879,79	94,3	15,7

Fonte: elaborado com base em IBGE (2019, 2024).

tos inferior a 5%. Nesse sentido, *se por um lado São João de Meriti passa a ser apenas a quinta cidade mais densa do Brasil considerando somente o espaço urbano no cálculo da densidade (entre as 320 com mais de 100 mil habitantes), por outro ela ainda permanece como destaque nacional em termos de alta densidade e baixa verticalidade do espaço urbano*. Por sua vez, ao avaliar as dez cidades mais verticais do Brasil, é possível notar que elas possuem uma elevada densidade do espaço urbano (Tab. 3.3). Isso significa que nessas cidades a verticalização do espaço urbano está associada a espaços densos em termos demográficos.

A análise da Tab. 3.3 coloca em evidência as três cidades mais verticais do Brasil em 2022 (Santos, Balneário Camboriú e São Caetano do Sul), todas com densidade superior a 8.000 hab/km², realçando-se São Caetano do Sul (a mais densa entre as dez). Com exceção de São Caetano do Sul, que possui 100% do território como área urbana, as outras nove cidades possuem *baixo percentual de área urbanizada no território*, com destaque para Santos, com apenas 13,9% do território como área urbanizada, concentrada na porção insular do município (Fig. 3.8), Viçosa (6,1%) e Florianópolis (16,1%). Essa análise traz o peso que aspectos como áreas rurais (no caso de Viçosa) e topografia (no caso de Santos e Florianópolis) representam ao delimitar a área urbanizada das cidades.

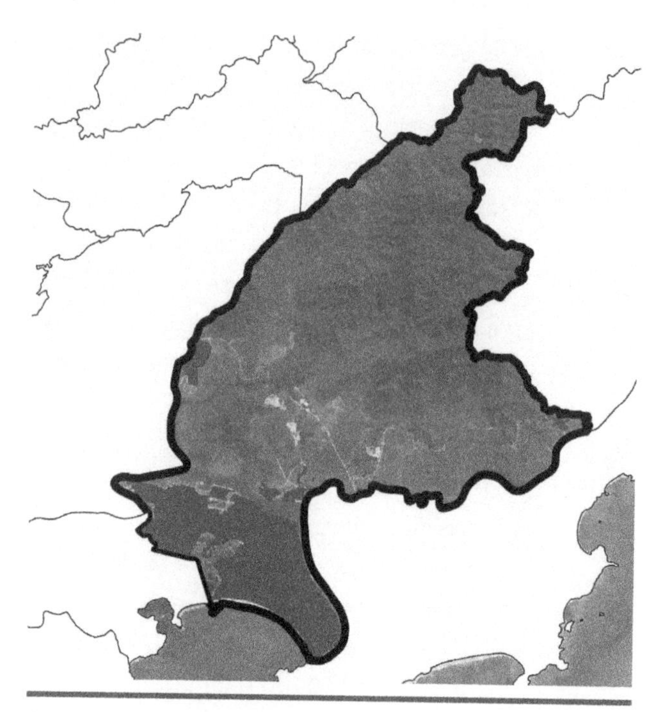

Fig. 3.8 *Área urbanizada (em vermelho) e expressividade da área preservada de topografia acidentada na área total de Santos, em que apenas 13,9% do território é de área urbanizada*
Fonte: elaborado com base em IBGE (2019).

No que se refere à *densidade nas cidades brasileiras mais verticais*, observa-se que todas as 226 cidades com 15% ou mais de apartamentos em 2022 possuem densidade do espaço urbano superior a 1.000 hab/km², o que indica que as cidades verticais brasileiras são também densas. Essa afirmação é ressaltada

Tab. 3.3 Dez cidades mais verticais do Brasil em 2022 e densidade do espaço urbano em 2019

Cidade	Área urbanizada em 2019 (km²)	População total (2022)	Densidade do espaço urbano em 2019 (hab/km²)	% de área urbanizada (2019)	% de apartamentos (2022)
Santos	39,055	418.608	**10.718,42**	13,9	**67,11**
Balneário Camboriú	16,164	139.155	**8.608,95**	35,7	**63,35**
São Caetano do Sul	15,331	165.655	**10.805,23**	100	**52,55**
Porto Alegre	214,909	1.332.845	6.201,90	43,4	49,55
Vitória	46,148	322.869	6.996,38	47,5	48,99
São José	43,027	270.299	6.282,08	28,6	45,89
Viçosa	18,227	76.430	4.193,23	6,1	44,99
Florianópolis	108,789	537.211	4.938,10	16,1	43,99
Niterói	70,524	481.749	6.830,99	52,7	43,95
Itapema	15,53	75.940	4.889,89	26,7	43,54

Fonte: elaborado com base em IBGE (2019, 2024).

quando se constata que 220 dessas cidades possuem densidade superior a 2.000 hab/km² e 79 possuem densidade superior a 5.000 hab/km². *Isso significa que, em termos gerais, as cidades mais verticais do Brasil têm espaço urbano de alta densidade.* Essa compreensão é importante pois indica um desenvolvimento coerente da verticalização dessas cidades em termos de densidade populacional, além de possibilitar a realização de novas pesquisas que busquem estabelecer os padrões de ocupação que permitem a ocorrência de verticalização e alta densidade. Por fim, as 226 cidades mais verticalizadas do País (aquelas que possuem mais de 15% dos domicílios do tipo apartamento) apresentam em média 23,7% de apartamentos e densidade média do espaço urbano de 4.785,116 hab/km². Para efeito comparativo, a média da densidade do espaço urbano das cidades brasileiras é de 4.155,96 hab/km².

3.3 Efeitos da política habitacional na verticalização brasileira

Não há como falar da verticalização das cidades brasileiras sem considerar as diferentes políticas habitacionais já implantadas e seus efeitos na forma urbana dos municípios. Isso porque os programas habitacionais são relevantes não apenas no aspecto quantitativo da verticalização (quantidade de novos apartamentos produzidos), mas também em termos qualitativos (localização e qualidade dessa verticalização produzida).

Até 1930 é possível compreender a política habitacional nacional como nula, de forma que a produção de habitações era uma atribuição majoritária do setor privado (Santos, 2017). Nesse período surgem as vilas operárias, que, apesar de terem sido construídas mais para atender à necessidade dos empresários do que a dos operários, podem ser consideradas como as primeiras formas de conjuntos habitacionais no Brasil. Segundo Bonduki (1994, p. 711), é a partir do período Vargas (1930-1945) que se percebe uma intervenção do Estado brasileiro em termos de habitação, "abandonando a postura de deixar a questão da construção, comercialização, financiamento e locação habitacional às livres forças do mercado, que vigorou até então", com destaque para a Lei do Inquilinato (implementada em 1942).

De tal modo, notabiliza-se a criação das carteiras prediais dos *Institutos de Aposentadorias e Pensões* (IAPs) em 1937 e a instituição da Fundação da Casa Popular em 1946 (já no governo Dutra). Ambos os programas "deram início à produção estatal de moradias subsidiadas e, em parte, viabilizaram o financiamento da promoção imobiliária" (Bonduki, 1994, p. 711). Entretanto, cabe salientar que nesse primeiro momento tais programas não possibilitaram a habitação para as camadas mais pobres da população.

Entre os principais aspectos desses programas, Bonduki (1994, p. 727) destaca o pioneirismo na "introdução de blocos de apartamentos multifamiliares padronizados, de vários pavimentos, que constitui uma novidade na produção de habitação para trabalhadores no Brasil". Segundo o autor, até então as soluções habitacionais empregadas tinham como base as tipologias de casas unifamiliares. Nesse sentido, os projetos que passam a surgir com blocos de apartamentos variando de três a cinco pavimentos expressam uma guinada na produção habitacional brasileira e, com efeito, contribuem para modificar a paisagem das cidades do País. Entre os conjuntos habitacionais destacados por Bonduki estão os da Mooca, da Baixada do Glicério e de Santa Cruz (todos com blocos de três a cinco pavimentos).

Nesse período passam a ser produzidos também edifícios mais altos, tais como o Edifício Japurá, projetado na década de 1940 pelo arquiteto Eduardo Kneese de Mello (Fig. 3.9). Além de concebido a partir dos preceitos modernistas, o Edifício Japurá foi pioneiro ao aplicar também o conceito de *unité d'habitation* de Le Corbusier no Brasil (Galesi; Neto, 2002).

Sobre o *impacto dos IAPs na verticalização* das cidades brasileiras, Bonduki (1994) enfatiza que, ao atingir um público de média e alta renda, os IAPs contribuíram não apenas para o processo de renovação nas áreas centrais das cidades, mas também para a verticalização dos centros urbanos. Entretanto, esse processo ocorreu de forma pouco difundida no

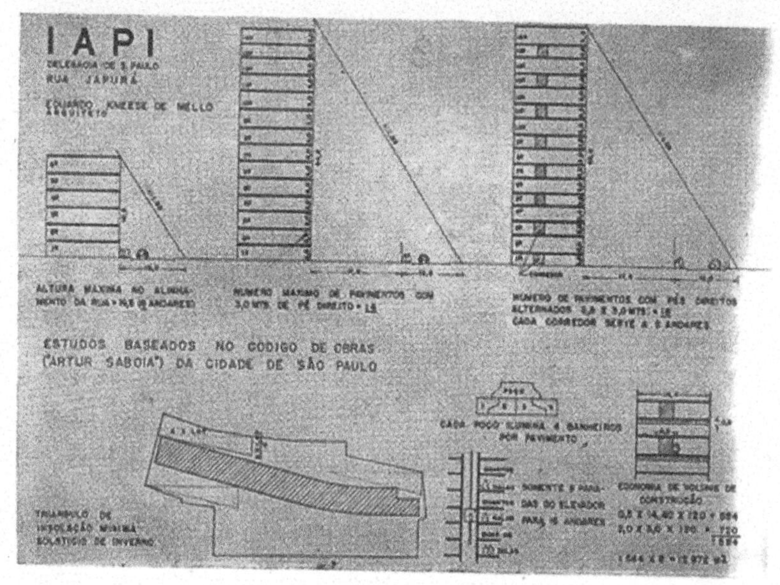

Fig. 3.9 *Edifício Japurá, que representa a verticalização da política habitacional brasileira guiada pelos preceitos modernistas*
Fonte: Revista Acrópole (1948).

território brasileiro, sendo possível destacar o caso da cidade do Rio de Janeiro, que sozinha recebeu 618 edifícios de apartamentos no período de 1937 a 1950, o que representa aproximadamente 90% do total de cinco mil unidades habitacionais produzidas pelos IAPs no período (Bonduki, 1994).

Já de 1964 a 1986 passou a operar o *Banco Nacional da Habitação (BNH), responsável pela construção de 4,3 milhões de unidades habitacionais* (Silva; Tourinho, 2015), muitas delas sendo do tipo apartamento, o que impactou a verticalização das cidades brasileiras. Um exemplo das transformações proporcionadas pelo BNH dentro desse contexto está na cidade de Santos (SP) (Fig. 3.10): o conjunto verticalizado Humberto de Alencar Castelo Branco, inaugurado na década de 1970, produziu um espaço com capacidade para 20 mil moradores distribuídos em um total de 3.288 apartamentos.

Os recursos utilizados eram obtidos por meio do Fundo de Garantia por Tempo de Serviço (FGTS), e a política habitacional praticada foi responsável por dinamizar a economia brasileira, gerar empregos e fomentar o setor da construção (Santos, 2017). Outro aspecto positivo é que o programa permitiu o acesso

Fig. 3.10 *Conjunto habitacional Humberto de Alencar Castelo Branco, popularmente conhecido como BNH, em Santos (SP)*
Fonte: FAMS (2020).

à habitação para as classes mais baixas: dos 4,3 milhões de novas habitações financiadas, um total de 2,4 milhões foram para as pessoas mais carentes (Santos, 2017). Por outro lado, o BNH não considerou "as diversidades regionais, ambientais e culturais" do espaço urbano brasileiro (Santos, 2017, p. 59).

Entretanto, essa primeira grande política habitacional brasileira teve como resultado a produção habitacional verticalizada de baixa qualidade, consequência da intenção de reduzir custos do BNH e com reflexos no nível de padronização elevado, que "eliminou a necessidade de projeto arquitetônico e urbanístico, repetindo em todo o país milhares de unidades, com tipologias térreas ou de quatro pavimentos" (Peixer, 2014, p. 9).

Segundo Silva (2016), o período de 1986 a 2003 foi de desarticulação da política habitacional brasileira, sendo possível dividi-lo em duas principais etapas: i) 1985 *a* 1994: *período de redemocratização*, em que ocorre a substituição do BNH pela Caixa Econômica Federal (CEF), caracterizado pelo baixo investimento do Governo Militar em habitação e pelo elevado índice de inadimplência; ii) 1994 *a* 2002: *período de descentralização da política habitacional*, no sentido de transferência de responsabilidade do Governo Federal para os demais entes da Federação.

A falta de protagonismo da política habitacional no período de 1985 a 1994 pode ser percebida pelos diferentes ministérios que passaram a assumir a pasta após a extinção do BNH: Ministério do Desenvolvimento Urbano e Meio Ambiente (MDU), Ministério da Habitação, Urbanismo e Desenvolvimento Urbano (MHDU) e Ministério da Habitação e do Bem-Estar Social (MBES) (governo Sarney, 1985-1990); Ministério da Ação Social (MAS) (governo Collor, 1990-1992); Ministério do Bem-Estar Social (governo Itamar Franco, 1992-1995). Foi no governo de Itamar Franco que, em 1994, surgiram dois novos programas habitacionais: Habitar Brasil e Morar Município (entretanto, ambos possuíam restrições orçamentárias devido ao Plano Real). Essa instabilidade na gestão da política habitacional brasileira se refletiu nas poucas soluções produzidas no período, sendo que, até o ano de 2001, haviam surgido apenas soluções pontuais com efeitos pouco expressivos, com pouco protagonismo federal e com deslocamento da responsabilidade aos Estados e municípios.

Nos anos 2000, surgiu o Programa de Arrendamento Residencial (PAR), institucionalizado pela Lei Federal nº 10.188/2001 e direcionado para famílias com renda mensal de três a seis salários mínimos, tendo a capacidade de atingir as classes mais baixas. Segundo Peixer (2014, p. 10), esse programa "centrou-se na figura do arrendatário, que paga taxas mensais de arrendamento, similar a um aluguel", sendo que, após o período de arrendamento limite de 180 meses (15 anos), o arrendatário teria a "opção de compra ao final desse período, descontando-se o montante já pago" (Lima, 2019, p. 419). Nesse sentido, o PAR configurou-se como a última grande política habitacional antes da implantação do MCMV.

Lançado em 2009, no segundo mandato do presidente Lula, o Programa Minha Casa Minha Vida (MCMV) contratou no período de 2009 a 2014 um total de 3,4 milhões de unidades, que representaram investimentos da ordem de 34 bilhões de reais (Silva; Tourinho, 2015). De acordo com Silva e Tourinho (2015), é possível identificar semelhanças estruturais entre o BNH e o MCMV, tais como as faixas de rendimento atendidas pelos programas (ambos com três faixas): mercado popular (baixa renda, até três salários mínimos), mercado econômico (renda média inferior, entre três e seis salários) e mercado médio (renda média superior, com mínimo de seis salários).

Ainda conforme Silva e Tourinho (2015), tanto no BNH quanto no MCMV a localização das unidades habitacionais é proporcional ao poder de compra das faixas atendidas pelos programas, ou seja, quanto menor a renda, mais periférica a habitação. Desse modo, *ao considerar que tanto o BNH quanto o MCMV proporcionaram unidades habitacionais no formato de apartamentos, é possível depreender que ambos os programas contribuíram para a verticalização da periferia.*

No que tange à tipologia das unidades habitacionais implantadas pelo MCMV, pode-se destacar os empreendimentos verticais de quatro a cinco pavimentos, que são os tipos mais difundidos pelo programa devido à tendência de não exigência de elevadores (Peixer, 2014).

A baixa qualidade edilícia da habitação social produzida é salientada por Peixer (2014, p. 15) quando afirma que "a produção pública herda a péssima qualidade da produção do período do BNH [...] com empreendimentos de grande impacto, reproduzidos infinitamente, onde o menor custo da construção prevalece". Além da baixa qualidade da habitação, os conjuntos habitacionais verticais impõem aos moradores problemas que até então não possuíam, tais como o pagamento de taxa de condomínio, utilizada para manutenção e obras. Segundo Santos (2017, p. 148), a habitação vertical traz a necessidade de "um contrato coletivo com o condomínio, que se torna também uma forma de controle social entre os condôminos". Assim, o modelo vertical de habitação social configura uma dupla problemática: "não só a estrutura de condomínios verticais, mas também o modelo de gestão condominial, inspirados nos condomínios do mercado de classe média, não se configuram como a melhor alternativa para as famílias de baixa renda" (Santos, 2017, p. 168).

Ao analisar a localização e a quantidade de unidades habitacionais do programa MCMV no território brasileiro (Fig. 3.11), pode-se estabelecer uma relação com o processo de verticalização urbana e os municípios mais atendidos pelo programa. Entretanto, o fato de não ser possível diferenciar quais unidades habitacionais são casas e quais são apartamentos representa uma limitação metodológica, de forma que os resultados obtidos devem ser interpretados com cautela.

De início, analisa-se a quantidade de unidades habitacionais do MCMV por Unidade Federativa, o que permite identificar uma primeira distribuição territorial do programa. Percebe-se que as regiões Sul e Sudeste foram as que receberam maiores quantidades de unidades habitacionais do MCMV.

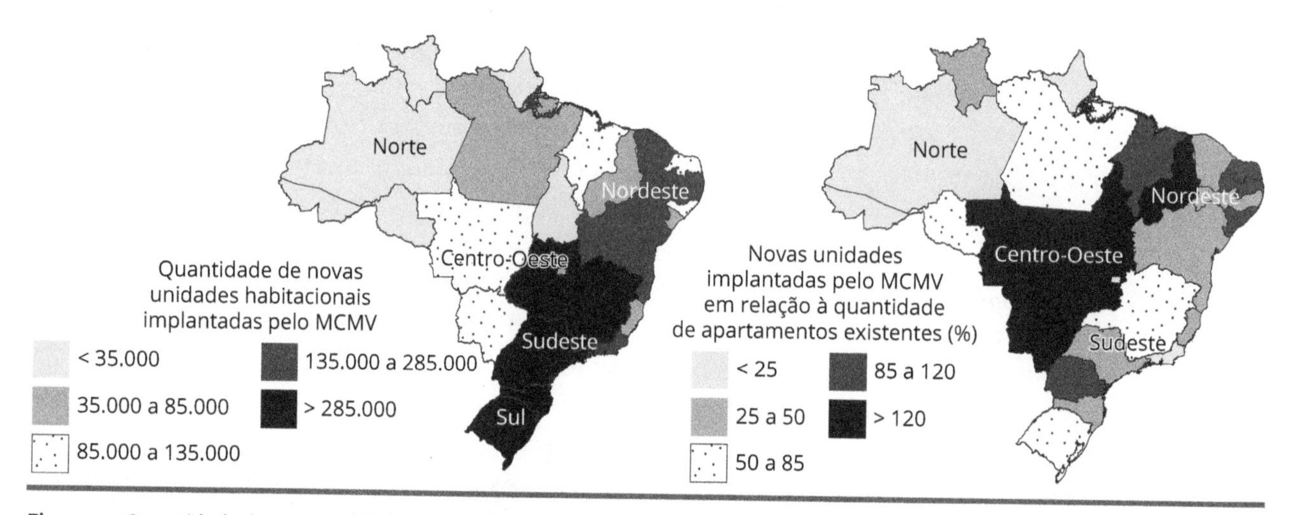

Fig. 3.11 *Quantidade de novas unidades do MCMV por Unidade Federativa e sua relação com a quantidade de apartamentos existentes em 2022*
Fonte: elaborado com base em MCID (2024).

Entretanto, ao avaliar o quanto as novas unidades produzidas pelo programa representam em relação à quantidade de apartamentos existentes em cada Estado, é possível perceber que o incremento provocado pelo programa produziu impacto maior nas regiões Centro-Oeste e Nordeste.

A Tab. 3.4 permite identificar os municípios com maior incremento de novas unidades habitacionais do MCMV entre 2009 e 2023. Em oito Estados, o aumento de habitação proporcionado pelo programa superou a quantidade de apartamentos existentes em 2022 (Goiás, Mato Grosso, Mato Grosso do Sul, Alagoas, Maranhão, Piauí, Rio Grande do Norte e Tocantins). Cabe destacar que todos esses Estados apresentaram percentual de apartamentos inferior a 11% em 2022, ou seja, possuem baixa expressão da verticalização. Em outros dois Estados o incremento foi próximo à quantidade de apartamentos existente em 2022 (Sergipe e Paraná). De tal modo, apesar de não ser possível distinguir a quantidade de unidades do MCMV que se refere a apartamentos, pode-se colocar em evidência o impacto positivo do programa na geração de novas unidades habitacionais.

Ao analisar as dez cidades que receberam maior quantidade de unidades habitacionais do MCMV (Tab. 3.4), pode-se perceber que em três delas a quantidade de novas unidades foi superior à existente em 2022 (Uberlândia, Campo Grande e Valparaíso de Goiás), sendo que Uberlândia e Valparaíso de Goiás apresentam elevado percentual de apartamentos em relação ao total de domicílios (25,37% e 38,9%, respectivamente).

Nesse sentido, apesar da realidade periférica e de baixa qualidade das moradias produzidas pelo programa MCMV, o impacto na produção habitacional foi expressivo em diferentes cidades e regiões brasileiras. Com efeito, esse impacto promoveu transformações na forma urbana das cidades, seja em termos de quantidade de novas habitações, seja em termos da localização periférica dessas habitações. Por fim, pode-se correlacionar a quantidade de novas unidades habitacionais do programa MCMV com a intensidade da verticalização no território brasileiro no período de 2000 a 2022 (Fig. 3.12).

O mapa de calor da Fig. 3.12 permite identificar quatro regiões em que o incremento de novas unidades do MCMV foi significativo: i) Região Metropolitana

Tab. 3.4 Dez municípios com maior quantidade de unidades habitacionais do MCMV no período de 2009 a 2023

Cidade	Quantidade de casas (2022), apartamentos (2022) e unidades do MCMV (2009 a 2023)			Percentual de unidades do MCMV (2009 a 2023) em relação ao total de casas (2022) e apartamentos (2022)		Percentual de verticalização em 2022 (%)
	MCMV (2009 a 2023)	Casas em 2022	Apartamentos em 2022	% do MCMV (casas)	% do MCMV (apartamentos)	
São Paulo	276.817	2.764.750	1.435.984	10,0	19,3	33,34
Rio de Janeiro	122.626	1.282.864	963.002	9,6	12,7	39,52
João Pessoa	80.043	158.779	122.441	50,4	65,4	41,33
Uberlândia	74.516	191.580	67.986	38,9	**109,6**	25,37
Goiânia	66.186	365.061	152.967	18,1	43,3	27,86
Ribeirão Preto	56.686	166.839	86.712	34,0	65,4	32,61
Brasília	56.434	604.991	338.250	9,3	16,7	34,23
Campo Grande	55.866	265.683	37.931	21,0	**147,3**	11,64
Valparaíso de Goiás	53.261	36.707	27.688	**145,1**	**192,4**	38,9
Curitiba	53.236	417.188	230.711	12,8	23,1	33,64

Fonte: elaborado com base em MCID (2024).

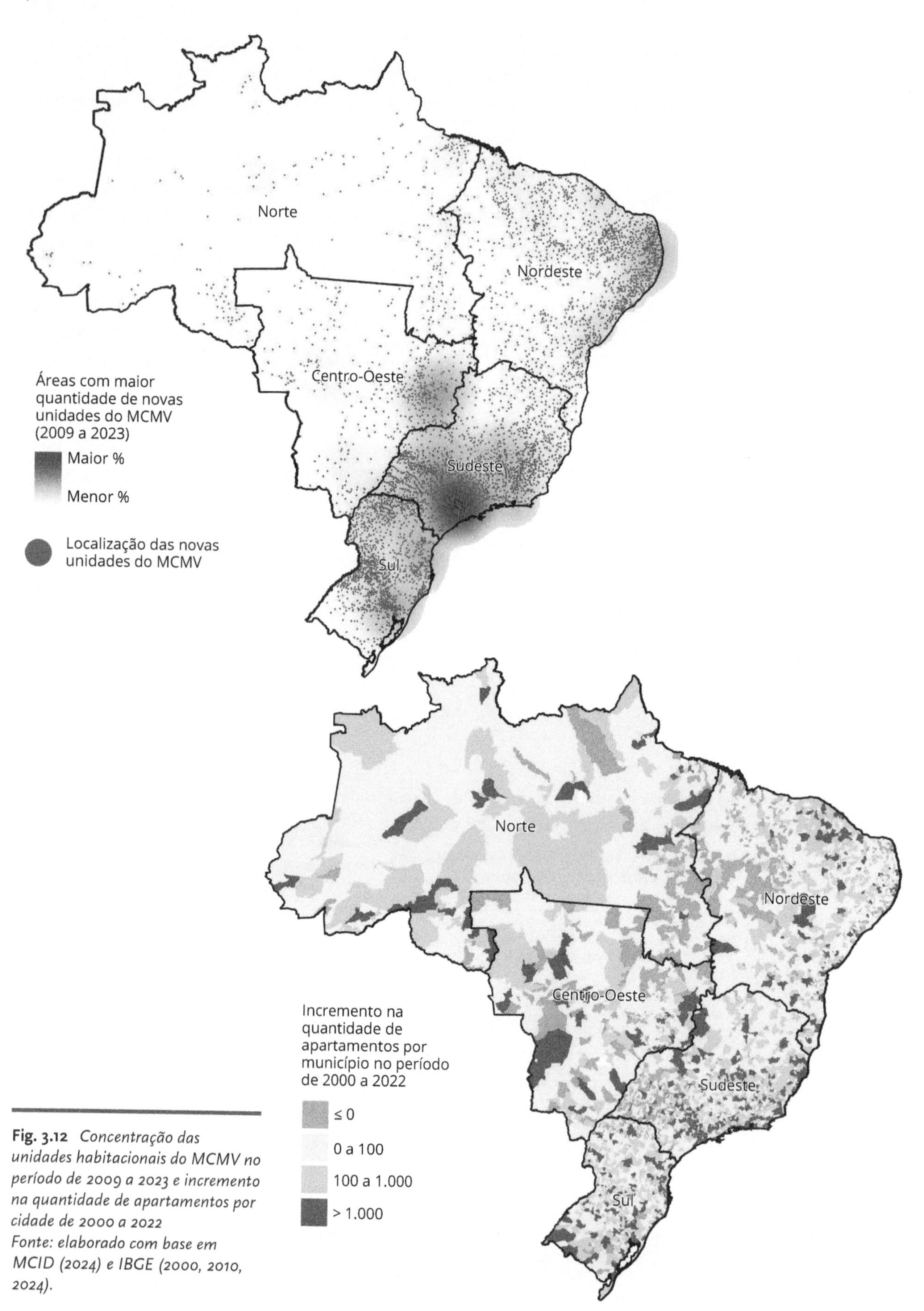

Fig. 3.12 *Concentração das unidades habitacionais do MCMV no período de 2009 a 2023 e incremento na quantidade de apartamentos por cidade de 2000 a 2022*
Fonte: elaborado com base em MCID (2024) e IBGE (2000, 2010, 2024).

de São Paulo; ii) Região Metropolitana de Brasília; iii) região Sul de forma mais dispersa; iv) região Nordeste de forma mais concentrada no litoral. Em todas essas regiões aconteceu incremento de apartamentos no período de 2000 a 2022. Assim, apesar de não ser possível afirmar que o incremento de apartamentos ocorreu devido ao MCMV, pode-se dizer que tal aumento teve influência positiva do programa.

3.4 Análise do IDHM e do índice de Gini nas cidades verticais

Para correlacionar o padrão de desenvolvimento com o grau de verticalização das cidades brasileiras, utiliza-se aqui o Índice de Desenvolvimento Humano Municipal (IDHM) para 2010. Esse índice é uma medida criada para avaliar o desenvolvimento dos municípios tendo a qualidade de vida das pessoas como aspecto central. A abordagem por meio do IDHM lança um especial enfoque nas pessoas para analisar o padrão de desenvolvimento das cidades brasileiras.

Para isso, o IDHM possui três principais dimensões: i) *longevidade* (vida longa e saudável): considera que uma vida longa e saudável é um aspecto fundamental para a promoção do desenvolvimento humano, e, para alcançá-la, as cidades precisam garantir acesso à saúde e a ambientes saudáveis, que possibilitem graus mais elevados de saúde física e mental; ii) *educação* (acesso ao conhecimento): junto com a saúde e a longevidade, a educação é fundamental para alcançar o bem-estar, sendo por meio dela que as pessoas podem decidir sobre seu futuro com autonomia; iii) *renda* (padrão de vida): aspecto essencial para suprir necessidades básicas como água, comida e abrigo, além de ampliar a autonomia de escolhas.

Por meio do IDHM, é possível não apenas estabelecer um contraponto ao PIB (que se limita ao crescimento econômico), mas, principalmente, efetuar comparações entre os municípios brasileiros. Isso porque o IDHM atribui para cada município um número que varia de 0,000 a 1,000, de forma que, quanto mais próximo de 1,000, maior o grau de desenvolvimento humano do município (Fig. 3.13).

Em paralelo, analisa-se aqui o índice de Gini dos municípios mais verticalizados do Brasil. Desenvolvido pelo matemático Corrado Gini, esse coeficiente é um parâmetro internacional utilizado para medir a desigualdade na distribuição de renda em diferentes territorialidades. O índice varia entre 0 (quando não há desigualdade: a renda domiciliar *per capita* de todos os indivíduos tem o mesmo valor) e 1 (quando a desigualdade é máxima: apenas um indivíduo detém toda a renda). Cabe destacar que o universo de indivíduos se limita àqueles que vivem em domicílios particulares permanentes.

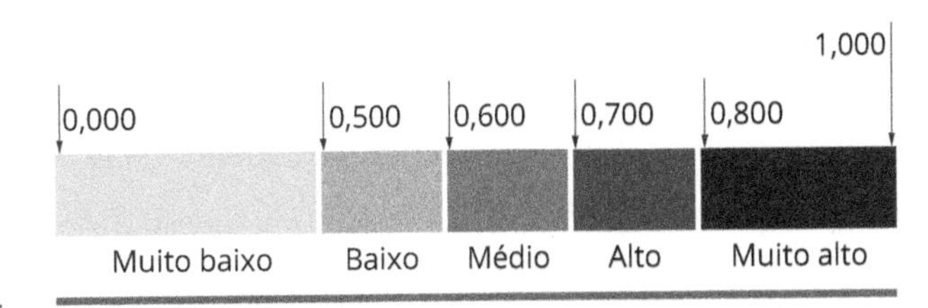

Fig. 3.13 *Classificação do IDHM*
Fonte: elaborado com base em PNUD, FJP e Ipea (2010).

De tal modo, enquanto o IDHM mede os municípios com maior grau de desenvolvimento, tendo como foco o bem-estar das pessoas (em termos de longevidade, educação e renda), o índice de Gini mede a desigualdade socioeconômica a partir da distribuição da renda. Por meio desses dois indicadores, pode-se analisar os diferentes padrões de desenvolvimento das cidades brasileiras em relação à expressividade do fenômeno da verticalização urbana.

De início, a Tab. 3.5 apresenta os dez municípios brasileiros com os maiores IDHMs em 2010. *Destaca-se que seis dos municípios com maiores IDHMs estão entre os dez mais verticalizados do Brasil*, o que demonstra que a verticalização desses municípios está associada a padrões elevados de desenvolvimento, em termos de bem-estar humano nos campos da saúde, da educação e da renda. Entre os dez maiores IDHMs do País estão cidades como Santos e Balneário Camboriú (as duas mais verticais do Brasil desde o censo de 2000).

Em uma abordagem mais ampliada, pode-se perceber que, entre os cem municípios com maior IDHM do Brasil, um total de 38 estão entre os cem mais verticalizados do País (considerando percentual de apartamentos em relação ao total de domicílios em 2022). Isso significa que *mais de um terço dos municípios com maior IDHM do Brasil (1,7%) estão entre os cem mais verticalizados em 2022. Ao avaliar as mil cidades com maior IDHM do País, observa-se que são aquelas mais verticalizadas, sendo que 480 cidades possuem mais de 5% de apartamentos (184 apresentam mais de 15%).*

Em termos dos cem municípios com piores IDHMs do Brasil, nenhum deles consta entre os cem mais verticalizados do País, e, indo mais além, *apenas seis cidades entre as cem com pior IDHM possuem mais de 1% de domicílios do tipo apartamento.* Adicionalmente, apenas cinco cidades entre as mil com piores IDHMs do Brasil têm mais de 5% de domicílios do tipo apartamento. De tal modo, pode-se concluir que os municípios brasileiros com pior IDHM não são verticalizados.

Cabe salientar que *essas conclusões devem ser interpretadas com cautela. Isso porque os municípios com piores IDHMs do Brasil são também aqueles de pequeno porte (população inferior a 50 mil habitantes) e menos densos (densidade inferior a 50 hab/km²), justamente os municípios que tendem a ter menor expressão territorial da verticalização.* Ou seja, o IDHM pode estar mais atrelado aos padrões demográficos desses municípios do que à forma urbana verticalizada.

No que se refere ao índice de Gini, a escala dos municípios brasileiros varia de 0,28 (menor desigualdade) a 0,80 (maior desigualdade). Entre os municípios menos desiguais, destaca-se que apenas dois alcançaram o índice de 0,28: Botuverá (SC), com 1,8% de apartamentos e baixo grau de verticalidade, e São José do Hortêncio (RS), com 3,3% de apartamentos e baixo grau de verticalidade. Entre os municípios mais desiguais, são ressaltados os únicos dois com índice de 0,8: São Gabriel da Cachoeira (AM), com 3,3% de apartamentos, e Itamarati (AM), com 0,1% de apartamentos. Assim, nenhum dos extremos indica elevado grau de verticalização.

Ao analisar os cem *municípios com índices de Gini mais elevados* (maior desigualdade), nota-se que nenhum deles figura entre os dez mais verticalizados do Brasil. Ainda entre os cem mais desiguais do País, apenas Recife (PE) (18º município mais verticalizado) e Cabedelo (PB) (44º mais verticalizado) estão entre os cem mais verticalizados. Isso significa que os municípios mais verticais não são os mais desiguais do Brasil.

Quanto aos cem *municípios com índices de Gini mais baixos* (menor desigualdade), nenhum deles figura entre os cem mais verticalizados do Brasil, sendo que apenas 24 possuem mais de 5% de apartamen-

Tab. 3.5 Dez municípios com maior IDHM do Brasil em 2010 e respectivas posições no *ranking* das cidades mais verticais (considerando percentual de apartamentos em relação ao total de domicílios em 2022)

Rank entre os municípios com maior percentual de apartamentos	Município	Índice de Gini	IDHM	IDHM		
				Educação	Longevidade	Renda
3	São Caetano do Sul	0,54	**0,862**	0,811	0,887	0,891
161	Águas de São Pedro	0,54	0,854	0,825	0,89	0,849
8	Florianópolis	0,54	**0,847**	0,8	0,873	0,87
2	**Balneário Camboriú**	0,52	**0,845**	0,789	0,894	0,854
5	Vitória	0,6	**0,845**	0,805	0,855	0,876
1	**Santos**	0,55	**0,84**	0,807	0,852	0,861
9	Niterói	0,59	**0,837**	0,773	0,854	0,887
63	Joaçaba	0,54	0,827	0,771	0,891	0,823
20	Brasília	0,63	0,824	0,742	0,873	0,863
22	Curitiba	0,55	0,823	0,768	0,855	0,85

Fonte: elaborado com base em PNUD, FJP e Ipea (2010) e IBGE (2024).

tos. Ou seja, no geral as cidades menos desiguais do País não são verticalizadas. Entre essas cidades, destaca-se Serafina Corrêa (RS), a 77ª menos desigual do Brasil, com população de 16.961 habitantes, densidade de 103,8 hab/km² e percentual de apartamentos mais alto entre as cem menos desiguais do País (21%). Nesse sentido, a verticalização dessa cidade apresenta potencial de contribuir para o aperfeiçoamento das dinâmicas de verticalização de forma a gerar um espaço urbano menos desigual. Assim, *os municípios mais verticais também não figuram entre os menos desiguais.*

Ao selecionar apenas as cem cidades mais verticais do País, percebe-se que 15 delas possuem índice de Gini igual ou superior a 0,6 e, portanto, pertencem ao grupo de 6,2% das cidades brasileiras mais desiguais. Por outro lado, entre as cem cidades mais verticais, apenas seis possuem índice de Gini igual ou inferior a 0,4 e, portanto, pertencem ao grupo de 8,31% de cidades menos desiguais do País. Nesse sentido, uma análise preliminar desses dados permite concluir que as cidades mais verticais não são nem as mais desiguais nem as menos desiguais, apesar de estarem sutilmente mais próximas da desigualdade do que da igualdade.

Em termos de IDHM das capitais dos Estados brasileiros, nota-se que *todas as capitais possuem índice superior a 0,7 e, de tal modo, são classificadas com um alto Índice de Desenvolvimento Humano Municipal.* Esse aspecto pode ser reforçado ao identificar a ocorrência de sete capitais que possuem índice muito alto (superior a 0,8). Já em termos do índice de Gini, vale destacar que, embora as capitais produzam espaços desiguais no que se refere a renda (índice superior a 0,55 em todas as capitais), há uma maior desigualdade nas capitais mais verticalizadas. Mais precisamente, entre as dez capitais com índice de Gini inferior a 0,6 (menos desiguais), todas possuem percentual de apartamentos superior a 10%, sendo que três delas têm percentual superior a 25% (Florianópolis, Curitiba e Goiânia). Entre as 27 capitais de Estados brasileiros, um total de 17 podem ser consideradas desiguais (índice de Gini igual ou maior que 0,6), das quais 13 possuem mais de 20% de apartamentos. Sendo assim, as *capitais mais verticais são as mais desiguais*, o que pode indicar a necessidade de novas pesquisas para aprofundar essa correlação e entendimento dos padrões dessas capitais.

3.5 Edifícios mais altos como indicadores das cidades protagonistas

A análise dos edifícios mais altos do Brasil é importante por dois principais motivos: i) indica as regiões em que o fenômeno da verticalização ocorre com maior intensidade, ou seja, as cidades em que a altura das edificações é mais expressiva; ii) a análise temporal de sucessão dos edifícios mais altos permite identificar a dinâmica territorial de centralidade ou difusão da intensidade da verticalização, isto é, avaliar se a intensidade da verticalização ocorreu de forma difusa no território ou concentrada em cidades específicas. Para identificar os edifícios mais altos do Brasil nos diferentes períodos, foram realizados três procedimentos metodológicos: i) análise qualitativa em jornais e revistas disponíveis na *web*, utilizando como filtro de busca o período de 1º/1/2000 a 31/12/2022; ii) os resultados encontrados foram correlacionados e validados; iii) os resultados validados foram tabulados e estruturados conforme ano, altura e localização.

Quando se analisam os dez edifícios mais altos do Brasil até o ano de 2009 (Tab. 3.6), é possível estabelecer o protagonismo e a centralidade da cidade de São Paulo. Isso porque oito dos dez edifícios mais altos do País estavam localizados nessa cidade.

Já quando se avaliam os dez edifícios mais altos do Brasil no período de 2010 a 2022 (Tab. 3.7), percebe-se que a centralidade em termos de intensidade da verticalização (ou seja, concentração de edifícios mais altos) saiu de São Paulo e passou para Balneário Camboriú. Mais precisamente, sete dos dez edifícios mais altos do País estão localizados na cidade catarinense. Cabe destacar que seis desses edifícios mais altos de Balneário Camboriú foram construídos pela mesma construtora. Assim, a centralidade da cidade

Tab. 3.6 Dez edifícios mais altos do Brasil até 2009 – essa lista considerou apenas os dez maiores edifícios existentes dentro do período analisado, de 1º/1/2000 a 31/12/2009

Ano de lançamento	Cidade	UF	Altura (m)	Nome do edifício
1947	São Paulo	SP	161	Edifício Altino Arantes (Banespa)
1965	São Paulo	SP	165	Edifício Itália
1966	**São Paulo**	**SP**	**170**	**Mirante do Vale**
1982	Rio de Janeiro	RJ	164	Rio Sul Center
1997	São Paulo	SP	149	Birmann 21 (NEA – Novo Edifício Abril)
1999	São Paulo	SP	158	Centro Empresarial Nações Unidas (Cenu)
2002	São Paulo	SP	145	Sede do BankBoston
2005	São Paulo	SP	148	e-Tower
2008	São Paulo	SP	158	Parque Cidade Jardim
2009	Rio de Janeiro	RJ	146	Ventura Corporate Towers

Tab. 3.7 Edifícios mais altos do Brasil (2010-2022) – essa lista considerou apenas os dez maiores edifícios existentes dentro do período analisado, de 1º/1/2010 a 31/12/2022

Ano de lançamento	Cidade	UF	Altura (m)	Nome do edifício
2014	Balneário Camboriú	SC	177	Millennium Palace
2017	Balneário Camboriú	SC	210	Sky Tower
2018	Goiânia	GO	183	Órion Business e Health
2018	João Pessoa	PB	182	Tour Geneve
2019	Balneário Camboriú	SC	234	Infinity Coast
2020	Balneário Camboriú	SC	215	Phoenix Tower
2020	Balneário Camboriú	SC	190	Epic Tower
2020	Goiânia	GO	180	Kingdom Park Vaca Brava
2022	**Balneário Camboriú**	**SC**	**290**	**One Tower**
2022	Balneário Camboriú	SC	281	Yachthouse Residence Club

catarinense no que tange à intensidade da verticalização se deve muito à iniciativa privada, que optou em concentrar os investimentos na cidade.

Outro aspecto importante na Tab. 3.7 é que dois dos edifícios mais altos do Brasil passaram a estar localizados em Goiânia, o que pode indicar uma tendência de intensificação da verticalização nessa cidade. Por outro lado, nenhum dos edifícios mais altos no período de 2010 a 2022 está localizado no Estado de São Paulo, de forma que a expressividade do Estado em termos absolutos não acompanha a intensidade da verticalização em termos de altura dos edifícios.

Para além dos dez edifícios mais altos do Brasil até 2022, é importante observar a dinâmica de sucessão desses edifícios (Tab. 3.8). *A análise da linha do tempo permite destacar a hegemonia do Edifício Altino Arantes (que permaneceu por 18 anos como o mais alto do Brasil) e, principalmente, do Mirante do Vale, que ocupou o posto de edifício mais alto do País no período de 1966 a 2014 (48 anos).* Outro aspecto de destaque é que, entre os sete edifícios que ocuparam o posto de mais alto do Brasil até 2014, apenas dois não estavam localizados em São Paulo (Edifício A Noite e Edifício Acaiaca), fato que reforça o *protagonismo da cidade de São Paulo até o ano de 2014.*

Apesar de a análise dos edifícios mais altos compreender apenas o intervalo de 2000 a dezembro de 2022 (respeitando os períodos censitários), destaca-se que em 2024 o edifício Yachthouse tornou-se o mais alto do Brasil. Essa mudança ocorreu após a implantação de um pináculo (elemento estético na parte superior do edifício), que o fez superar a altura do edifício One Tower.

Tab. 3.8 Linha do tempo dos edifícios mais altos do Brasil até 2024

Período	Período como edifício mais alto	Cidade	UF	Altura (m)	Nome do edifício	Tempo como maior do Brasil (anos)
1924 a 2014	1924 a 1929	São Paulo	SP	50	Edifício Sampaio Moreira	5
	1929 a 1934	Rio de Janeiro	RJ	102	Edifício A Noite	5
	1934 a 1943	São Paulo	SP	106	Edifício Martinelli	9
	1943 a 1947	Belo Horizonte	MG	120	Edifício Acaiaca	4
	1947 a 1965	São Paulo	SP	161	Edifício Altino Arantes	18
	1965 a 1966	São Paulo	SP	165	Edifício Itália	1
	1966 a 2014	São Paulo	SP	170	Mirante do Vale	48
2014 a 2024	2014 a 2018	Balneário Camboriú	SC	177	Millennium Palace	4
	2018 a 2019	Goiânia	GO	183	Órion Business e Health Complex	1
	2019 a 2020	Balneário Camboriú	SC	234	Infinity Coast	1
	2020 a 2022	Balneário Camboriú	SC	281	Yachthouse Residence Club	2
	2022 a 2024	Balneário Camboriú	SC	290	One Tower	2
	2024 (atual)	Balneário Camboriú	SC	294	Yachthouse Residence Club	

Balneário Camboriú (SC), 2023
Maior intensidade da verticalização brasileira

4 TENDÊNCIAS E DESAFIOS

4.1 Tendências para os próximos dez anos

Os dados retrospectivos dos censos de 2000, 2010 e 2022 permitem analisar as tendências de verticalização urbana no Brasil. Com base nesses dados, pode-se entender o passado e o presente da verticalização, mas também fazer previsões sobre tendências da verticalização urbana nos próximos dez anos.

Essas tendências representam subsídios importantes para uma ampla gama de atores. Planejadores urbanos podem usá-las para orientar o desenvolvimento futuro e garantir a implantação das infraestruturas necessárias. Formuladores de políticas públicas podem considerar tais tendências para estabelecer regulamentos que orientem as dinâmicas de verticalização de maneira sustentável e equitativa. Além disso, investidores podem encontrar *insights* valiosos para suas decisões de investimento. Em suma, a análise das tendências de verticalização urbana fornece subsídios para pensar o futuro das cidades brasileiras de maneira informada e estratégica. Para analisar as tendências da verticalização urbana no território brasileiro, são avaliados os dados retrospectivos dos censos a fim de identificar quais cidades apresentam:

- *tendência de saturação*: são as cidades que apresentaram incremento significativo de apartamentos no período e possuem percentuais elevados desse tipo de domicílio, o que pode indicar uma tendência de saturação da verticalização (como no caso das cidades de Balneário Camboriú e São Caetano do Sul);

- *tendência de verticalização de alta intensidade*: representam as cidades que apresentaram expressivo incremento da verticalização no período e, por outro lado, ainda não possuem percentuais elevados que indiquem uma possível saturação (como as cidades de Itajaí, Camboriú, Belo Horizonte e Santo André);
- *tendência de verticalização de média intensidade*: são as cidades que apresentaram um elevado grau de verticalização associado a baixos incrementos de apartamentos no período ou que apresentaram percentual moderado de verticalização associado a elevados incrementos no percentual de apartamentos no período;
- *tendência de verticalização de baixa intensidade*: são as cidades que apresentaram percentual moderado de verticalização, mas que não tiveram incrementos expressivos de apartamentos no período;
- *tendência de não verticalização*: são as cidades que apresentaram verticalização pouco expressiva no período e tiveram incremento pouco significativo de apartamentos (reflete esse grupo a cidade de São João de Meriti).

Essa análise é importante pois fornece subsídios para pensar a verticalização dessas cidades nos próximos anos, considerando as dinâmicas ocorridas nas décadas passadas. O caso de Balneário Camboriú, como visto anteriormente, reflete essa importância. Isso porque, se por um lado esse município possui tendência de saturação, por outro as cidades de seu entorno apresentam tendência de intensificação da verticalização. Essas relações colocam cidades vizinhas em perspectivas de verticalização distintas para os próximos anos, de forma que necessitam de abordagens de planejamento que considerem tais tendências.

Ao entender melhor as tendências e as dinâmicas da verticalização, pode-se preparar as cidades brasileiras para mitigar o impacto negativo da verticalização e, assim, contribuir para a criação de cidades mais humanas e sustentáveis.

4.1.1 Cidades com tendência de saturação da verticalização

Esse grupo engloba as cidades que possuem *mais de 40% de apartamentos*. Devido aos altos percentuais já alcançados desse tipo de domicílio, essas cidades tendem a experimentar uma desaceleração na velocidade e na intensidade da verticalização na próxima década. Um exemplo notável de saturação da verticalização é a cidade de Santos, que em 2022 possuía 67,1% de apartamentos e apresentou um incremento de apenas 4,7% no período de 2000 a 2022. Apesar de os motivos dessa saturação não serem claros (falta de áreas para verticalizar ou elevada oferta de apartamentos para pouca demanda), Santos serve como um parâmetro útil para definir os percentuais esperados em decorrência do fenômeno da saturação, pois, no período analisado, foi a única cidade brasileira que indicou já estar saturada.

A identificação das cidades com tendência de saturação é crucial por duas razões principais. Em primeiro lugar, elas sinalizam áreas que, nos próximos anos, necessitarão de um planejamento cuidadoso para melhorar a qualidade desses espaços urbanos que sofreram um forte processo de verticalização nas últimas décadas. Isso envolve os desafios locais da verticalização abordados anteriormente, tais como aspectos de vitalidade urbana, preservação da paisagem e garantia do conforto ambiental. Em segundo lugar, essas cidades indicam regiões onde o mercado imobiliário, que explorou a verticalização, tende a se expandir para as cidades vizinhas. Um exemplo disso pode ser visto nas cidades do entorno de Balneário Camboriú, como já analisado. Essa expansão pode ter implicações significativas para o desenvolvimento urbano dessas cidades vizinhas, e é importante que os planejadores urbanos estejam preparados para isso.

Foram identificadas 11 cidades com tendência de saturação da verticalização, sendo cinco cidades do Sul (Florianópolis, Balneário Camboriú, Itapema,

São José e Porto Alegre), cinco do Sudeste (Viçosa, Vitória, Niterói, Vila Velha e São Caetano do Sul) e apenas uma do Nordeste (João Pessoa). Essas cidades apresentam população entre 75 mil e 1,3 milhão de pessoas e densidade demográfica do espaço urbano elevada, com média de 7.139 hab/km². É importante notar que oito das 11 cidades com tendência de saturação da verticalização são litorâneas (apenas São Caetano do Sul, Viçosa e Porto Alegre não o são), padrão que destaca a importância de pensar a singularidade da verticalização das cidades litorâneas, principalmente quando localizadas no entorno imediato dessas oito cidades.

A avaliação da realidade das cidades saturadas é crucial para entender o contexto urbano das cidades vizinhas, porque pode indicar que o entorno das cidades saturadas tende a sofrer pressão para verticalizar, como observado no caso de Balneário Camboriú. A análise aqui desenvolvida confirma aquelas feitas por Holz (2019), ao indicar uma possível saturação da verticalização na orla da cidade de Vila Velha. Segundo esse autor, no período de 2010 a 2018 percebe-se o menor incremento de edifícios altos na cidade, havendo "poucos terrenos disponíveis na quadra da orla. Isso sugere que a verticalização pode chegar a níveis máximos na ocupação do solo urbano" (Holz, 2019, p. 412).

4.1.2 Cidades com tendência de verticalização de alta intensidade

As cidades que se enquadram nessa categoria são caracterizadas por possuírem de *20% a 40% de apartamentos em 2022 e incremento acima de 10% de apartamentos no período de 2000 a 2022*. Vários fatores podem impulsionar essa tendência, incluindo o aumento da densidade populacional, a escassez de terrenos disponíveis para desenvolvimento horizontal e a pressão do mercado imobiliário.

A identificação dessas cidades e a compreensão de suas tendências de verticalização são fundamentais para o desenvolvimento de estratégias de planejamento urbano que levem em conta os desafios inerentes à verticalização. Algumas dessas estratégias podem incluir:

- *Gestão da densidade demográfica*: o controle da densidade demográfica nessas cidades é crucial para determinar a qualidade da verticalização em termos de infraestrutura. Uma densidade muito alta ou muito baixa pode sobrecarregar ou subutilizar a capacidade de suporte das infraestruturas existentes.
- *Promoção de espaços públicos abertos*: uma maior verticalização e densidade demográfica exigem uma oferta mais ampla de espaços públicos de lazer. Portanto, uma tendência de maior verticalização pode exigir que sejam reservadas áreas para parques e praças.
- *Regulamentação qualitativa da verticalização*: como será observado nos desafios enfrentados pelas três cidades mais verticais do Brasil (seção 4.2), é necessário garantir que a verticalização urbana ocorra sem prejudicar a paisagem, a vitalidade urbana, a escala humana e a insolação e ventilação dos espaços públicos e privados. Uma regulamentação qualitativa visa assegurar tais aspectos no desenvolvimento dessas cidades. Para garantir que essa perspectiva seja alcançada, torna-se fundamental a participação da comunidade nos processos de planejamento.
- *Participação da comunidade*: a intensidade da verticalização pode não estar alinhada com os desejos e os ideais da comunidade que mora nessas cidades, isso porque o mercado imobiliário exerce forte pressão nos processos de planejamento, o que segundo Villaça (2005) resulta em uma ilusão de participação, com processos participativos que ocorrem, mas que não refletem os desejos da comunidade. Nesses processos, o que não aparece pode ser maior do que aquilo que aparece. Ou seja, por vezes, o desejo de não verticalizar, por exemplo, pode ser maior que o desejo que aparece por legislações que intensificam a verticalização. Portanto, é essencial que a população seja ouvida em todas as suas esferas e estratos sociais. A decisão sobre uma regulamentação mais ou menos permissiva em termos de verticalização deve ser tomada pela comunidade,

especialmente durante os processos de elaboração dos planos diretores. A localização e a intensidade da verticalização devem ser uma decisão comunitária e coletiva.

A adoção de tais estratégias é vital para garantir que, caso as tendências se confirmem, a verticalização ocorra em sintonia com os parâmetros mínimos de garantia da qualidade do espaço urbano. Nesse sentido, *sugere-se que tais cidades adotem recuos apropriados (da ordem de H/6) e fachadas ativas e, por fim, regulem a altura permitida para as torres* (mais de dez pavimentos apenas em vias de maior gabarito que garantam a escala humana) e o embasamento (não mais que térreo mais um pavimento para não comprometer a vitalidade e os olhos da rua).

Esses são *parâmetros que permitem mitigar* a ocorrência de cânions urbanos profundos, que prejudicam o conforto ambiental dos espaços públicos e privados, possibilitando a ventilação e a insolação nos apartamentos localizados nos pavimentos mais próximos do térreo. Tais parâmetros têm origem na análise das problemáticas enfrentadas pelas três cidades mais verticais do Brasil, apresentadas em detalhes na seção 4.2. Salienta-se a importância de que tais sugestões sejam consideradas apenas caso a cidade tenha reserva de áreas verdes e abertas de lazer, oferta de equipamentos públicos de saúde e educação e oferta de infraestruturas e, por fim, comporte a densidade demográfica viabilizada por tais parâmetros. A extrapolação de tais parâmetros promove efeitos negativos no espaço urbano, muitos dos quais não será possível mitigar futuramente, como torres altas e embasamentos altos de estacionamento com paredes cegas.

Assim, é importante que os setores que desejam, promovem e pressionam por coeficientes elevados sejam identificados nos processos de revisão dos planos diretores, de forma que *os interesses privados e voláteis (construir mais a todo custo) não se sobreponham aos interesses coletivos e permanentes por espaços salubres, seguros e com vitalidade urbana*. Identificar tais atores e setores é essencial para garantir que a voz e o desejo da comunidade (moradores) não sejam abafados pela voz de investidores (que muitas vezes não residem nos locais de baixa qualidade produzidos por parâmetros urbanísticos mais permissivos).

Ao analisar as *cidades brasileiras com tendência de alta intensidade* da verticalização, identifica-se um total de 93 cidades com percentual de apartamentos entre 20% e 40% em 2022 e incremento superior a 10% no período de 2000 a 2022, das quais oito possuem menos de 20 mil habitantes e 37 possuem menos de 100 mil habitantes. Nessas cidades de pequeno porte, as dinâmicas de verticalização merecem especial atenção nos processos de planejamento urbano. Outro aspecto é que essas cidades possuem espaços urbanos com elevada densidade, sendo que 53 possuem mais de 4.000 hab/km².

A avaliação das dez cidades com maior tendência de verticalização de alta intensidade para a próxima década é importante, pois permite ilustrar o expressivo aumento de apartamentos dessas cidades no período de 2000 a 2022 (Tab. 4.1). Esse elevado incremento ocorreu em cidades de maior porte, sendo que sete delas possuem mais de 400 mil habitantes, das quais duas são metrópoles. Assim, nessas cidades, as quatro estratégias destacadas anteriormente representam desafios centrais que merecem especial cuidado. A cidade de *Valparaíso de Goiás* reflete a intensidade extrema do processo de verticalização no período de 2000 a 2022. Nesses 22 anos, a cidade saiu de um cenário de 6,7% de apartamentos em 2000 para um total de 38,9% em 2022. A velocidade desse processo de verticalização requer atenção, principalmente devido à necessidade de que ele seja acompanhado de investimentos em infraestrutura. Além disso, a legislação urbanística nessas cidades deve estar preparada para mitigar os efeitos perversos da verticalização em termos de vitalidade e conforto ambiental no espaço urbano.

4.1.3 Cidades com tendência de verticalização de média intensidade

Esse grupo é formado por dois tipos de cidades: *i) aquelas que apresentaram entre 20% e 40% de apartamentos em 2022 e incremento percentual de apartamentos inferior a 10% no período de 2000 a 2022; ii) aquelas que*

Tab. 4.1 Dez cidades brasileiras com maior tendência de verticalização de alta intensidade no período de 2022 a 2032

Cidade	Percentual de apartamentos em 2022 (%)	Incremento de apartamentos no período de 2000 a 2022 (%)	População em 2022	Densidade urbana em 2019 (hab/km²)	Hierarquia (IBGE, 2020)
Valparaíso de Goiás	38,9	32,2	198.861	6.731,9	Local
Belo Horizonte	38,8	11,8	2.315.560	8.449,7	Metrópole
Juiz de Fora	37	10,4	540.756	5.592,0	Capital regional B
Castelo	35,2	19,7	36.930	7.312,8	Centro local
Santo André	34,7	24,0	748.919	10.633,5	Local
Brasília	34,2	12,8	2.817.381	4.773,4	Metrópole nacional
Caxias do Sul	33,9	18,0	463.501	4.426,5	Capital regional B
Santa Maria	32,9	11,6	271.735	3.394,9	Capital regional C
Ribeirão Preto	32,6	16,8	698.642	4.675,6	Capital regional A
São Bernardo do Campo	32,4	14,3	810.729	9.636,6	Local

Fonte: elaborado com base em IBGE (2000, 2010, 2024).

apresentaram entre 5% e 20% de apartamentos em 2022 e incremento superior a 5% no período. Compreende, portanto, as cidades com elevados percentuais de apartamentos, mas que não apresentaram incrementos significativos no período, e as cidades com percentuais moderados de apartamentos, mas que tiveram incrementos expressivos no período.

Essas cidades tendem a se verticalizar na próxima década, entretanto de forma mais moderada devido ou ao percentual já elevado de apartamentos, ou ao baixo incremento percebido.

Foram identificadas 481 cidades com tendência de verticalização de média intensidade. Embora esse grupo apresente cidades dispersas pelas cinco Grandes Regiões brasileiras, um total de 365 cidades se concentram nas regiões Sul e Sudeste (75,88%). Já em termos de hierarquia urbana, salienta-se que, apesar de quatro metrópoles brasileiras estarem enquadradas nesse grupo (com destaque para São Paulo e Rio de Janeiro), um total de 280 cidades (58,21%) são centros locais ou municípios sem hierarquia que apenas integram arranjos populacionais. Tais aspectos indicam que as cidades com tendência de verticalização de média intensidade possuem um diversificado perfil econômico e de hierarquia urbana. Assim, a alta densidade das cidades de maior hierarquia compensa a baixa intensidade das cidades menores, o que confere a esse grupo uma densidade média de 4.133 hab/km².

4.1.4 Cidades com tendência de verticalização de baixa intensidade

Essas cidades se caracterizam por ter *entre 5% e 20% de apartamentos em relação ao total de domicílios. Além disso, apresentaram incremento de apartamentos inferior a 5% no período de 2000 a 2022*. Essa tendência pode ser compreendida por meio de diversos fatores, incluindo uma maior disponibilidade e oferta de espaços para expansão horizontal, a preferência por moradias unifamiliares e a falta de interesse do mercado imobiliário na promoção da verticalização.

A identificação e a compreensão de tais tendências de verticalização são fundamentais para o planejamento urbano dessas cidades, principalmente para nortear o processo de verticalização para as áreas urbanas mais favoráveis, de forma a preservar as paisagens existentes e tornar as infraestruturas mais eficientes. Assim, é importante destacar um duplo desafio nessas cidades: i) a necessidade de *direcionar a verticalização* para áreas onde ela traga benefícios para o espaço urbano; ii) tendo direcionado a verticalização para as áreas mais suscetíveis, cabe ao planejamento pensar em *instrumentos que garantam a qualidade urbana* dessa verticalização, fazendo com que ela ocorra sem agredir a paisagem urbana e sem prejudicar a vitalidade e a escala humana.

Ao analisar as cidades brasileiras que se enquadram nesse perfil, identifica-se um total de 320 *cidades com percentual de apartamentos entre 5% e 20%* em 2022 e que, em paralelo, apresentaram incremento de apartamentos inferior a 5% no período de 2000 a 2022. De início, observa-se que essas cidades possuem menor porte demográfico e hierarquia urbana: 82% delas possuem menos de 100 mil habitantes e apenas 15 são capitais regionais, sendo que todas as demais possuem hierarquia inferior. Quanto à densidade do espaço urbano, nota-se a presença de cidades com elevada densidade demográfica do espaço urbano, tais como Nilópolis (RJ) (12,1% de apartamentos e 15.320 hab/km²), Mutuípe (BA) (6,9% e 14.625 hab/km²), Mesquita (RJ) (9,7% e 12.084 hab/km²) e Carapicuíba (SP) (15,7% e 11.881 hab/km²). Nessas cidades, os desafios se concentram em garantir áreas livres de lazer, a exemplo de praças e parques, de forma a aliviar a pressão da elevada densidade demográfica no espaço urbano.

É importante notar que 83% dessas 320 cidades possuem menos de 10% dos domicílios do tipo apartamento, o que de fato indica uma verticalização de baixa intensidade, porém o conjunto das 320 cidades possui densidade média do espaço urbano de 3.840 hab/km². Nesse sentido, destaca-se o desafio existente para a legislação urbanística desses municípios, não apenas em termos de direcionamento da pouca verticalização, mas também no sentido de garantir que seu incremento na próxima década não comprometa a qualidade do espaço urbano.

4.1.5 Cidades com tendência de não verticalização

As cidades que tendem à não verticalização são caracterizadas por um percentual de apartamentos inferior a 5% em 2022 e pelo crescimento modesto no número de apartamentos entre 2000 e 2022, com taxas de incremento inferiores a 5%. Dessa maneira, isso *não significa que não possuem verticalização, mas que tendem a não ter a forma urbana verticalizada como a mais expressiva*, mantendo estável essa realidade na próxima década.

Esse grupo representa de forma majoritária as cidades brasileiras de menor hierarquia urbana e de menor porte em termos demográficos – das 4.664 cidades desse grupo, um total de 4.209 são centros locais (menor hierarquia) ou cidades que apenas integram arranjos populacionais e não possuem hierarquia. Já em termos populacionais, das 4.664 cidades, um total de 3.485 possuem menos de 20 mil habitantes, e apenas 20 cidades possuem mais de 100 mil habitantes. Entretanto, esse grupo também engloba as cidades de maior porte que apresentam processos singulares de desenvolvimento, como São João de Meriti (440 mil habitantes, com alta densidade demográfica e baixa verticalização). Sendo assim, as cidades desse grupo são, em sua maioria, pouco populosas e com baixa hierarquia urbana, tendendo a não apresentar dinâmicas urbanas intensas, nem problemas ou potenciais para o seu desenvolvimento urbano.

Em síntese, *83,7% das cidades brasileiras tendem a se desenvolver de forma horizontal na próxima década*. Essa constatação indica a importância de pensar o padrão de desenvolvimento dessas cidades, principalmente no que se refere a expansão urbana e densidade demográfica. As cidades com tendência à não verticalização apresentam desafios e oportunidades distintos. Quando a não verticalização está associada a processos de adensamento urbano, pode ser necessário um foco maior na provisão de espaços verdes e de lazer, como parques e praças. Por outro lado, se a não verticalização está ligada a baixas densidades populacionais e um aumento significativo da população, isso pode indicar processos de expansão urbana horizontal, o que pode resultar em maior pressão sobre o meio ambiente e aumento dos custos de gestão e manutenção da infraestrutura urbana.

4.1.6 Verticalização nas regiões metropolitanas

A análise das tendências morfológicas das cidades brasileiras para a próxima década trouxe importantes indicativos. Se por um lado são encontradas apenas 11 cidades com tendência de saturação do espaço urbano, por outro 83,7% das cidades brasileiras tendem a se desenvolver de forma horizontal. Diante de tais indicativos, o planejamento urbano deve considerar os desafios que a forma urbana verticalizada (e a não verticalizada) representa para as cidades brasileiras na próxima década. Isso porque, ao mesmo tempo que a verticalização indica desafios em termos de vitalidade urbana, paisagem, segregação social e conforto ambiental, a forma urbana horizontal representa desafios em termos de densidade demográfica, custo de gestão das infraestruturas e espraiamento urbano.

Um aspecto importante quando se analisam as tendências de verticalização das cidades brasileiras (Tab. 4.2 e Fig. 4.1) se refere às redes urbanas das regiões metropolitanas. São nessas regiões que a verticalização ocorre de forma mais intensa e com problemas mais acentuados. De acordo com a Constituição Federal de 1988, as regiões metropolitanas são recortes instituídos por Lei Complementar Estadual, sendo "constituídas por agrupamentos de municípios limítrofes, para integrar a organização, o planejamento e a execução de funções públicas de interesse comum" (Brasil, 2015). Destacam-se a seguir três importantes regiões metropolitanas considerando as singularidades que apresentam quanto à verticalização urbana.

A *Região Metropolitana de São Paulo (RMSP)* tem 20.731.920 habitantes (IBGE, 2024), sendo o maior polo econômico do País e a principal região da Macrometrópole Paulista (MMP). Essa região possui 39 cidades que se estruturam em torno da cidade de São Paulo, a maior metrópole brasileira. Assim, é a região metropolitana mais complexa e diversificada no âmbito econômico do Brasil, sendo que seu PIB de 1,06 trilhão de reais correspondia em 2015 a aproximadamente 54% do PIB estadual e 18% do PIB nacional (Emplasa, 2019).

Segundo a publicação *Metrópoles sustentáveis – Cidadãos mais felizes*, elaborada pelo Governo do Estado de São Paulo e pela Fundação Instituto de Pesquisas Econômicas (Fipe) em 2022, essa é a principal aglomeração urbana da América do Sul (São Paulo; Fipe, 2022). No âmbito da habitação, a RMSP engloba aproximadamente 47% de todos os domicílios do Estado de São Paulo, mas também concentra 52% do déficit habitacional e 53% dos domicílios inadequados do Estado (São Paulo; Fipe, 2022).

A RMSP se desenvolveu a partir de um padrão de espraiamento urbano, pautado pelo alto volume diário de viagens e pela insuficiência do transporte coletivo, principalmente para atender às áreas mais periféricas. O espraiamento da mancha urbana resultou em um padrão de concentração populacional simultaneamente nas áreas periféricas e centrais, com diferentes padrões de forma urbana, sendo "muito mais verticalizado no centro, enquanto na periferia há presença de grandes conjuntos habitacionais e ocupação horizontal em loteamentos

Tab. 4.2 Quantidade de cidades brasileiras conforme o tipo de tendência de verticalização

Tipo de tendência de verticalização	Percentual de apartamentos em 2022 (%) e incremento de apartamentos no período de 2000 a 2022 (%)	Quantidade de cidades em 2022 por tipo
Saturação	> 40	11
Alta intensidade	20 a 40 e > 10	93
Média intensidade	20 a 40 e < 10 ou 5 a 20 e > 5	481
Baixa intensidade	5 a 20 e < 5	320
Não verticalização	< 5 e < 5	4.664

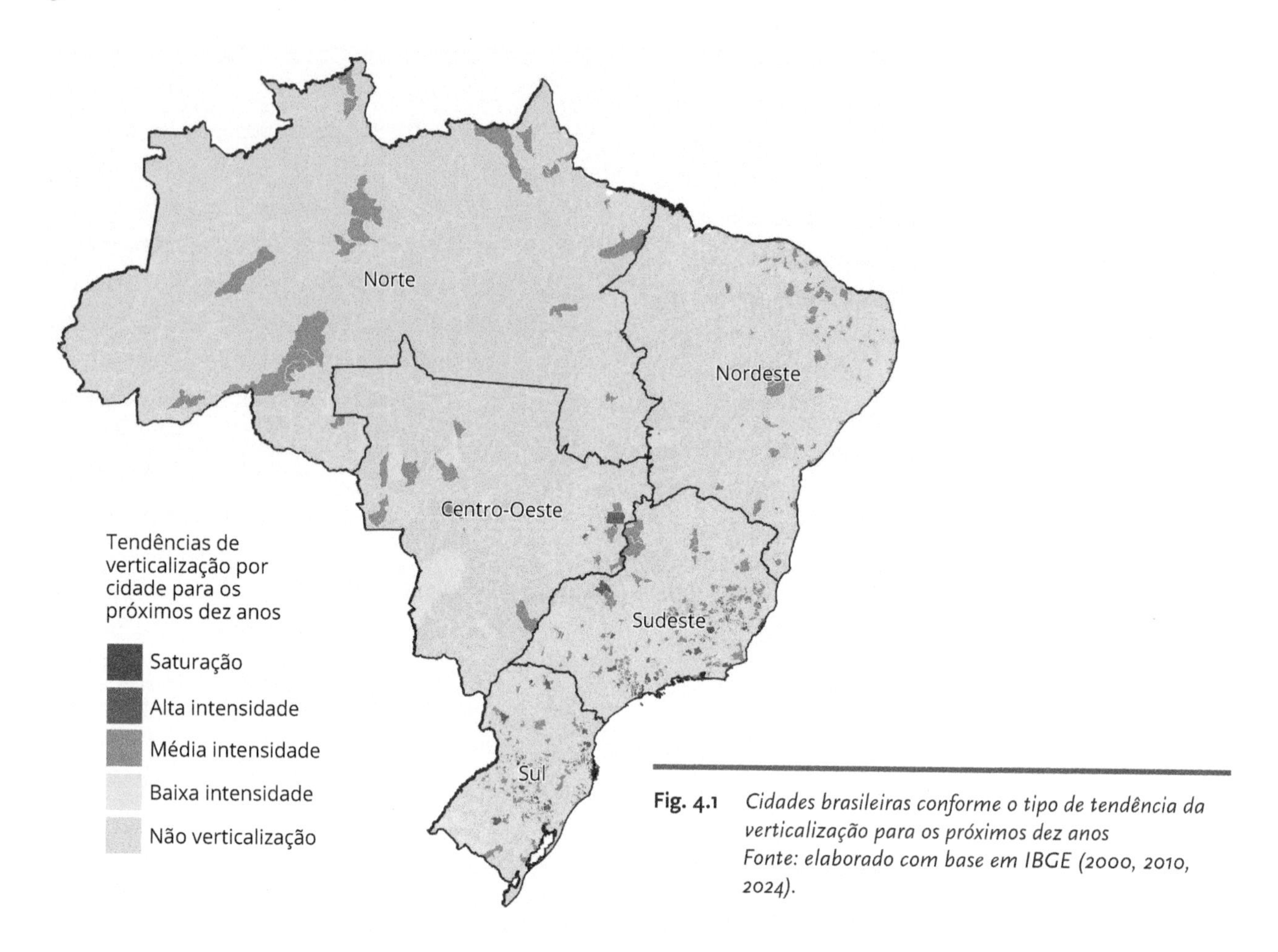

Fig. 4.1 *Cidades brasileiras conforme o tipo de tendência da verticalização para os próximos dez anos*
Fonte: elaborado com base em IBGE (2000, 2010, 2024).

com terrenos de pequenas dimensões" (São Paulo; Fipe, 2022, p. 138).

Em termos de verticalização, essa região possui sozinha um total de 19% de todos os apartamentos brasileiros em 2022 (um total de 2.085.871), o que demonstra o peso da forma urbana verticalizada nas cidades que compõem essa região metropolitana. Ao observar como essa verticalização se concentra em uma mesma mancha urbana (Fig. 4.2), destaca-se, por um lado, a centralidade da cidade de São Paulo associada aos municípios mais próximos de São Caetano do Sul, Santo André, Diadema, Taboão da Serra, Osasco, Guarulhos e São Bernardo do Campo e, por outro, os municípios mais periféricos de Carapicuíba, Barueri, Cotia, Suzano e Mogi das Cruzes.

Uma crítica constante na literatura indica os desafios tanto do espraiamento da mancha urbana quanto da verticalização, que elevam o custo de gestão das infraestruturas e acentuam os desafios relativos à mobilidade. Essa crítica é grifada por Somekh (2015) quando aponta que a expansão da verticalização de São Paulo pela RMSP produziu espaços verticalizados, espraiados e sem densidade. Apesar de essa problemática do espraiamento urbano da RMSP ser histórica, ela tende a permanecer, o que representa um dos principais desafios para as cidades dessa importante região brasileira. Quando se observam as tendências para os próximos dez anos, identifica-se que as cidades que configuram centralidades mais periféricas são as que possuem maiores tendências de verticalização de média e alta intensidade (Fig. 4.3). Essa verticalização espraiada resulta em efeitos diretos nas dinâmicas urbanas, principalmente na mobilidade, sendo imperativo que o planejamento da RMSP trabalhe para mitigar os efeitos negativos dessa tendência.

Por fim, pode-se destacar esse espraiamento ao analisar a concentração de domicílios, aqui sendo considerados todos os tipos de domicílios, por setores censitários (IBGE, 2024). A análise por setor

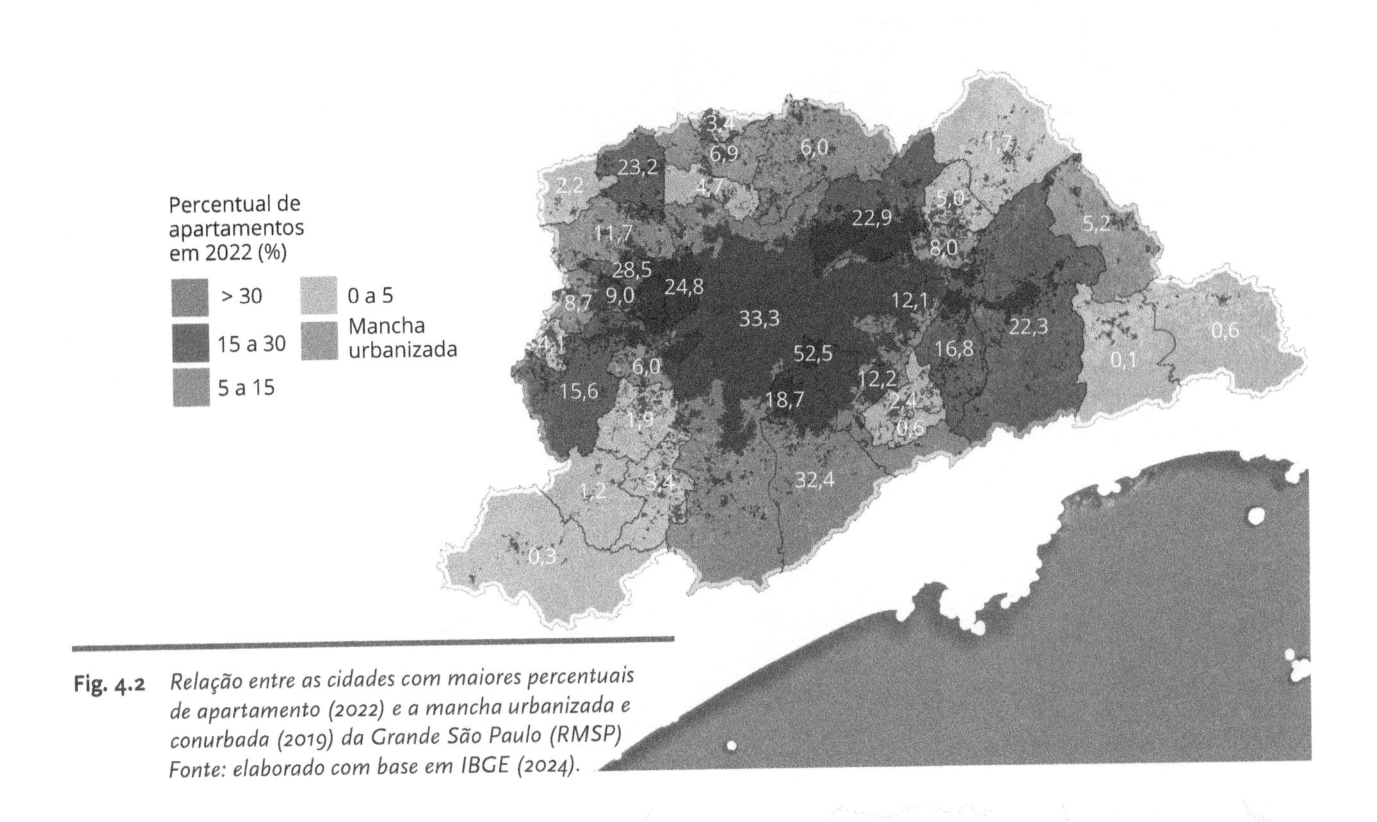

Fig. 4.2 *Relação entre as cidades com maiores percentuais de apartamento (2022) e a mancha urbanizada e conurbada (2019) da Grande São Paulo (RMSP)*
Fonte: elaborado com base em IBGE (2024).

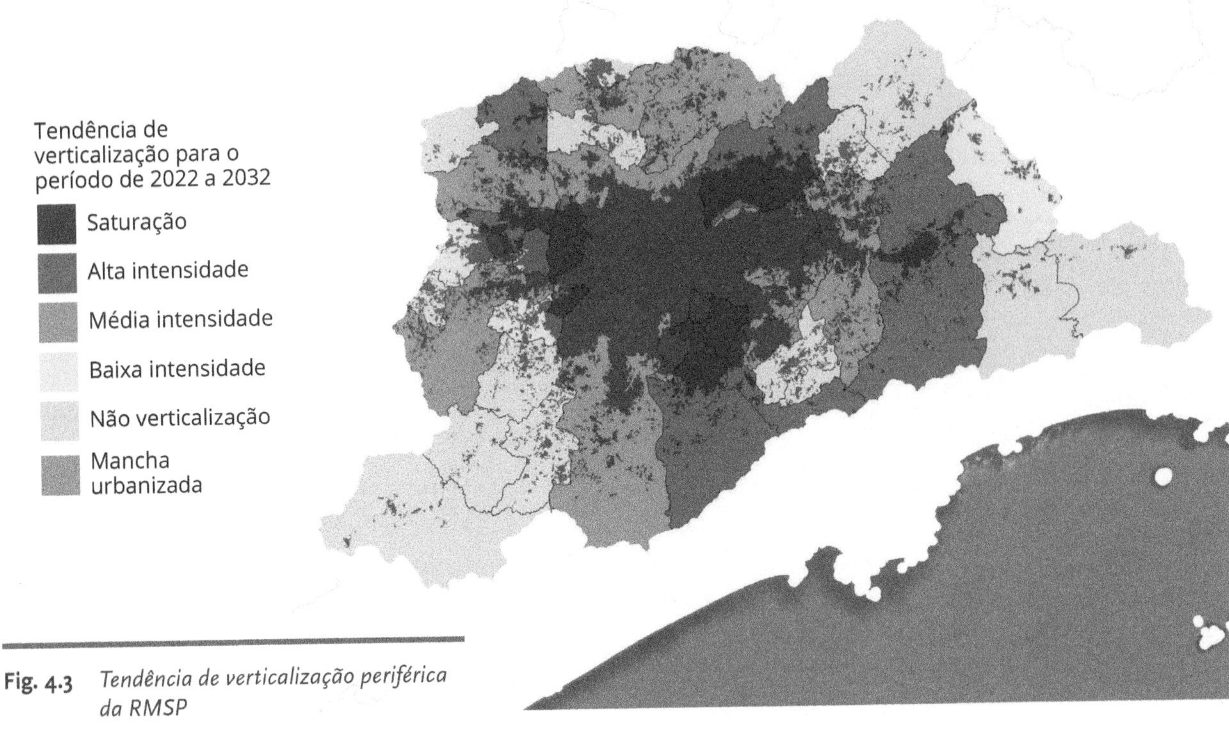

Fig. 4.3 *Tendência de verticalização periférica da RMSP*

censitário permite identificar como a concentração de domicílios opera dentro dos limites municipais, o que indica a elevada dispersão das concentrações de domicílios dentro da cidade de São Paulo. Outro aspecto importante são as áreas com poucas concentrações de domicílios formadas entre São Paulo e as cidades de Osasco, São Bernardo do Campo e Guarulhos, justamente aquelas com elevada verticalização e tendência de verticalização (Fig. 4.4).

Ao ampliar a análise para a Região Metropolitana

Fig. 4.4 *Concentração de domicílios na RMSP, com destaque para as áreas com pouca concentração, o que demonstra o espraiamento da mancha urbana e a maior necessidade de deslocamentos*
Fonte: elaborado com base em IBGE (2024).

da Baixada Santista (RMBS), é possível perceber os elevados percentuais de apartamentos da mancha urbana de Santos e das cidades vizinhas de Cubatão, São Vicente e Praia Grande (Figs. 4.5 e 4.6). Apesar da já elevada verticalização, nota-se uma tendência de intensificação de tal fenômeno nessas cidades vizinhas, nesse caso vinculada tanto à atratividade da orla quanto à saturação da verticalização de Santos.

A *Região Metropolitana do Rio de Janeiro (RMRJ)*, popularmente conhecida como Grande Rio, representa outra importante região, pois é a segunda maior do País, formada por 22 cidades (Petrópolis foi incorporada em 2018) que contabilizam juntas um total de 12,2 milhões de pessoas e 1,2 milhão de apartamentos. Segundo o Plano Estratégico de Desenvolvimento Urbano Integrado da Região Metropolitana do Rio de Janeiro (2018), a região configura o segundo maior polo econômico do País, com um PIB de 400 bilhões de reais, perdendo apenas para a RMSP.

Assim como na RMSP, a região da Grande Rio apresenta expressivo processo de expansão urbana. Mais precisamente, uma média de 32 km² por ano (Rio de Janeiro, 2018), o que evidentemente compromete a mobilidade urbana e a capacidade de gestão e manutenção das infraestruturas. Por outro lado, essa expansão representa oferta de áreas com custos mais acessíveis (principalmente se comparados com os das habitações verticalizadas em áreas mais centrais), o que reduz a tendência de verticalização dessa região metropolitana. De tal modo, apesar de as cidades do Rio de Janeiro e de Niterói apresentarem elevados percentuais de apartamento em relação ao total de domicílios, essa realidade não é observada nos demais municípios, demonstrando uma baixa intensidade da verticalização (Fig. 4.7).

Apesar da pujança econômica, assim como na RMSP, a região da Grande Rio apresenta um padrão de ocupação e expansão que pressiona e exclui as populações de baixa renda para as regiões mais periféricas, fruto da ausência de políticas públicas e da forte pressão da especulação imobiliária. De tal forma, a região é marcada por uma expressiva presença de áreas periféricas de baixa renda pautadas pela informalidade e pela autoconstrução.

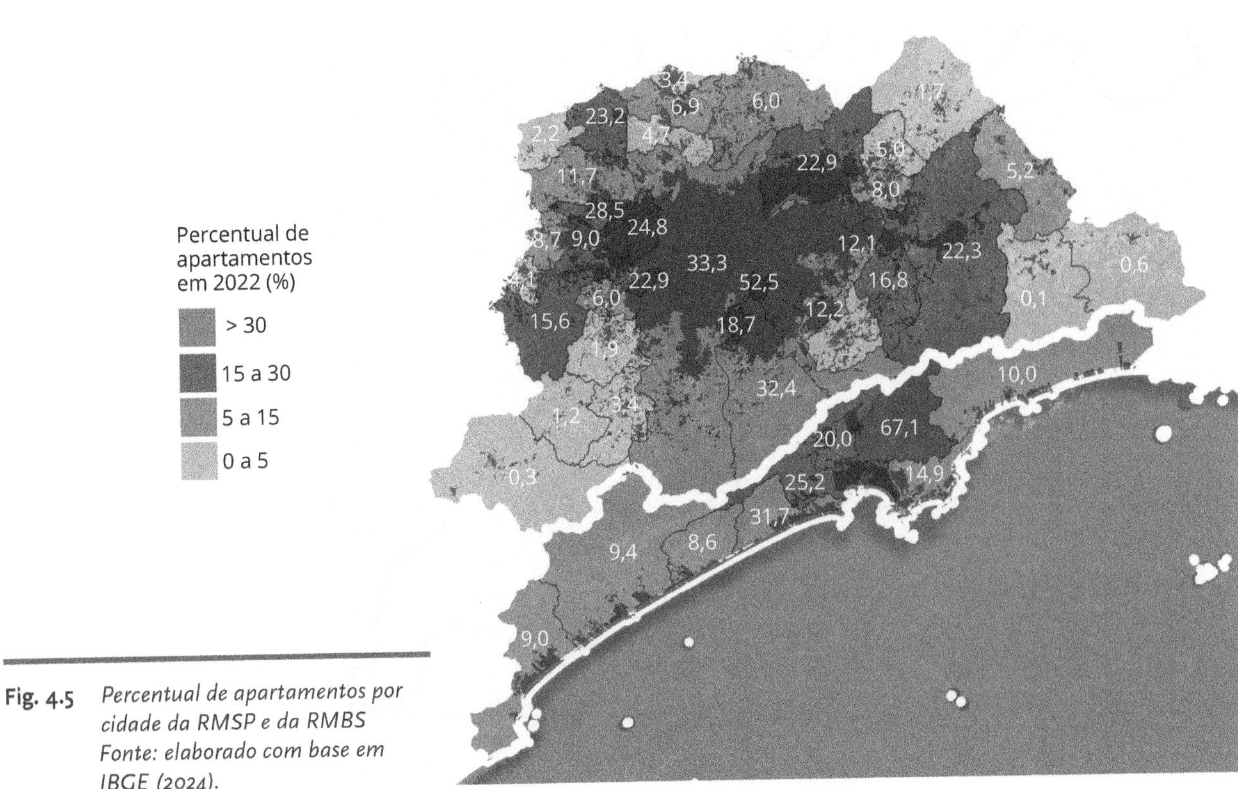

Fig. 4.5 *Percentual de apartamentos por cidade da RMSP e da RMBS*
Fonte: elaborado com base em IBGE (2024).

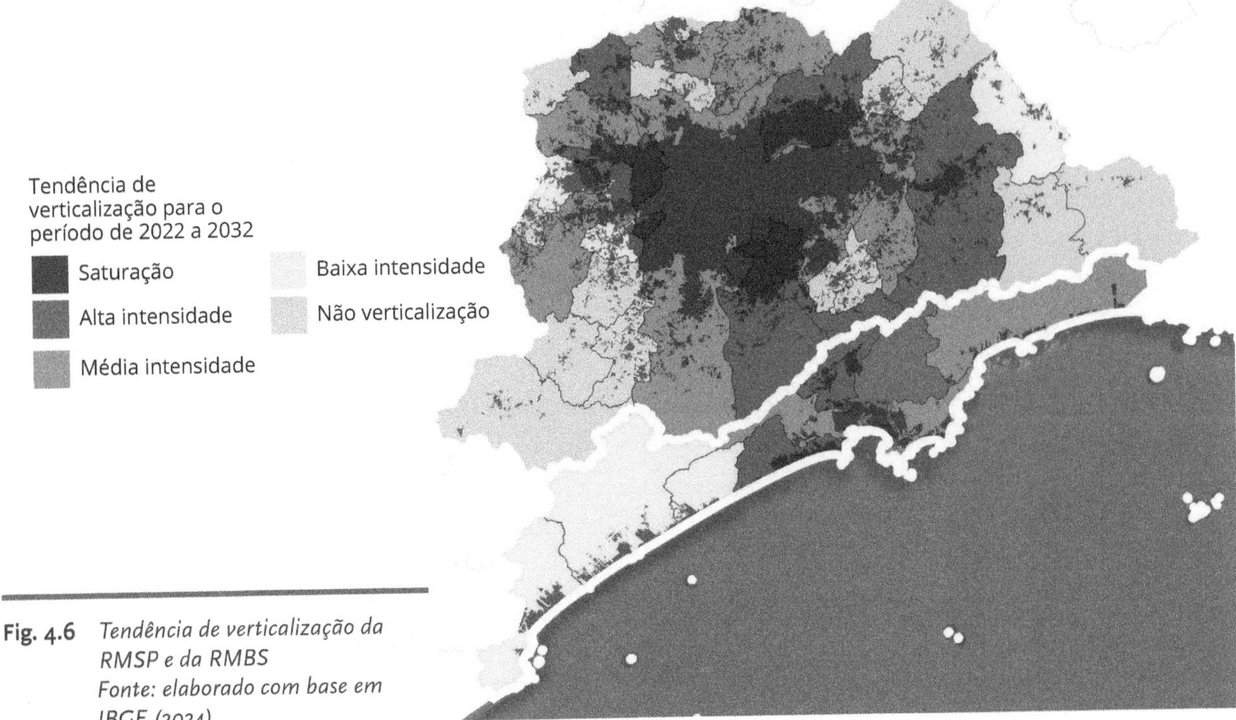

Fig. 4.6 *Tendência de verticalização da RMSP e da RMBS*
Fonte: elaborado com base em IBGE (2024).

A concentração de domicílios da RMRJ, informação obtida por setores censitários (IBGE, 2024), indica as áreas onde há maior concentração de domicílios e que, portanto, tendem a ser mais verticais. Apesar de a concentração de domicílios não ser tão espraiada (como visto na RMSP), ela coincide com as áreas com melhores Índices de Urbanização e Renda (IUR) mapeadas pelo Instituto de Pesquisa Econômica Aplicada (Ipea) em 2017 (Urzedo Júnior; Castro, 2017) (Fig. 4.8). Nesse sentido, a verticalização mate-

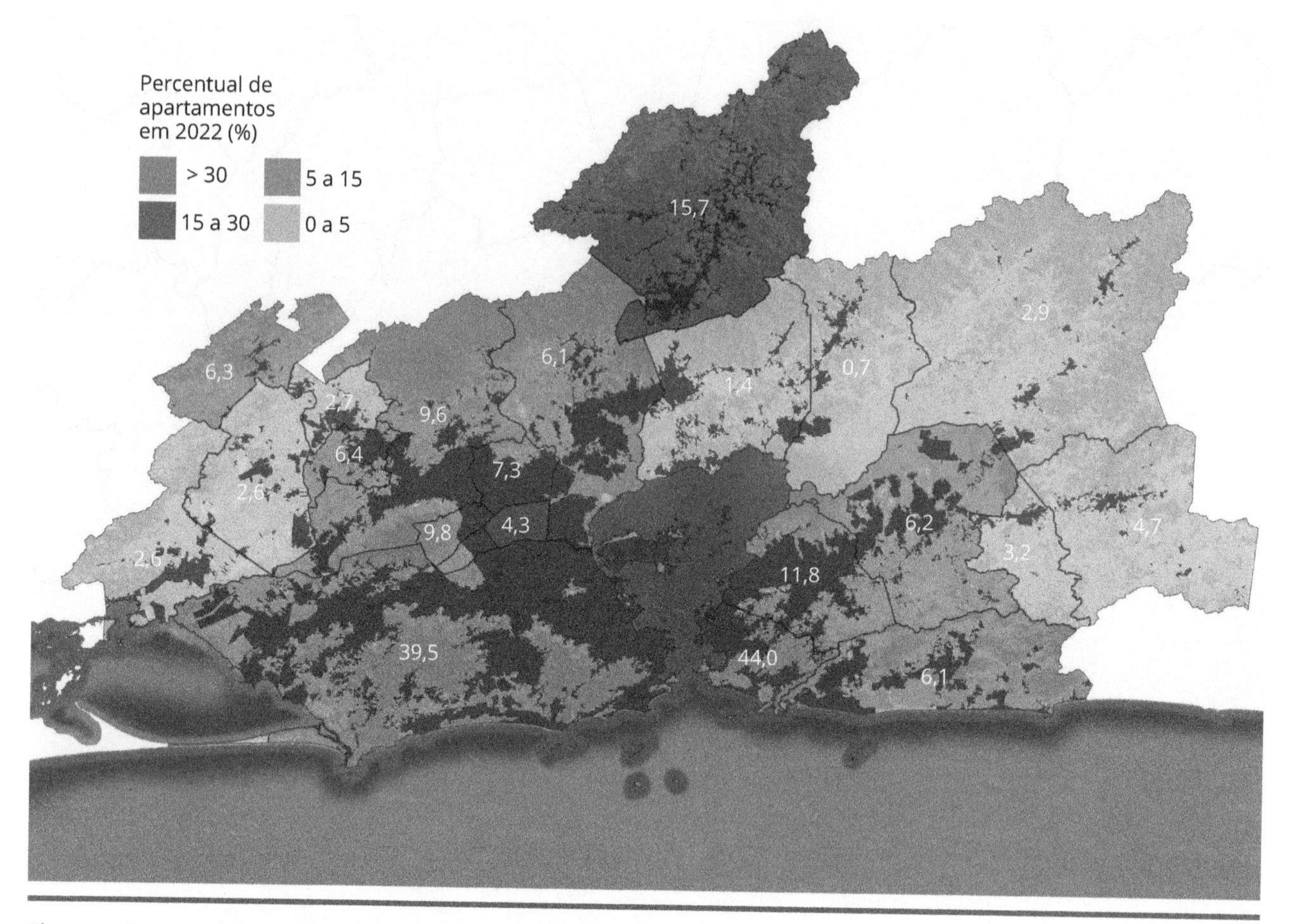

Fig. 4.7 *Percentual de apartamentos nas 22 cidades da RMRJ*
Fonte: elaborado com base em IBGE (2024).

rializa o abismo social brasileiro, com uma forma urbana acessível para os poucos que possuem renda para dela usufruir. Como efeito, a RMRJ apresenta, por um lado, um padrão de ocupação verticalizado e elitizado nas áreas centrais e, por outro, um padrão de ocupação horizontal nas periferias, resultado do deslocamento das populações de baixa renda.

Embora a RMRJ seja a segunda maior região metropolitana do País, ela não apresenta uma intensidade de verticalização que corresponde à intensidade de suas dinâmicas urbanas em termos de densidade demográfica e dinâmicas econômicas. Nesse contexto, apesar da tendência de saturação de Niterói, não há na região cidades com tendência de verticalização de alta intensidade (Fig. 4.9). Com exceção de três cidades com tendência de verticalização de média intensidade (Rio de Janeiro, Belford Roxo e Itaboraí), todas as demais 18 cidades possuem tendência de verticalização de baixa intensidade (nove cidades) ou de não verticalização (nove cidades). De tal modo, essa região tem um duplo desafio em relação à verticalização: i) controlar o intenso espraiamento urbano, que compromete as infraestruturas e a capacidade de mobilidade; ii) tornar a forma urbana vertical acessível nas áreas centrais, onde há infraestrutura consolidada.

Por fim, realiza-se uma breve análise da *Região Metropolitana da Foz do Rio Itajaí (RMFI)*, da qual fazem parte as cidades de Balneário Camboriú e Itapema. Apesar de essa região metropolitana não ser uma das maiores do País, no que diz respeito à verticalização ela merece destaque. Isso porque todas as suas cidades têm elevados percentuais de apartamentos e, em projeção para os próximos dez anos, possuem média ou alta tendência de verticalização, sendo que *Balneário Camboriú e Itapema já apresentam tendência de saturação* (Fig. 4.10). Além da expressiva intensidade da verticalização, essa região reflete a

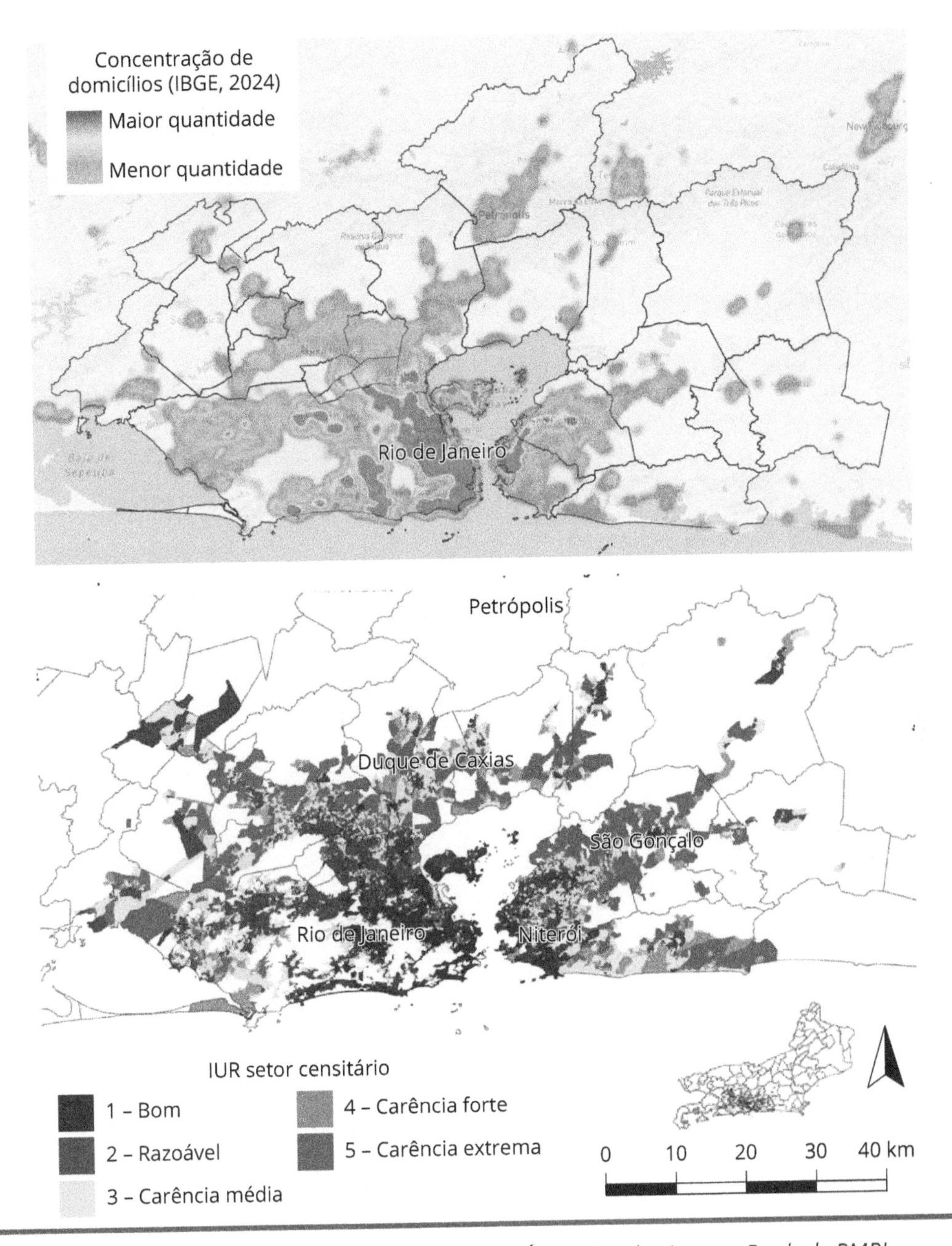

Fig. 4.8 *Mapa de calor com a concentração de domicílios e mapa de Índice de Urbanização e Renda da RMRJ*
Fonte: elaborado com base em IBGE (2024) e Ipea (Urzedo Júnior; Castro, 2017).

realidade de muitas cidades brasileiras litorâneas que lidam com o desafio de oferecer capacidade de suporte para a elevada população flutuante nas temporadas de verão, quando as praias se tornam atrativos de destaque. De tal modo, esses municípios litorâneos tendem a ter um maior percentual de domicílios vagos ou de uso ocasional para atender à população flutuante.

Quanto a esse aspecto, no ano 2000, a cidade de Balneário Camboriú possuía 49,8% de todos os seus domicílios vazios ou com uso ocasional, número reduzido para 32% em 2022. Apesar dessa diminuição, o percentual apresentado em ambos os censos é expressivo. Essa realidade é encontrada também em Itapema (46,5% de domicílios não ocupados em 2022), Balneário Piçarras (48,46%), Penha (41,7%), Navegantes (28,3%), Porto Belo (34,2%) e, por fim, *Bombinhas, com expressivos 62% de domicílios não ocupados (mas com uma tendência de verticalização de alta intensidade).* As cidades de Itajaí e Camboriú são exceções, com

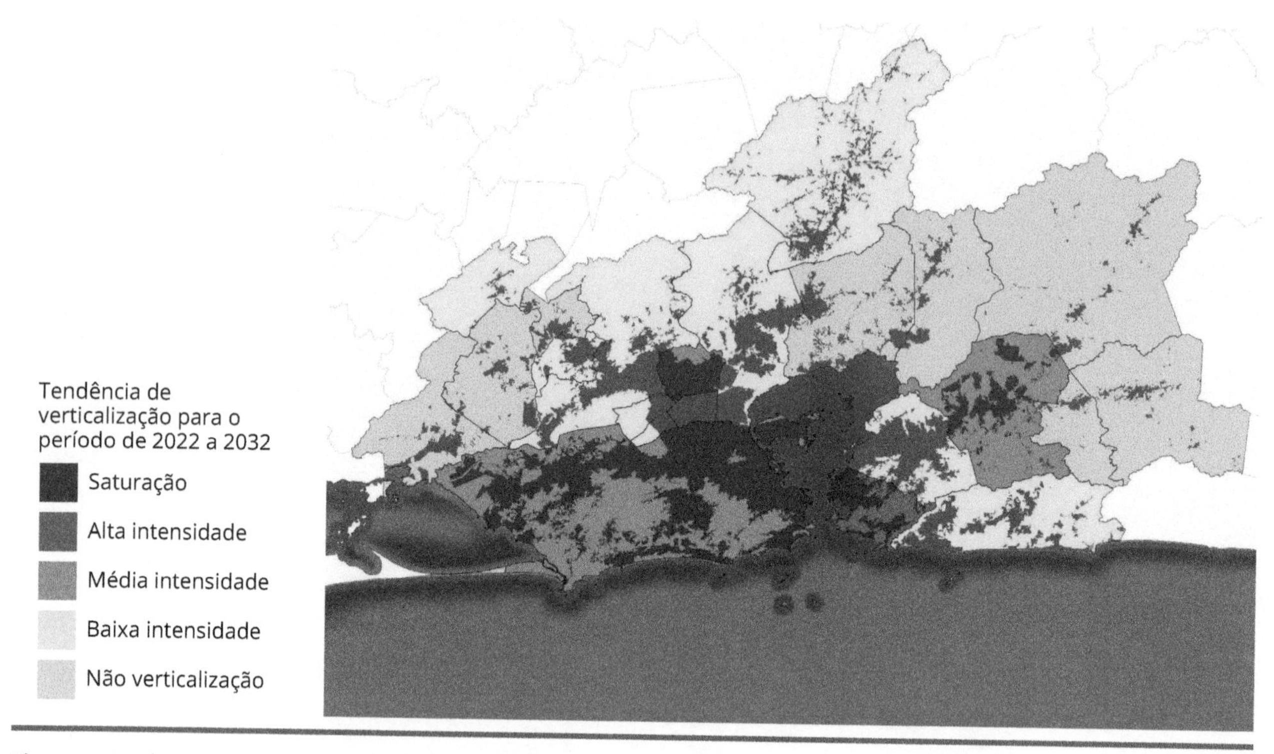

Fig. 4.9 *Tendência da verticalização nas 22 cidades da RMRJ*

apenas 12% e 11,9% de domicílios vazios, respectivamente, ambas vizinhas de Balneário Camboriú, o que pode indicar um deslocamento pendular entre essas cidades.

Por fim, o leitor é convidado a navegar na plataforma *cidadesverticais.com.br*, na qual poderá visualizar os dados referentes às dinâmicas de verticalização de sua cidade, além de encontrar a tendência de verticalização dela para os próximos dez anos.

4.2 Desafios locais da verticalização

Em um país de dimensões continentais como o Brasil, é natural que a verticalização urbana gere uma ampla gama de efeitos locais conforme as particularidades dos diferentes padrões de desenvolvimento e ocupação. Nesse contexto, uma análise das três cidades mais verticais do Brasil em termos de percentuais de apartamentos (Santos, Balneário Camboriú e São Caetano do Sul) é útil, pois indica os efeitos mais extremos que esse fenômeno pode acarretar nas demais cidades, tanto para o espaço urbano quanto para a qualidade edilícia dos apartamentos que produz. Embora cada cidade tenha suas particularidades, os desafios observados nessas cidades mais verticais tendem a se manifestar, em maior ou menor grau, em outras cidades que também passam por processos de verticalização.

Para avaliar de forma qualitativa os principais desafios da verticalização nessas três cidades, a análise foi estruturada e centrada em quatro principais perspectivas: i) vitalidade urbana; ii) conforto ambiental; iii) infraestrutura, densidade e segregação espacial; iv) linha de horizonte e paisagem.

Salienta-se que não se pretende desenvolver aqui uma análise detalhada e complexa de tais temáticas, mas sim indicar ao leitor os principais tópicos ou aspectos que devem ser observados no campo do planejamento quando se pensa nos efeitos locais da verticalização urbana, principalmente nas cidades mais verticalizadas ou com tendência de intensificação da verticalização.

4.2.1 Vitalidade urbana, fachada ativa e os olhos da rua

Uma das principais críticas à verticalização urbana reside em sua desconsideração da escala humana,

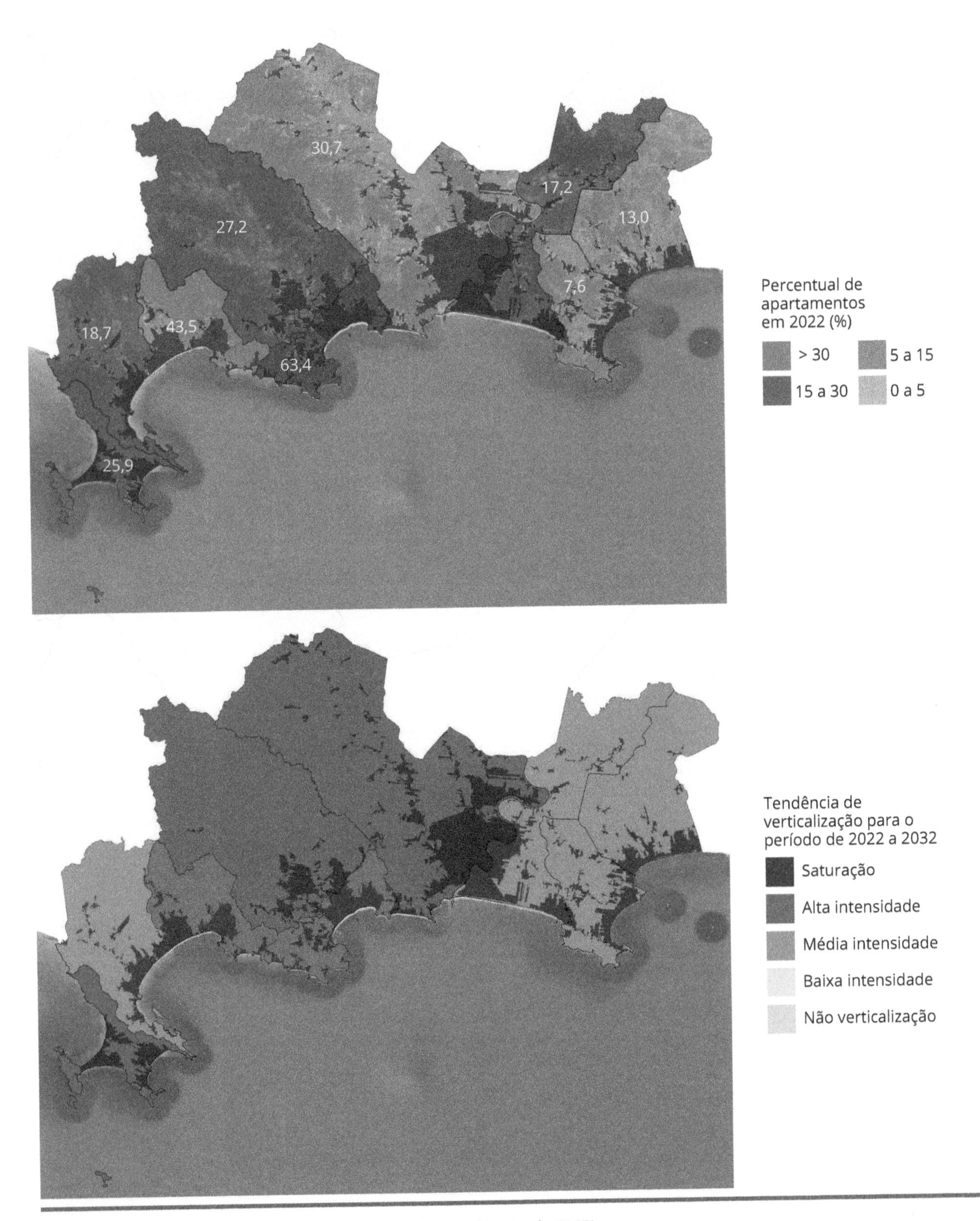

Fig. 4.10 *Percentual de apartamentos e tendência de verticalização da RMFI*
Fonte: elaborado com base em IBGE (2024).

percepção essa que ganhou notoriedade global no livro *Cidades para pessoas*, de Jan Gehl (2013). Isso porque a verticalização urbana pode resultar em edificações e espaços que perdem a proporção da escala humana e, como efeito, podem comprometer a essência da cidade de melhorar o espaço para as pessoas.

Essa crítica é certeira quando se pensa na relação entre as edificações e a rua, considerando a relação com a rua tanto no nível do térreo quanto nos pavimentos superiores dos edifícios. Segundo Gehl (2013), a partir do oitavo pavimento a interação das pessoas passa a ser com os aviões. Com essa metáfora, o autor enfatiza que a partir desse gabarito já não há mais possibilidade de interação entre as pessoas que estão na rua e as que estão nos edifícios.

Outro conceito importante na relação entre verticalização e vitalidade urbana é a ideia de *olhos da rua*, apresentada por Jane Jacobs (2000) quando se refere à centralidade das pessoas na segurança e na vitalidade urbana. Segundo esse conceito, os edifícios devem ser pensados levando em conta a relação que estabelecem com a rua, sendo necessário que estejam preparados para receber pessoas que não residem no local de forma segura tanto para os moradores quanto para os visitantes (Jacobs, 2000). Assim, é recomendável que os edifícios não tenham paredes "cegas" que impeçam a interação entre os moradores e as pessoas que caminham pelas ruas. O conceito de olhos da rua é fundamental para entender a segurança e a vitalidade urbana através de uma vigilância social natural. Jacobs (2000) argumenta que as calçadas e os espaços públicos são mais seguros quando há uma presença constante de pessoas. Esses "olhos", que podem ser tanto de moradores observando das janelas de suas casas (e aqui entra a relação com a verticalização) quanto de transeuntes nas ruas, criam um ambiente de supervisão informal que desencoraja atos criminosos.

Segundo Jacobs (2000), para que as ruas sejam seguras, é necessário que ocorra diversidade de usos, fachadas ativas que permitam a observação constante da rua e um fluxo contínuo de pessoas. Essa autora defende que uma mistura de usos em diferentes horários do dia contribui para ruas mais seguras e vibrantes. A diversidade de espaços permite que diferentes atividades ocorram, atraindo uma variedade de pessoas e mantendo uma presença constante de "olhos" que observam a rua, o que naturalmente desencoraja ações ilegais e aumenta a sensação de segurança. Essa perspectiva é importante pois estabelece uma crítica à construção tanto de edifícios isolados quanto de edifícios com uso único, que negam a interação com a rua e, por consequência, impactam negativamente na vitalidade urbana. A ideia de Jacobs (2000) é que uma cidade segura é criada menos pela polícia e mais por uma rede complexa de interações sociais e comportamentos espontâneos que promovem a segurança coletiva.

O conceito de olhos da rua é utilizado por programas de segurança comunitária conhecidos como *Vizinhança Solidária* (São Paulo) ou *Rede de Vizinhos* (Santa Catarina), que, apesar de focarem a segurança, com a participação da comunidade para tornar a vizinhança informada sobre eventos que fogem da rotina, também reforçam o senso de pertencimento e o estreitamento de relações sociais entre vizinhos. Esses programas não pretendem agir na forma urbana, ou seja, eles atuam apenas na vizinhança estabelecida, ao aproximarem as pessoas por meio da estruturação de grupos e lideranças e pela proximidade de tais grupos com a polícia.

De tal modo, a ideia de olhos da rua deve ser compreendida de forma ampliada mediante três aspectos principais: i) redes de vizinhança solidária, em que os "olhos" da vizinhança ampliam a visão das instituições de segurança pública; ii) ampliação das dinâmicas urbanas: a existência de mais pessoas trocando olhares e interagindo implica mais trocas sociais, culturais e econômicas; iii) necessidade de planejamento: deve-se pensar em instrumentos urbanos que tornem possíveis as formas urbanas que amplificam os efeitos dos olhos da rua. Assim, destaca-se a necessidade de esse conceito ser mais explorado no planejamento da forma urbana (com efeitos diretos na forma urbana verticalizada) e na gestão urbana (ao possibilitar redes solidárias de vizinhança que transformam a dimensão social da cidade).

A ideia de vizinhança configura outro conceito importante quando se pensa nos efeitos da verticalização no espaço urbano. Aqui cabe mencionar a recente publicação da ONU Habitat intitulada

My Neighborhood (*Minha vizinhança*), de autoria de Anastasia Ignatova (2024). Apesar da positiva atualização conceitual oferecida nessa publicação, a ideia de unidade de vizinhança não é recente, tendo surgido no início do século XX com as ideias de Clarence Perry. Assim, tanto na perspectiva inicial de Perry quanto na recente de Ignatova, a concepção de vizinhança visa resgatar a escala humana e a vitalidade do espaço urbano, com especial enfoque nas pessoas, na caminhabilidade e no espaço público.

Ao destacar a importância de alcançar cidades compactas, conectadas, vibrantes, inclusivas e resilientes, a ideia de vizinhança de Ignatova reforça as ideias de Jacobs e Gehl de escala humana e vitalidade. Mais precisamente, para Ignatova (2024), no quesito de vizinhança, a verticalização pode propiciar principalmente cidades compactas e vibrantes. Entretanto, para que isso aconteça, a verticalização deve ser equilibrada não só com aspectos inerentes à sua própria ocorrência, como fachadas ativas, usos mistos e diversidade social, mas também com dinâmicas sociais e ambientais mais amplas, como arborização urbana, ampliação dos espaços de praças e parques, controle do espraiamento urbano e infraestruturas adequadas.

Assim, a forma como a verticalização urbana se desenvolve pode possibilitar mais "olhos para a rua" (crítica de Jacobs quanto à vitalidade), mais "olhos para os aviões" (crítica de Gehl à escala humana) e mais "vizinhanças amigáveis" (abordagem de Ignatova). Não se trata, portanto, de encarar a verticalização como um processo negativo ou positivo na cidade, mas sim de entender que a maneira como ela é trabalhada pode promover a vitalidade e a segurança ou amplificar problemas de segurança e falta de vitalidade.

Tendo estabelecido a importância de tais conceitos e relações, passa-se a avaliar a verticalização das três cidades mais verticais do Brasil pela perspectiva da vitalidade, da escala humana e dos olhos da rua. De início, destaca-se a verticalização de Balneário Camboriú e a proximidade dos efeitos negativos que produz com as críticas de Gehl e Jacobs (Fig. 4.11).

Fig. 4.11 *Falta de escala humana e vitalidade na verticalização de Balneário Camboriú*
Fonte: elaborado com base em Google Earth (2024).

Embora a verticalização dessa cidade gere efeitos positivos de vitalidade nas vias de maior porte, nas de menor porte produz seus efeitos negativos mais intensos.

Dessa maneira, a forma como a verticalização ocorre dentro de uma cidade é muito diversificada. Mesmo quando se analisa a verticalização dentro de uma mesma quadra, é possível observar exemplos distintos e simetricamente opostos em termos de vitalidade e escala humana. A Fig. 4.12 traz dois efeitos distintos da verticalização em uma mesma quadra de Balneário Camboriú, com dois extremos simetricamente opostos no que se refere a escala humana, vitalidade e olhos da rua. Portanto, apesar dos efeitos perversos que a verticalização pode resultar, cabe destacar que o problema não é a verticalização *per si*, mas sim a forma e a lógica com que ela é pensada, promovida e implantada.

Assim, salienta-se que tanto Balneário Camboriú quanto Santos e São Caetano do Sul apresentam, em maior ou menor grau, discrepâncias espaciais no aspecto qualitativo do espaço urbano. Mais precisamente, enquanto as vias de maior hierarquia tendem a exibir uma qualidade superior de calçada, fachadas ativas, mobiliário urbano e vitalidade, as vias de menor hierarquia tendem a não ter nem mesmo

Fig. 4.12 *Diferença na relação entre verticalização e espaço público em uma mesma quadra de Balneário Camboriú*
Fonte: Google Earth (2024).

calçada acessível. Nesse cenário, os problemas da verticalização são agravados pela falta do mínimo para as pessoas, que é espaço suficiente e acessível para caminhar.

A falta de escala humana, apresentada nas Figs. 4.11 e 4.12, deve ser compreendida também pela perspectiva da fachada ativa. No livro *A cidade ao nível dos olhos*, Karssenberg *et al.* (2015) discutem o papel das fachadas e das formas dos edifícios como elementos geradores ou inibidores de vitalidade. A partir da ideia de Plinth, a fachada ativa pode ser compreendida como a fachada dos edifícios que estabelece diálogos de vitalidade com os espaços públicos da rua.

Entre os diversos aspectos que conferem vitalidade para as fachadas, é possível destacar cinco principais (Karssenberg *et al.*, 2015): i) estabelecer usos e atividades no térreo que possibilitem trocas entre público e privado, tais como áreas comerciais, gastronômicas e de lazer; ii) garantir pé-direito mínimo de 4 m no térreo, de forma a criar espaços amplos e convidativos; iii) assegurar ao menos uma entrada na edificação a cada 10 m de calçada; iv) garantir valores de aluguel baixos para possibilitar atividades em espaços pequenos, com maior diversidade de usos e opções (grandes espaços tendem a tornar o térreo monótono e com pouca diversidade de atrativos); v) estabelecer relação entre as linhas de fachada dos diferentes edifícios, de tal maneira que gere continuidade no caminhar e na atenção das pessoas.

A fachada ativa é, portanto, um dos principais aspectos que podem influenciar o entendimento da verticalização como positiva ou negativa em termos de vitalidade urbana. Os desafios de vitalidade e escala humana encontrados em Balneário Camboriú também podem ser observados em Santos (em menor intensidade) e em São Caetano do Sul, sendo neste último caso com mais baixa intensidade devido à maior dispersão da verticalização e à presença de vias com maior gabarito. Nas três cidades, os efeitos negativos da verticalização são amplificados por falhas na escala humana, ausência de fachadas ativas e falta de interação entre moradores de apartamentos e pedestres (neste caso, de forma mais grave em Balneário Camboriú em virtude da intensidade e da concentração da verticalização).

No que diz respeito à escala humana, Balneário Camboriú se destaca como a cidade que mais se distancia dela, enquanto São Caetano do Sul e Santos demonstram um processo de verticalização com edifícios de menor altura em vias de maior gabarito, o que resulta em uma verticalização com menor distanciamento da escala humana (Fig. 4.13).

4.2.2 Cânions urbanos: implicações na vitalidade e no conforto

Uma das implicações mais perceptíveis e intensas da verticalização no clima das cidades é aquela referente à temperatura, à velocidade e à direção do vento nas áreas urbanas, que repercute no conforto ambiental tanto dos espaços públicos quanto dos espaços privados (casas, apartamentos, comércios etc.). Tal efeito pode ser percebido por meio da ideia de *cânions urbanos*, que avalia a relação entre a rua e uma sequência de edificações altas perfiladas. A estrutura morfológica dos cânions pode ser

Fig. 4.13 *Desafios de escala humana e vitalidade em (A) Santos e (B) São Caetano do Sul Fonte: Google Earth (2024).*

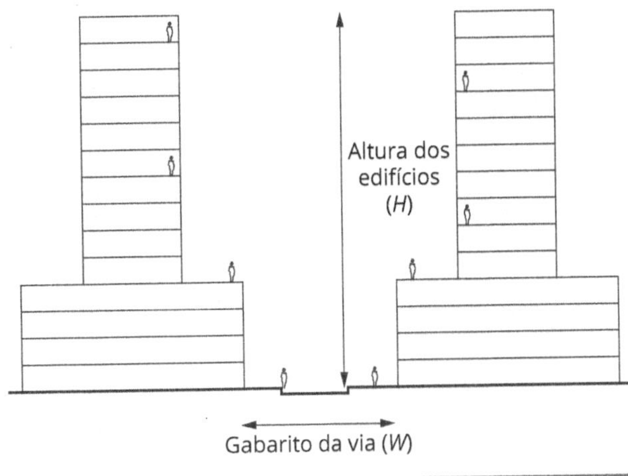

Fig. 4.14 *Estrutura morfológica dos cânions urbanos, com a relação entre altura dos edifícios* (H) *e gabarito da via* (W)

compreendida a partir da relação entre duas alturas (H) formadas pelos edifícios e uma superfície horizontal (W) formada pela rua (Fig. 4.14), de maneira a estabelecer a relação H/W (Aguiar *et al.*, 2017).

De acordo com Lemos, Barbosa e Lima (2022, p. 3), a relação entre as edificações e a rua pode ser estabelecida pelo conceito de *fator de visão do céu (sky view factor* – SVF), que "é definido como a percentagem do céu que pode ser vista a partir de um determinado ponto de análise; esse fator é usado para estimar como a morfologia limita a incidência solar". Um aspecto importante desse conceito, atrelado aos cânions urbanos, é que, se por um lado um maior SVF pode implicar maior incidência de radiação, por outro um menor SVF em cânions urbanos profundos pode intensificar o efeito de *ilhas de calor* (ou seja, áreas da cidade em que a temperatura é mais elevada em decorrência do padrão de ocupação e da forma urbana), pois dificulta a dispersão da energia térmica acumulada durante o dia (Lemos; Barbosa; Lima, 2022). Tais conceitos tornam evidente como a forma e a intensidade da verticalização podem resultar em mudanças na temperatura e na ventilação do espaço urbano, com impacto direto também no conforto e na salubridade dos espaços internos dos edifícios.

Os cânions urbanos podem ser classificados de acordo com a relação entre a dimensão dos edifícios e a dimensão da rua. Por exemplo, uma rua estreita com torres altas em ambos os lados delimita cânions urbanos profundos, enquanto uma rua larga com edificações baixas não configura cânions. Segundo Vardoulakis *et al.* (2003), existem três principais tipos de cânions (Fig. 4.15): i) *avenida de cânions*, quando a proporção entre altura das edificações e largura da rua é inferior a 0,5, com a presença pontual de edifícios altos não perfilados; ii) *cânions regulares*, quando a proporção é próxima de 1; iii) *cânions profundos*, quando a proporção é superior a 2. Além disso, podem ser classificados, de acordo com a relação entre comprimento (*L*) da rua afetada pelo cânion e altura (H) dos edifícios, em cânion curto (*L/H* próximo de 3), médio (*L/H* próximo de 5) e longo (*L/H* próximo de 7).

Os cânions provocam diferentes efeitos na qualidade do espaço urbano, sendo possível destacar dois principais: i) *efeito aprisionamento*: quando a forma do cânion urbano dificulta a dispersão de radiação e a ventilação (Vardoulakis *et al.*, 2003; Ghiaus *et al.*, 2006), há a ampliação dos efeitos de *ilhas de*

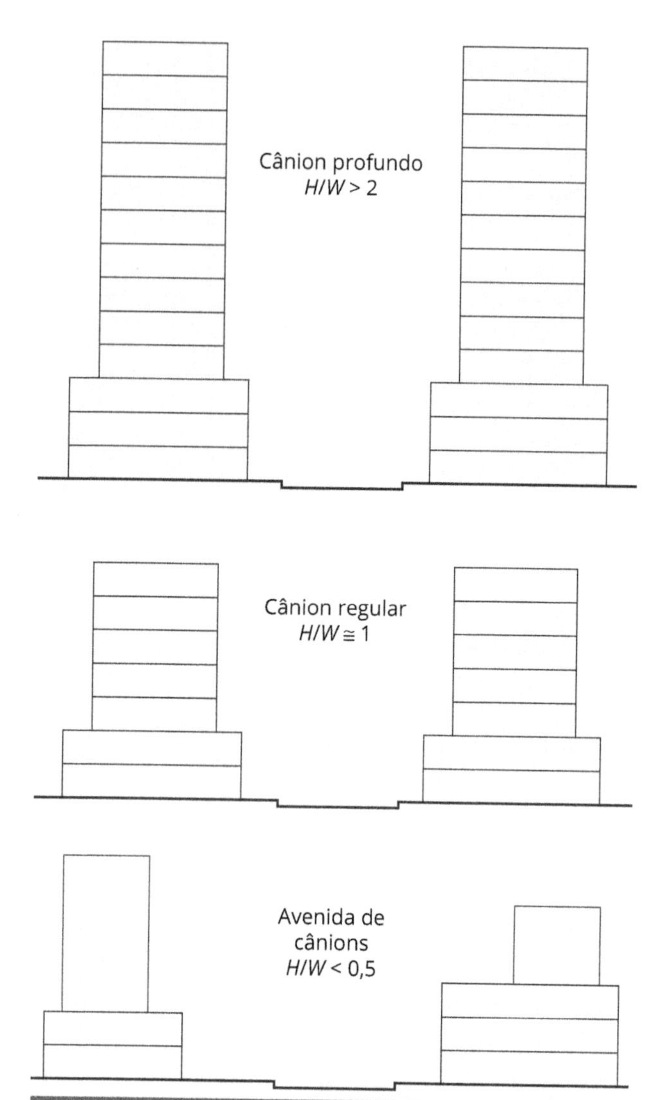

Fig. 4.15 *Intensidade dos cânions urbanos segundo Vardoulakis* et al. *(2003)*

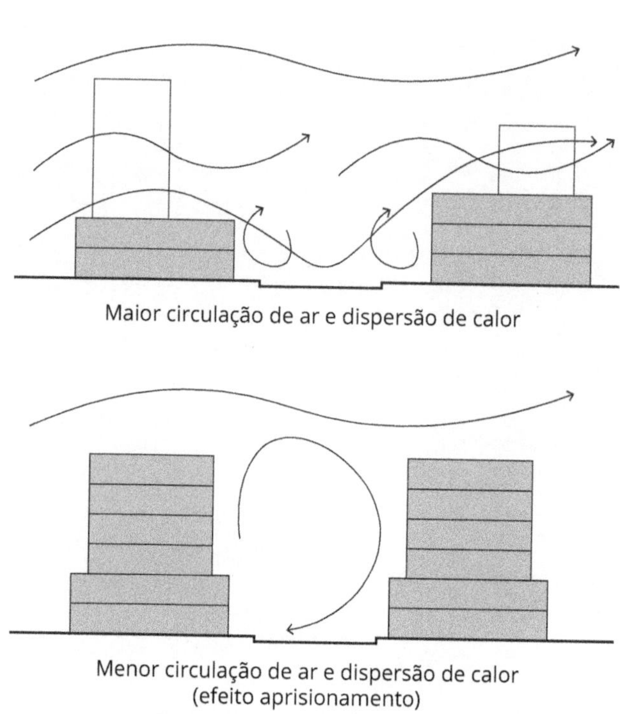

Fig. 4.16 *Fluxo de ar nos cânions e efeito aprisionamento*
Fonte: elaborado com base em Vardoulakis et al. *(2003) e Ghiaus* et al. *(2006).*

calor, como já mencionado (Fig. 4.16); ii) *efeito corredor*: quando a forma dos cânions urbanos se encontra alinhada com a direção da ventilação predominante na cidade, as edificações direcionam e tornam os ventos mais intensos, formando os *corredores de vento*, o que pode ser benéfico para evitar o aprisionamento de radiação, mas também pode ser prejudicial para a qualidade urbana, principalmente nos períodos de chuva e inverno, quando a ventilação excessiva pode ser prejudicial.

Além do impacto nos aspectos inerentes ao conforto ambiental, convém destacar o impacto negativo dos cânions também na escala humana. Nesse sentido, analisa-se de forma qualitativa a realidade nas três cidades mais verticais do Brasil, a fim de identificar a existência e a intensidade dos cânions urbanos. Isso é importante pois o espaço urbano pode ter uma elevada concentração de apartamentos dispostos em edifícios mais baixos, de até cinco pavimentos (com cânions de baixa intensidade), ou em edifícios mais altos, acima de 15 pavimentos (com cânions de alta intensidade). Assim, a análise dos cânions urbanos permite estabelecer o tipo de verticalização que ocorre nessas cidades. Para tal análise, foi utilizada a ferramenta Google Earth, especialmente as funcionalidades Street View e exibição das construções em três dimensões, esta última apenas para as cidades de Santos e São Caetano do Sul (a funcionalidade não está disponível para Balneário Camboriú).

De início, percebe-se o distanciamento de São Caetano do Sul em relação a Santos e Balneário Camboriú. Enquanto as cidades litorâneas apresentam cânions profundos (resultado da concentração vinculada à orla), São Caetano do Sul possui uma verticalização mais dispersa, sendo que há poucas edificações perfiladas lado a lado que conformam cânions (Fig. 4.17). Os cânions urbanos identificados

Fig. 4.17 *Padrão da verticalização dispersa de São Caetano do Sul e presença de cânions regulares curtos*
Fonte: elaborado com base em Google Earth (2024).

em São Caetano do Sul podem ser enquadrados como regulares ou pouco profundos. Esse aspecto ocorre por dois motivos: i) as edificações altas existentes são, majoritariamente, de 15 a 20 pavimentos; ii) as vias possuem gabarito mais amplo, o que contribui para mitigar o efeito de cânions.

Já nos casos de Balneário Camboriú e Santos, a presença de cânions é mais recorrente e intensa. Nessas cidades, é fácil encontrar cânions classificados como profundos (Figs. 4.18 e 4.19). Entretanto, a profundidade dos cânions de Santos é menor que a de Balneário Camboriú, principalmente porque a concentração de edifícios altos é mais expressiva em Balneário Camboriú e o gabarito das vias é maior em Santos. Nesse sentido, a necessidade de repensar os recuos e a relação entre verticalização e espaços públicos é maior em Santos e Balneário Camboriú do que em São Caetano do Sul.

A formação dos cânions urbanos depende integralmente da legislação urbanística em termos das alturas e dos recuos permitidos. Assim, enquanto as cidades de Balneário Camboriú (Lei nº 2.794, de 2008, alterada em 2018) e Santos (Lei nº 1.187, de 2022) permitem edificações com altura livre e recuos mínimos, a cidade de São Caetano do Sul (Lei nº 6.178, de 2023) permite uma altura máxima de 120 m com recuos mais controlados. A legislação mais permissiva encontrada nas três cidades, aliada aos processos e padrões de desenvolvimento desses locais, explica a alta intensidade e o impacto desse fenômeno no espaço urbano.

Os recuos entre as edificações podem amplificar ou mitigar a intensidade dos cânions urbanos e seus efeitos. Entre os principais padrões de recuos utilizados, destacam-se dois recorrentes e de suma importância (Fig. 4.20): i) *recuo em relação à altura*: os famosos H/8 (ou H/6), em que o recuo é resultado da altura da edificação dividida por um coeficiente (normalmente 8 ou 6); ii) *recuo em relação a um ponto de interesse*: normalmente aplicado em cidades litorâneas, em que o interesse é a garantia de sol na praia, esse recuo é conhecido como *cone de sombreamento* e tem como objetivo garantir uma insolação mínima em uma área específica durante um determinado período do dia. Além de permitir mitigar os efeitos negativos da verticalização no espaço urbano, essas

Fig. 4.18 *Cânions profundos de Santos*
Fonte: elaborado com base em Google Earth (2024).

Fig. 4.19 *Cânions profundos de Balneário Camboriú na perspectiva do pedestre*
Fonte: Google Earth (2024).

duas estratégias de recuo visam garantir a salubridade da cidade, ou seja, que as construções e as ruas recebam o mínimo de insolação e ventilação. A estratégia de recuo em relação à altura é especialmente importante nas legislações urbanísticas que não possuem um limite de altura expresso. Isso porque, quanto maior a altura do edifício, maior o recuo exigido, de forma que a partir de determinada altura o recuo se torna tão expressivo que inviabiliza a construção.

Ao analisar a realidade das três cidades mais verticais do País, nota-se que as duas cidades litorâneas não utilizam o cone de sombreamento para garantir insolação mínima na areia da praia. A ausência de regulamentação que vise garantir o sol na praia privatiza o bônus da supervalorização nas quadras com frente para o mar e socializa o ônus, com o Poder Público tendo que arcar com os custos para alargamento da faixa de areia, por exemplo.

Além do gasto de dinheiro público para resolver um problema que poderia ter sido mitigado, destaca-se que a ideia de alargamento das praias pode não resolver integralmente o problema. Essa situação pode ser observada na cidade de *Piçarras (SC)*, cidade vizinha de Balneário Camboriú, que passou por processo de alargamento das faixas de areia nos anos de 1998, 2008 e 2012. Sem resolver o problema nos três alargamentos realizados, a cidade lançou edital para um novo processo de alargamento em 2024. Sendo assim, além da implantação dos cones de sombreamento, as cidades litorâneas devem direcionar energia e atenção para os planos de gestão costeira, com destaque para a preservação e

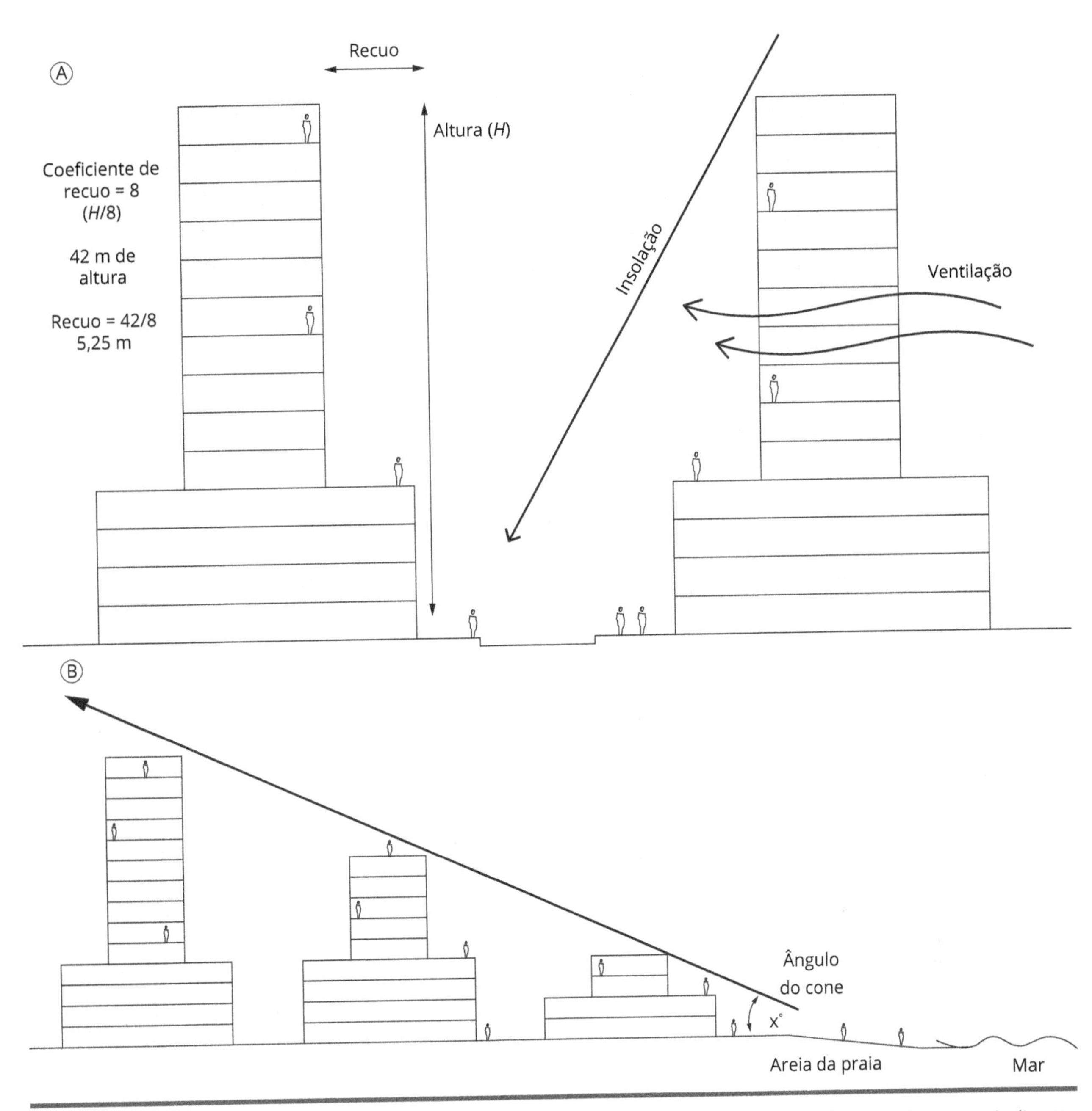

Fig. 4.20 *(A) Recuo em relação à altura e (B) cone de sombreamento, estratégias para mitigar os efeitos negativos da verticalização no espaço urbano*

a promoção das faixas de restinga (aspecto importante para mitigar processos erosivos e garantir a dimensão das faixas de areia).

É fundamental que o planejamento urbano das cidades litorâneas priorize mecanismos que assegurem uma insolação mínima em suas faixas de areia. Uma vez que as causas (verticalização da orla) e os efeitos (falta de insolação mínima na faixa de areia) já são conhecidos, não pode ser admissível que a gestão e o planejamento permitam que o bônus de setores específicos prevaleça e gere ônus ao erário público. A essência do planejamento urbano é justamente oposta: prever os possíveis problemas urbanos e direcionar o desenvolvimento para evitá-los ou mitigá-los.

Nesse contexto, cabe ressaltar a cidade de *João Pessoa*, que institui em seu Plano Diretor uma faixa de 500 m a partir da faixa de areia para preservar a orla marítima da cidade, tendo como base o artigo 223 da Constituição Federal, que estabelece o lazer como uma forma de promoção social que requer atenção especial do Estado. Além disso, a própria lei orgânica do município define a zona costeira como patrimônio ambiental, cultural, paisagístico, histórico e ecológico.

Como efeito do planejamento urbano praticado em João Pessoa, é possível notar que a verticalização se desenvolve plenamente, mas em áreas que não impactam a orla. Essa perspectiva é reforçada quando se nota que a cidade apresenta *41,3% de domicílios do tipo apartamento em 2022, tendo um expressivo incremento de 28,3% de 2000 a 2022*. Assim, o cone de sombreamento não pode ser compreendido como um mecanismo que neutraliza ou reduz a verticalização urbana, mas sim como uma importante estratégia de desenvolvimento e direcionamento da verticalização. Ou seja, *o cone de sombreamento permite o desenvolvimento da verticalização, mas preserva a paisagem e a orla das cidades litorâneas*. Mais precisamente, o cone possibilita o surgimento de arranha-céus, mas sem que essa tipologia comprometa o potencial econômico, turístico e ambiental da orla. Os efeitos morfológicos dessa abordagem podem ser observados na Fig. 4.21, que evidencia o espaço urbano produzido pelo cone de sombreamento em João Pessoa.

Apesar da boa relação entre orla e verticalização, a realidade do espaço verticalizado de João Pessoa deve ser avaliada também pela relação com a escala humana e os demais aspectos inerentes.

Em termos dos *recuos das edificações*, a única das três cidades analisadas que utiliza o recuo em relação à altura é Santos, que adota o coeficiente de 10 (H/10), permitindo coeficiente de até 15 nos usos residenciais (o que implica recuos super-reduzidos). No caso de São Caetano do Sul, os recuos são fixos, ou seja, não se alteram conforme a altura da edificação. A estratégia de fixá-los em 4 m ou 5 m pode comprometer tanto a qualidade do espaço público, no que se refere a insolação e ventilação, quanto a qualidade das unidades habitacionais, principalmente das residências que ficam mais próximas do térreo e podem não receber insolação mínima no inverno, produzindo espaços insalubres.

No caso de Balneário Camboriú, os recuos (ou a falta deles) configuram os principais responsáveis

Fig. 4.21 *Morfologia da cidade de João Pessoa promovida pelo cone de sombreamento, exemplo de boa relação entre orla e verticalização*
Fonte: elaborado com base em Google Earth (2024).

por permitir a construção dos edifícios mais altos do Brasil. Isso porque os recuos são calculados pelo número de pavimentos (com o acréscimo de 20 cm no recuo por pavimento), mas são limitados em 5 m. Ou seja, independentemente da altura do edifício, o recuo máximo é mantido em 5 m. Essa estratégia possibilita, por exemplo, que duas torres residenciais com 280 m de altura sejam construídas com aproximadamente 10 m de distância entre elas, que é o caso do Edifício Yachthouse.

Assim, percebe-se que a realidade das três cidades mais verticais do País é muito semelhante no que diz respeito a recuos: todas elas permitem a construção de edifícios altos com pouco recuo. O efeito direto dessa verticalização é, evidentemente, a construção de edifícios altos. Entretanto, destaca-se que os efeitos indiretos são mais impactantes que a própria altura dos edifícios, ou seja, espaços sem escala humana e com baixa qualidade edilícia nos aspectos de ventilação e insolação (Fig. 4.22). Ao observar tais recuos, pode-se ressaltar, novamente, que o bônus da verticalização é privatizado pelos que constroem mais (devido à legislação permissiva), enquanto o ônus é socializado, comprometendo a qualidade do espaço urbano em termos de vitalidade.

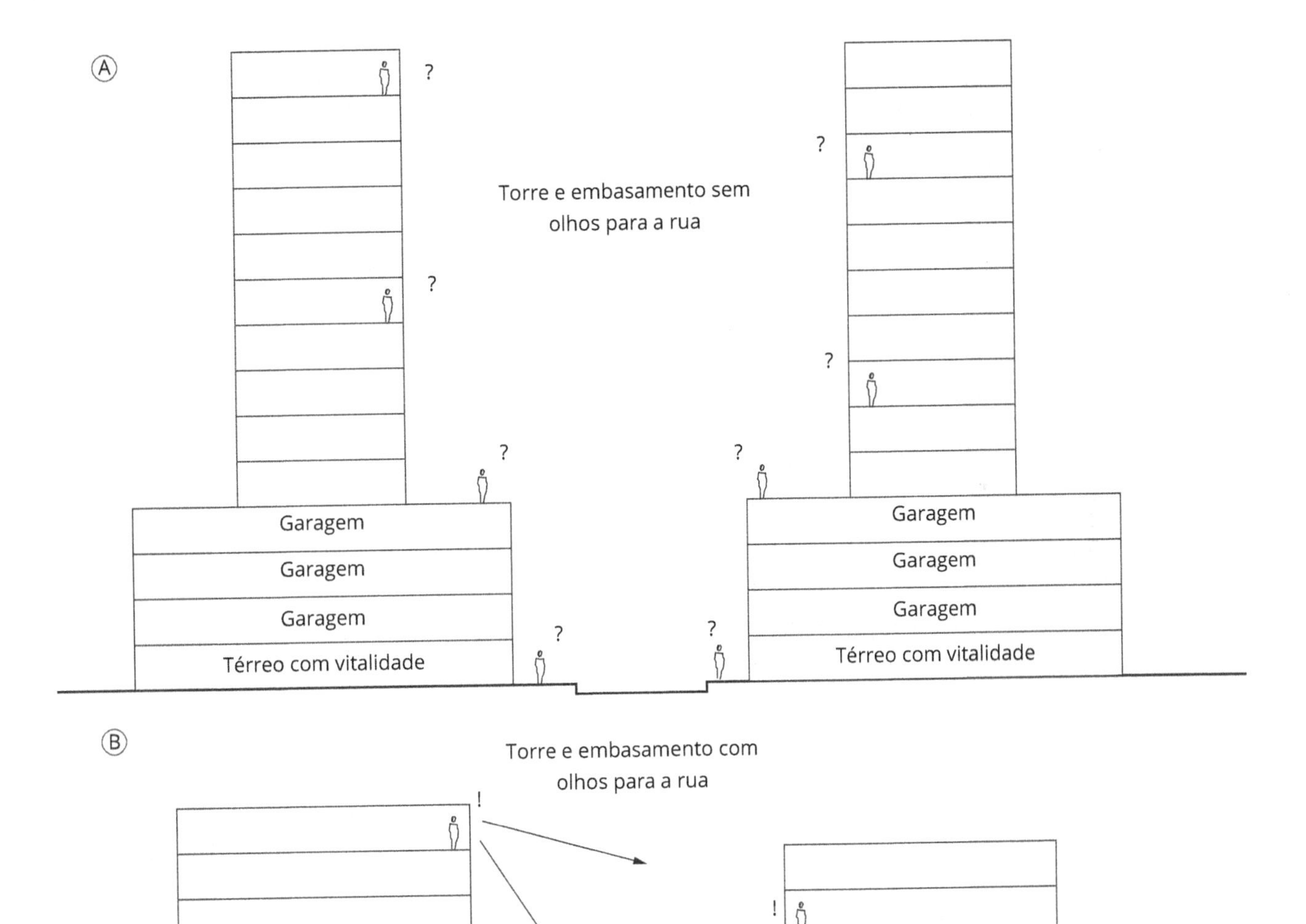

Fig. 4.22 *Relação entre torre e embasamento dos edifícios (A) sem olhos da rua e (B) com olhos da rua*

Por fim, destaca-se a importância de compreender os efeitos do *embasamento dos edifícios* na vitalidade e na qualidade do espaço urbano. O embasamento corresponde à parte da edificação, iniciada no térreo, destinada a seus acessos, à guarda de veículos e às áreas de lazer e recreação de uso comum. Essa compreensão é fundamental principalmente porque é no embasamento que os veículos ficam "estocados". O superestoque de carros na base dos edifícios pode comprometer a relação entre as pessoas nos edifícios e as pessoas na rua (com efeitos diretos nos olhos da rua e na escala humana). Assim, é preciso dosar os recuos e as alturas para garantir ventilação, insolação, olhos para a rua, escala humana e, por fim, a tão desejada vitalidade urbana. A Fig. 4.23 permite entender a importância dos recuos e do gabarito das ruas para alcançar a escala humana. Nesse sentido, a relação entre altura da edificação e largura da rua (utilizada para categorizar os cânions urbanos) possibilita também classificar os espaços como mais próximos ou mais distantes da escala humana.

O caso de Balneário Camboriú é expressivo quando se analisa como o município regula o embasamento dos edifícios. Isso porque a área de embasamento destinada para garagem é considerada área não computável, ou seja, não afeta o potencial construtivo do lote, o que é um forte incentivo aos embasamentos altos. Como efeito, a altura dos embasamentos nessa cidade pode chegar a expressivos 19 m (cinco pavimentos de 3,8 m). Como contrapartida, para alcançar essa altura elevada no embasamento, em vias específicas a legislação obriga que sejam implantados estacionamentos de uso coletivo no térreo, no subsolo e no segundo pavimento.

Cita-se aqui a legislação de Balneário Camboriú para destacar como *a lógica de produção da verticali-*

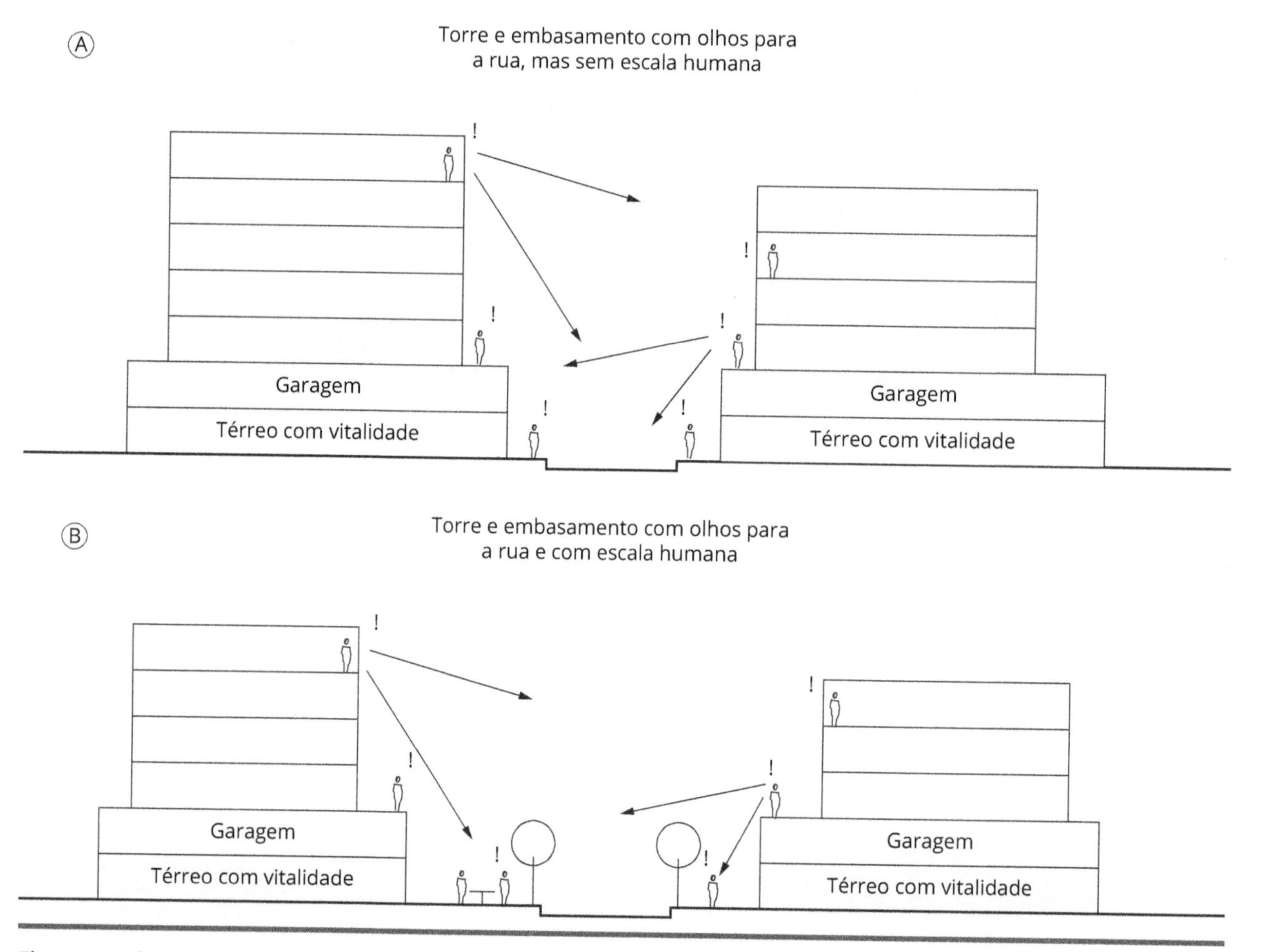

Fig. 4.23 *Relação entre torre e embasamento (A) sem escala humana e (B) com escala humana*

zação pode ser perigosa ao privar o espaço urbano de vitalidade e escala humana. Apesar de os estacionamentos coletivos serem benéficos (menos carros parados nas ruas), eles não podem ser considerados compensações diante dos efeitos perversos provocados pelos embasamentos altos na vitalidade e na escala humana da cidade. O incentivo para embasamentos de até cinco pavimentos inviabiliza qualquer possibilidade de olhos para a rua e de escala humana, aspecto que se pode observar claramente no embasamento do Edifício Magnifique Tower (com mais de 150 m de altura considerando a torre), com uma parede branca "cega" equivalente aos cinco andares do edifício vizinho (Fig. 4.24). Para mitigar o efeito de um paredão sem absolutamente nada, o edifício utiliza vidro na fachada principal, mas que também impossibilita qualquer relação com a rua. Salienta-se que tais efeitos negativos na vitalidade e na escala humana são permanentes e de difícil reversão.

Fig. 4.24 *Embasamento de cinco pavimentos de parede "cega" do Edifício Magnifique Tower, realidade que impede a promoção da vitalidade urbana*
Fonte: Google Earth (2024).

Balneário Camboriú é a cidade mais singular do Brasil em termos de verticalização. Essa realidade, que com frequência é percebida na altura dos edifícios, também pode ser destacada pela força com que a verticalização transforma as dinâmicas urbanas, econômicas, sociais e ambientais. O caso da *Capela da Paz* exemplifica essa força desproporcional da verticalização (Fig. 4.25). Até mesmo a Igreja, instituição que ao longo da história sempre marcou a paisagem urbana com suas torres e catedrais, teve que se curvar ao interesse e à força da verticalização de Balneário Camboriú. Nesse caso, para viabilizar o projeto de uma torre no local onde está a igreja histórica, o embasamento de aproximadamente cinco pavimentos da torre teve uma pequena subtração em seu volume apenas para "encaixar" a edificação da igreja.

Fig. 4.25 *Verticalização acima de tudo, inclusive da igreja*
Fonte: Google Earth (2024).

O resultado desse fato urbano, único no Brasil, é de extremo simbolismo. Aqui não cabe a possibilidade de entender esse fato como símbolo de resistência do histórico frente à verticalização desproporcional (em altura e contexto). A resistência pressupõe uma força que se opõe a outra, o que não se aplica a essa situação, pois não há em Balneário Camboriú forças capazes de se opor à necessidade voraz do mercado em verticalizar. Quando foi noticiada a construção da torre em cima da igreja, o clima local foi de comemoração pelo fato de a igreja (patrimônio municipal) não ter sido demolida. Como se houvesse apenas duas opções: demolir a igreja ou construir literalmente em cima dela. Diante de todo o contexto "míope", o simbolismo que fica (e que precisa ficar para se vislumbrar, no futuro, uma boa forma de verticalização) é único: *se o planejamento urbano não regular a verticalização, nem mesmo o lugar divino consegue se proteger das necessidades desproporcionais e descabidas do mercado.*

O simbolismo da verticalização acima da igreja pode ser encontrado também em Nova York, em que a igreja original foi demolida e uma nova foi construída no mesmo local junto com uma torre verticalizada acima (Fig. 4.26).

A realidade de embasamentos superaltos de Balneário Camboriú pode ser igualmente observada em Santos. Essa similaridade é produto da proximidade entre as duas legislações: enquanto na cidade catarinense o embasamento pode alcançar até 19 m de altura, na cidade paulista o embasamento é definido como um volume arquitetônico com até cinco pavimentos, com uso não residencial e utilizado exclusivamente para comércio, serviços, áreas comuns do edifício e garagem. Os efeitos negativos dessa realidade de Santos podem ser percebidos na Fig. 4.27, que mostra o embasamento do Edifício Unlimited Ocean Front em perspectiva com um edifício histórico de cinco pavimentos na orla da cidade.

Quando se analisam os impactos dos embasamentos na realidade de São Caetano do Sul, percebe-se como a verticalização mais amena do município (se comparada à das outras duas cidades) se reflete também nos embasamentos. Mais precisamente, a legislação de São Caetano do Sul permite no máximo três pavimentos (ou 11 m) de garagens construídos sem recuos, chamados na legislação de

Fig. 4.27 *Embasamento do Edifício Unlimited Ocean Front em perspectiva com um edifício histórico de cinco pavimentos, exemplo de ruptura com a escala humana e de inviabilidade dos olhos da rua*
Fonte: Google Earth (2024).

Fig. 4.26 *Verticalização acima de tudo, inclusive da igreja, também em Nova York*
Fonte: Google Earth (2024).

sobressolos. Apesar da legislação mais branda, os efeitos negativos de embasamentos de 11 m ainda são expressivos no espaço urbano (Fig. 4.28).

Não obstante o evidente impacto do embasamento em termos de altura de parede "cega", destaca-se que esse impacto pode ser elevado mesmo que haja apenas uma parede no térreo (Fig. 4.29).

Fig. 4.28 *Embasamento de edifício em São Caetano do Sul com limite de altura de 11 m, mas sem vitalidade*
Fonte: Google Earth (2024).

Fig. 4.29 *Edificação sem embasamento no térreo, mas com um muro que impede qualquer relação com a rua, impacto que destaca a importância de fachadas ativas*
Fonte: Google Earth (2024).

4.2.3 Infraestrutura, densidade e segregação espacial

A verticalização urbana é um dos fenômenos mais controversos da cidade contemporânea. Essa controvérsia surge porque, para ser positiva ou negativa, a verticalização deve ser avaliada em relação ao contexto urbano em que está inserida. Mais especificamente, *o contexto urbano é um fator central para avaliar os efeitos produzidos pela verticalização urbana*.

Quando inserida, produzida ou promovida em contextos de *cidades compactas* de alta densidade, a verticalização pode estar associada a um melhor aproveitamento das infraestruturas, que se tornam mais eficientes e com *menor custo de gestão*. Nesse cenário urbano, a verticalização pode ser muito positiva, desde que respeite a capacidade de suporte das infraestruturas existentes e promova vitalidade sem comprometer a escala humana. Entretanto, se ocorre em *cidades espraiadas*, que se expandem horizontalmente com baixa densidade e muitos vazios urbanos, a verticalização pode resultar em *sobrecarga nas infraestruturas* (que já sofrem para atender ao território espraiado). Além disso, pode elevar o custo de gestão e a necessidade de deslocamentos, o que produz efeitos negativos também no trânsito.

Ambos os cenários são produzidos pela natureza básica da verticalização urbana de viabilizar mais pessoas habitando uma área menor. Nesse sentido, é importante destacar que *a verticalização precisa ser planejada e pensada em conjunto com o contexto urbano*, de forma que promova uma elevação racional da densidade, que não sobrecarregue as infraestruturas existentes e que ofereça menor custo de gestão.

Pode-se citar os seguintes efeitos negativos decorrentes do forte incremento de verticalização e densidade: sobrecarga nas infraestruturas de saneamento (Fig. 4.30), problemas de ventilação e insolação no espaço urbano e nas unidades habitacionais, perda de vitalidade urbana quando a verticalização não está associada com fachadas ativas e escala humana, falta de espaços livres de lazer, elitização e gentrificação do espaço urbano, entre outros. Como se pode perceber, *os problemas e os efeitos negativos de uma intensa elevação da vertica-*

lização e da densidade podem ser muitos e diversos, de modo que as cidades identificadas com tendência de intensificação da verticalização necessitam ser analisadas individualmente em suas escalas locais, de modo a identificar até que ponto a elevação da verticalização e da densidade deixa de gerar efeitos positivos e passa a criar efeitos negativos no espaço urbano.

O fato de quatro das dez cidades mais verticais do Brasil (Itapema, Balneário Camboriú, Florianópolis e São José) estarem concentradas no litoral catarinense confere a essa região um *status* central na discussão da verticalização em nível nacional, principalmente quando se relacionam verticalização, densidade e infraestrutura. *A compreensão da verticalização no litoral catarinense pode contribuir para um melhor entendimento dos desafios da verticalização urbana em âmbito nacional.* Entretanto, para além de Itapema, Balneário Camboriú, Florianópolis e São José, o desafio da verticalização do litoral catarinense recai nas cidades de pequeno e médio porte. Isso porque, com a saturação de áreas disponíveis para verticalizar em Balneário Camboriú (resultado do intenso processo de verticalização da cidade nas últimas décadas), o mercado pujante consolidado na região avançou para as cidades vizinhas, fenômeno percebido ao verificar o incremento da verticalização nas cidades litorâneas do entorno de Balneário Camboriú (Tab. 4.3).

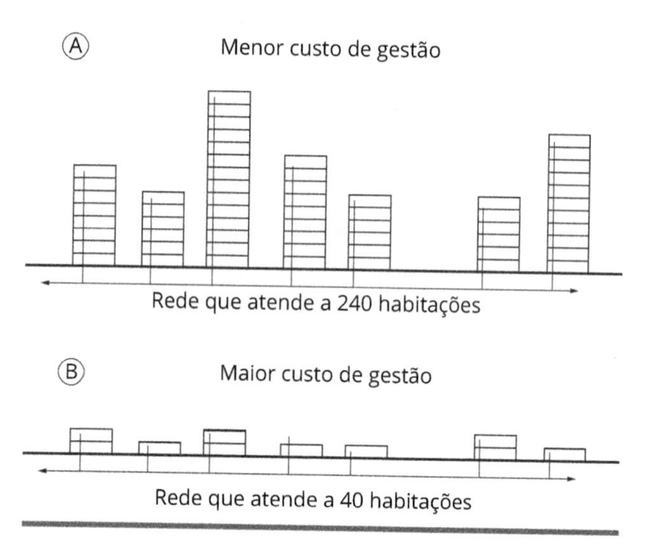

Fig. 4.30 *Uma mesma rede de saneamento em cenário com (A) maior eficiência (verticalização com densidade) e (B) menor eficiência (horizontalidade sem densidade)*

Ao verificar o peso que o incremento percentual de novos apartamentos representa em relação à verticalização existente no ano de 2000, pode-se colocar em destaque a intensidade do fenômeno na região. Por exemplo, a cidade de Camboriú apresentou um incremento de 24,78% no período de 2000 a 2022, o que, tendo em vista os 2,43% de apartamentos em 2000, constitui um salto de aproximadamente dez vezes em termos relativos, ao passo que a cidade de Navegantes apresentou em 2022 quase cinco vezes mais apartamentos em relação ao ano de 2000. Já em

Tab. 4.3 Verticalização em Balneário Camboriú (SC) e seus efeitos nas cidades do entorno

Cidade	Densidade do espaço urbano em 2019 (hab/km²)	População total (2022)	Incremento no percentual de apartamentos de 2000 a 2022 (%)	Percentual de apartamentos		Peso do incremento percentual em relação ao percentual de 2000 (%)
				2000	2022	
Balneário Camboriú	8.611,08	139.155	17,51	45,84	63,35	38,2
Navegantes	3.616,62	86.401	14,18	2,98	**17,16**	**475,8**
Itajaí	4.758,59	264.054	21,54	**9,16**	**30,7**	235,2
Camboriú	6.803,56	103.074	24,78	2,43	**27,21**	**1.019,8**
Itapema	4.889,89	75.940	20,15	23,39	43,54	86,1
Porto Belo	2.875,18	27.688	12,93	5,78	**18,71**	223,7
Bombinhas	2.411,74	25.058	15,92	9,96	25,88	159,8
Tijucas	3.315,68	51.592	12,64	2,62	**15,26**	**482,4**

Fonte: elaborado com base em IBGE (2000, 2019, 2024).

Balneário Camboriú, o incremento de 17,51% de novos apartamentos no período representa apenas 38,2% dos 45,84% existentes em 2000 (0,38 vez mais apartamentos em relação a 2000). Assim, *quando se coloca Balneário Camboriú em perspectiva com as cidades vizinhas, percebe-se que, apesar de a cidade ser a segunda mais vertical do Brasil, o peso do incremento apresentado em relação ao percentual de apartamentos em 2000 foi inferior a todas as cidades de seu entorno*, o que demonstra a tendência de saturação de Balneário Camboriú e, ao mesmo tempo, a intensificação da verticalização nas cidades vizinhas.

Ocorre que o mercado que promoveu a verticalização de Balneário Camboriú visa a uma verticalização de alta intensidade (edifícios altos vinculados à orla). Quando esse mercado passa a atuar em cidades de pequeno e médio porte próximas de Balneário Camboriú, tais como Itajaí e Porto Belo, gera-se um *dilema complexo*: por um lado, essas cidades não possuem densidade demográfica ou contexto urbano compactado que justifique o incremento expressivo na verticalização; por outro, essas cidades não desejam frear o interesse do mercado (que, como visto, surge da saturação de áreas para verticalizar em Balneário Camboriú), pois isso representa incremento de recursos e melhores condições econômicas para os municípios qualificarem suas infraestruturas e espaço. Esse desejo em não frear o mercado pode ser percebido nos planos diretores dessas cidades, que viabilizaram uma verticalização de alta intensidade nas últimas décadas (Fig. 4.31).

Assim, as cidades de pequeno e médio porte do litoral catarinense tendem a praticar o que se chama aqui de *verticalização pretérita*, ou seja, a verticalização que ocorre antes de um contexto urbano que indique a necessidade de verticalizar. Porto Belo, Bombinhas e Tijucas, por exemplo, estão verticalizando tendo muitos vazios urbanos e sem possuir densidade demográfica e compactação urbana, o que pode comprometer a capacidade de suporte das infraestruturas e produzir efeitos negativos. Entretanto, mais verticalização significa mais edifícios e uma maior arrecadação municipal, ampliando as condições de qualificar o espaço. Nesse contexto, a verticalização pretérita pode ser traduzida para a lógica de *verticalizar antes para qualificar depois*, que é perversa por amplificar os impactos negativos da verticalização tanto em termos sociais quanto ambientais, além de transferir para o futuro a promessa de qualificar as infraestruturas, o que pode não ocorrer.

O cenário do saneamento catarinense já indica a dificuldade de qualificar as infraestruturas mesmo nos municípios com alta arrecadação. Das três cidades mais populosas e com elevada arrecadação (Joinville, Florianópolis e Blumenau), apenas a capital do Estado tem mais de 50% da população com coleta de esgoto (64,6%), sendo que Blumenau e Joinville apresentaram apenas 49% e 41,7% da população com acesso à coleta de esgoto em 2024, respectivamente (Trata Brasil, 2024).

Nesse sentido, ao observar que Blumenau e Joinville possuem percentuais de apartamentos de 31,5% e 26,6%, respectivamente, é possível concluir que a lógica "verticalizar antes para qualificar depois" não oferece garantias. Além disso, o custo dessa lógica perversa já é percebido no litoral catarinense, com efeitos diretos na qualidade da balneabilidade, principalmente nos períodos de temporada de verão, quando a concentração de domicílios e pessoas provocada pela verticalização sobrecarrega as infraestruturas. Essa realidade do impacto da concentração urbana no litoral catarinense é registrada todos os meses pelo Instituto do Meio Ambiente de Santa Catarina (IMA), sendo que os relatórios podem ser acessados por meio da plataforma online *balneabilidade.ima.sc.gov.br*. Assim, a sobrecarga das infraestruturas é facilmente notada no litoral, o que é difícil de perceber nas cidades em que não há um constante monitoramento dos cursos de água (realidade da maior parte das cidades brasileiras).

Cabe ressaltar que a realidade da verticalização no entorno de Balneário Camboriú não diverge daquela do entorno de Santos. Mais precisamente, o incremento de apartamentos de Santos no período de 2000 a 2022 (4,78%) foi inferior ao de todas as cidades vizinhas: o incremento de Praia Grande,

Fig. 4.31 *Intenso processo de verticalização da cidade de Porto Belo, no entorno de Balneário Camboriú: (A) 2003 e (B) 2023*
Fonte: Google Earth (2024).

Cubatão, Santo André e Mogi das Cruzes foi superior a 10%, com destaque para o incremento das cidades de Praia Grande (14,73%) e Santo André (24,05%). Apesar de o contexto urbano dessas cidades não ser de pequeno porte (todas possuem mais de 100 mil habitantes), a densidade de seu espaço urbano não é proporcional ao incremento de apartamentos que apresentaram.

Desse modo, diante das problemáticas da verticalização pretérita, que tendem a ocorrer também em outras regiões brasileiras com elevada intensidade da verticalização, é necessário buscar alternativas. Nesse sentido, a própria região do entorno de Balneário Camboriú já indica duas estratégias com potencial para mitigar tais problemáticas. Enquanto Itapema utilizou outorgas onerosas para alargar a faixa de areia, a cidade de Porto Belo adotou parcerias público-privadas (PPPs) para viabilizar o projeto do molhe na praia do Perequê. Entretanto, *é importante que tanto as outorgas quanto as PPPs sejam promovidas para qualificar as infraestruturas, e não para embelezamento urbano (caso dessas duas cidades)*, de forma a propiciar não apenas uma verticalização qualificada, mas principalmente um desenvolvimento urbano sustentável.

Se por um lado os desafios da verticalização residem em dotar o espaço verticalizado com infraestrutura e com densidade demográfica, por outro é preciso perguntar: *o custo de vida nesse espaço com infraestrutura e densidade será acessível para todas as pessoas?* Ou ele irá materializar a segregação e o abismo da desigualdade social, tão expressivos no cenário brasileiro?

Essas perguntas são centrais quando se trata da forma urbana. Isso porque a cidade é aperfeiçoada para melhorar a vida das pessoas, é pensada por e para as pessoas. Dessa maneira, mesmo que uma determinada forma urbana expresse mais benefícios para o espaço urbano, isso de nada adiantará se o custo de vida nesse local for acessível apenas para 5% da população.

Assim, o grande desafio da verticalização não está em ocorrer em conjunto com os necessários altos investimentos em infraestrutura, de forma a oferecer maior eficiência e capacidade de suporte para uma benéfica maior densidade. *O grande desafio da forma urbana verticalizada reside em alcançar todos os seus conhecidos benefícios sem que o espaço urbano produzido materialize e potencialize o abismo social brasileiro.*

O abismo social que se materializa na forma urbana pode ser percebido ao analisar o contraste entre a verticalização do bairro do Morumbi e a favela de Paraisópolis (Fig. 4.32). Nesse contexto foi registrada a emblemática foto do edifício de luxo Penthouse, com piscinas individuais em cada sacada, tendo a favela de pano de fundo.

Fig. 4.32 *Contraste entre favela e forma urbana verticalizada de alto custo*
Fonte: Google Earth (2024).

A solução para esse desafio é complexa, multidimensional e de longo prazo, mas certamente passa por políticas públicas que viabilizem a diversidade social no espaço qualificado. Tal solução envolve também a promoção e a intensificação das políticas habitacionais, que devem ser mais incisivas em agir nos centros urbanos a partir de estruturas (verticais ou não) preexistentes e consolidadas, fazendo valer a função social da cidade. Os instrumentos do Estatuto da Cidade, tais como o IPTU progressivo, caminham nesse sentido.

4.2.4 Linha do horizonte e paisagem

A linha do horizonte de uma cidade pode ser compreendida como um retrato dinâmico da forma urbana (Altuntaş; Önder, 2016). Por um lado, esse retrato é dinâmico pois é formado por processos que se alteram ao longo do tempo, tais como a legislação urbanística e as dinâmicas socioeconômicas. Por outro, é um retrato pois estabelece uma imagem a partir do desenho do contorno superior do espaço construído, compreendendo a linha que separa o espaço construído do céu (Fig. 4.33).

A singularidade do padrão de desenvolvimento e ocupação de cada cidade pode ser observada e registrada por meio de seus horizontes únicos. Nas cidades em que a verticalização é intensa, o desenho da linha do horizonte pode ser tão característico que passa a constituir uma marca que confere identidade e reconhecimento global para a cidade (Altuntaş; Önder, 2016). Mais precisamente, *a linha do horizonte das cidades pode se configurar de tal forma que representa uma assinatura única do espaço urbano.*

A importância desse aspecto pode ser destacada a partir do livro *A imagem da cidade*, de Kevin Lynch (2011), em que é salientado que os caminhos, bordas, bairros, nós e marcos são fundamentais para formar a identidade espacial da cidade e torná-la memorável. Assim, quando esses aspectos são pensados em uma perspectiva mais ampla da cidade vista à distância, é a linha do horizonte que provoca a primeira impressão e possibilita estabelecer uma memória e imagem da cidade.

Ao entender que a linha do horizonte é formada pelo espaço construído, pode-se destacar três prin-

Fig. 4.33 *Singularidade da linha do horizonte da cidade de Shanghai*
Fonte: https://w.wiki/BXra.

cipais dimensões que lhe conferem singularidade: i) a relação entre diferentes edificações no que tange à variação de altura e ao espaçamento entre elas; ii) arquiteturas singulares, tais como a vista em Shanghai, com edifícios com formas únicas que marcam o desenho da linha do horizonte; iii) a relação entre a linha do horizonte e a paisagem natural (Fig. 4.34).

Em outras palavras, *é possível compreender o desenho da linha do horizonte como resultado de três dimensões*: linha dos edifícios singulares que compõem o horizonte, linha gerada por um conjunto de edifícios de diferentes formas e alturas e, por fim, a relação dessas linhas do espaço construído com a linha do ambiente natural (Dai; Rao, 2013). Assim, a linha do horizonte de uma cidade pode passar a sensação de espaço monótono (com estruturas com formas e alturas semelhantes, que não marcam ou distinguem os diferentes espaços da cidade) ou passar a ideia de caos e falta de harmonia (quando as estruturas são totalmente diferentes, sem um padrão claro nas formas e nas alturas). Nesse sentido, a busca do planejamento urbano deve ser por *horizontes equilibrados*, pensados para não ser monótonos nem desarmônicos, articulados para alcançar ideais estéticos e estabelecer marcos orientativos e alinhados com uma ampla compreensão da paisagem e da identidade histórica da cidade.

A importância de linhas do horizonte equilibradas foi confirmada em diferentes estudos (Stamps, 2002; Gregoletto; Reis, 2015; Altuntaş; Önder, 2016), os quais definem que as *linhas do horizonte entendidas como mais harmônicas são aquelas que possuem diferença de altura entre as edificações (indicando espaços diversificados), mas que respeitam os limites dos morros da paisagem natural*, ou seja, não rompem nem escondem a paisagem natural (Gregoletto; Reis, 2015). Assim, a compreensão e a visualização dos diferentes horizontes que as cidades formam ao longo de suas histórias servem não apenas para avaliar a expressão morfológica da forma urbana, mas também como uma ferramenta de planejamento. A partir desse entendimento, o planejamento pode agir para preservar uma linha do horizonte histó-

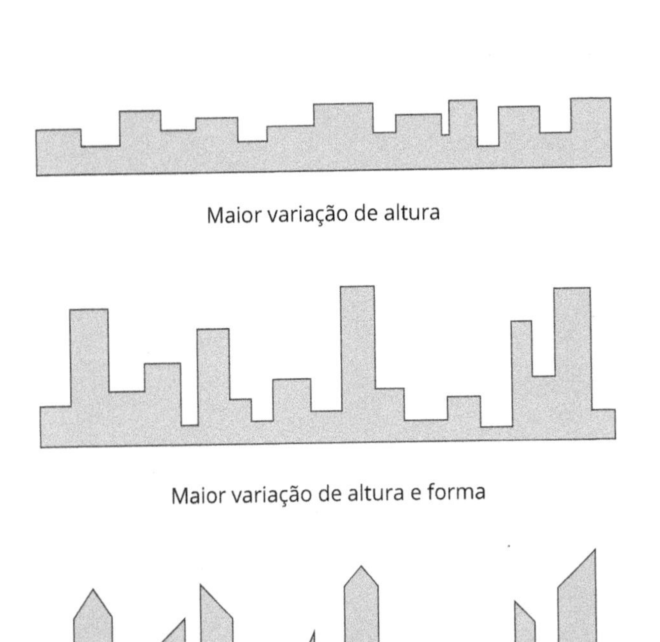

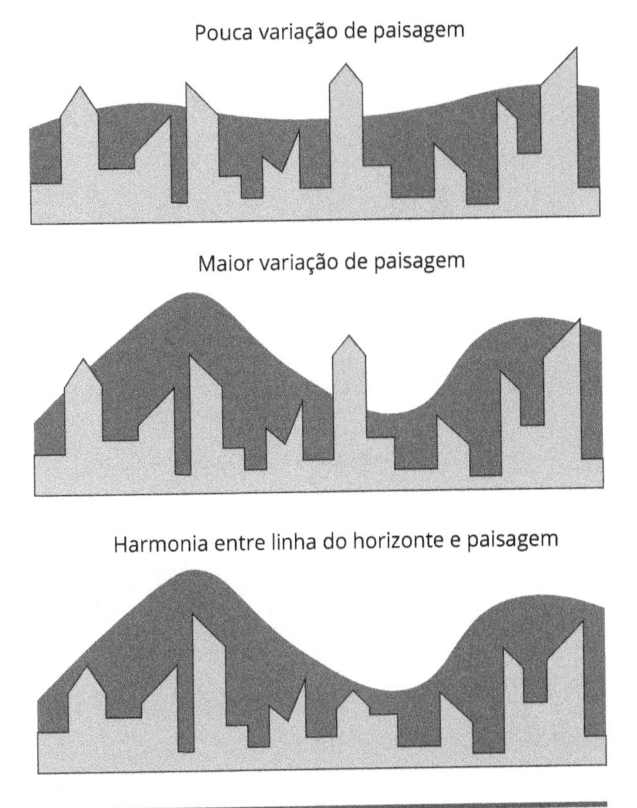

Fig. 4.34 *Três principais cenários da linha do horizonte e relação do cenário de maior variação de altura e forma com a paisagem*

rica e identitária da cidade (ou então uma paisagem e um monumento específico) ou, em outro contexto, projetar uma linha do horizonte ideal para a cidade.

Essa compreensão *da linha do horizonte como ferramenta de planejamento* permite pensar e agir na verticalização das cidades como um todo, e não apenas por meio de índices que operam na escala do edifício. Como exemplo de regulamentação do horizonte, destaca-se a estratégia de Londres, conhecida como London View Management Framework (LVMF) e implementada em 2012, cujo objetivo é preservar as perspectivas e vistas icônicas da cidade, importantes para manter a identidade global que ela possui. Essa estratégia define que a ordem e o contexto já estabelecidos são mais importantes do que qualquer novo projeto de edificação que modifique a paisagem icônica vista a partir de pontos específicos da cidade.

Sendo assim, apresenta-se a seguir uma análise da linha do horizonte das três cidades mais verticais do Brasil (Fig. 4.35). Isso é feito por meio de linhas esquemáticas que representam a distribuição dos edifícios mais altos e a relação de altura e

Fig. 4.35 *Linhas do horizonte de (A) São Caetano do Sul, (B) Balneário Camboriú e (C) Santos*
Fonte: elaborado com base em Google Earth (2024).

forma desses edifícios com o restante da cidade. Para Balneário Camboriú, a linha do horizonte foi traçada com base em registro fotográfico. Já para as cidades de São Caetano do Sul e Santos, utilizaram-se os modelos 3D da plataforma Google Earth. De início, observa-se que o horizonte de São Caetano do Sul não possui elevada variação de altura e, principalmente, variação de formas, sendo composto majoritariamente por edifícios retangulares, sem arquiteturas que se destacam e diversificam a paisagem. Percebe-se também como a verticalização, apesar de dispersa, apresenta uma ideia de concentração quando percebida por meio do horizonte.

Santos também exibe um horizonte com pouca diversidade de altura, entretanto com alturas mais elevadas e com maior diversidade de formas que São Caetano do Sul. Por fim, o horizonte de Balneário Camboriú se apresenta como o mais diversificado em termos tanto de altura quanto de formas, tendo edifícios que se destacam ao menos no coroamento da edificação (parte superior). Em comum, as três cidades compartilham a ausência de arquiteturas que marcam a paisagem. Salienta-se que nenhuma das três cidades possui alguma estratégia de controle ou direcionamento da linha do horizonte, aspecto esse mais crítico em Santos e Balneário Camboriú, em que a intensa verticalização não estabelece diálogo com a paisagem natural do entorno.

Balneário Camboriú (SC), 2022
Yachthouse

5 CONSIDERAÇÕES FINAIS

Este livro teve o ambicioso desafio de lançar uma primeira perspectiva ampliada sobre a verticalização do território brasileiro a partir dos censos demográficos de 2000, 2010 e 2022. Encarar esse desafio não teria sido possível sem o exímio trabalho e dedicação do *Instituto Brasileiro de Geografia e Estatística (IBGE)*, que oferece as bases para esta e tantas outras pesquisas que tratam da realidade brasileira. Para além de lançar um olhar sobre a dinâmica da verticalização no território brasileiro, este livro busca provocar o leitor, na esperança de que a partir daqui tenham origem novas perguntas e problemas de pesquisas que explorem essa dimensão tão importante do território.

Houve nas últimas duas décadas as duas menores taxas de incremento da população brasileira da história. Entretanto, o País cresceu, passando de 169 milhões de habitantes em 2000 para 203 milhões em 2022. Esses 34 milhões de novos brasileiros fazem parte das dinâmicas verticais de transformação do morar brasileiro: enquanto a quantidade de *domicílios do tipo casa apresentou uma redução* de 7,02% (passando de 89,34% do total de domicílios brasileiros em 2000 para 82,32% em 2022), os *domicílios do tipo apartamento tiveram uma elevação* de 5,27% (passando de 9,59% dos domicílios em 2000 para 14,86% em 2022).

Isso significa que as casas ainda eram a principal forma de morar da população brasileira em 2022, apesar de terem perdido espaço para os apartamentos, que se tornaram mais expressivos. Nesse contexto, a população brasileira cresceu e o território se verticalizou. Enquanto havia 4,2 milhões de apartamentos em 2000, em 2022 o número total passou para 10,7 milhões, um incremento expressivo de 150,5%. Já os domicílios do tipo casa, que eram 40,0 milhões em 2000, passaram para 59,6 milhões em 2022, um incremento de 49,0%. Sendo assim, *o incremento de apartamentos foi quase três vezes maior que o incremento de casas no período de 2000 a 2022*.

Ao analisar como essa intensificação do fenômeno da verticalização se expressou no território brasileiro, torna-se evidente o *protagonismo do Sudeste*: os três Estados com maior incremento absoluto foram São Paulo (1,9 milhão), Minas Gerais (701 mil) e Rio de Janeiro (483 mil). No entanto, em termos relativos, vale destacar a pouca expressividade do Estado do Rio de Janeiro, com o menor incremento de apartamentos (1,4%) entre todas as Unidades Federativas, passando de 20,9% em 2000 para 22,32% em 2022.

Entre as Unidades Federativas, *Santa Catarina apresentou o processo de verticalização mais expressivo no período de 2000 a 2022*. Isso porque, apesar de estar localizado na terceira região mais urbanizada e representativa em termos populacionais, o Estado apresentou um forte crescimento tanto em termos absolutos (com 482 mil novos apartamentos, um crescimento de 373,8%) quanto em termos percentuais, exibindo o maior incremento percentual de apartamentos em relação aos domicílios do tipo casa entre todas as Unidades Federativas (13,19%), quando passou de apenas 8,6% em 2000 para expressivos 21,79% em 2022.

É importante compreender essa intensa verticalização catarinense em conjunto com a forte dinâmica de crescimento populacional do Estado, com a maior taxa de incremento populacional entre os Estados das regiões Sul, Sudeste e Nordeste no período de 2000 a 2022 (taxa geométrica média de crescimento anual da população de 1,5%). Para além de Santa Catarina, pode-se destacar, por um lado, a expressividade da verticalização no *Rio de Janeiro*, que, apesar do baixo incremento no período, se manteve como o Estado mais verticalizado do Brasil (quando desconsiderado o Distrito Federal, devido às singularidades que apresenta). Por outro lado, o Estado de *São Paulo* permaneceu com a maior quantidade absoluta de apartamentos nos três censos, tendo 3,2 milhões de unidades em 2022.

Viu-se a importância da *política habitacional brasileira*, do BNH ao MCMV, tanto na quantidade de novas habitações produzidas quanto na localização dessas moradias. A despeito das críticas quanto à qualidade e à localização periférica do morar produzido por esses programas, ambos foram centrais para democratizar o acesso à habitação, com peso expressivo em muitas cidades brasileiras, como observado no conjunto do BNH em Santos na década de 1970 e na quantidade de moradias implantadas pelo MCMV na capital Campo Grande, na qual a quantidade de novas moradias desse programa de 2009 a 2023 (55.866) equivale a 147% dos apartamentos existentes na cidade em 2022 (37.931). Tais aspectos reforçam a necessidade de continuidade e aprimoramento das políticas habitacionais brasileiras, e aqui se destaca a importância de considerar os efeitos de sua verticalização na vida das pessoas e nas dinâmicas das cidades.

A realidade da verticalização brasileira de 2000 a 2022 torna possível indicar a existência de três grandes regiões da verticalização no período: i) *região pouco verticalizada*: compreende as regiões Norte e Centro-Oeste, que, apesar de apresentarem incrementos na quantidade de apartamentos, ainda permanecem (e tendem a permanecer) como as regiões com menor expressão da verticalização urbana do Brasil; ii) *região muito verticalizada*: compreende as regiões Sul e Sudeste, hegemônicas em termos de verticalização nos três censos demográficos analisados; iii) *região em processo intenso de verticalização*: compreende a região Nordeste, puxada pelo efeito de concentração da ocupação e da verticalização na faixa leste do Brasil, com destaque para a Paraíba (terceiro Estado com maior incremento percentual de apartamentos no período).

A dinâmica demográfica dos municípios indica um padrão: se por um lado os *municípios de menor porte perderam densidade* (97,8% das 1.871 cidades que perderam densidade no período possuíam menos de

50 mil habitantes), por outro os *municípios de médio e grande porte tiveram incremento* (das 220 cidades que apresentaram aumento na densidade, 81% possuíam mais de 50 mil habitantes). Entre as cidades com maior expressividade em termos de densidade, destacam-se *Taboão da Serra* (cidade mais densa do Brasil em 2022), *Valparaíso de Goiás* e *São Caetano do Sul*, todas com processo intenso de verticalização, sendo que São Caetano do Sul se tornou a terceira cidade mais vertical do Brasil em 2022.

A verticalização apresenta uma estreita relação com a densidade dos espaços urbanos. Ao analisar as dez cidades com maior densidade do espaço urbano do Brasil (entre as cidades com mais de 100 mil habitantes), pode-se afirmar que cinco delas estão entre as cem mais verticais. A realidade de alta densidade das cidades mais verticais do País ganha evidência quando se avalia a densidade do espaço urbano. Entre as 226 cidades com mais de 15% de apartamentos em 2022, um total de 220 possuem densidade superior a 2.000 hab/km² e 79 possuem densidade superior a 5.000 hab/km². Isso significa que, em termos gerais, *as cidades mais verticais do Brasil possuem espaços urbanos de alta densidade*. A relação entre densidade e verticalização é reforçada ao observar a realidade das cidades mais densas e das cidades mais verticais: se por um lado as cidades com espaço urbano mais denso do Brasil possuem uma elevada intensidade da verticalização (com exceção de São João de Meriti e Mesquita), por outro as cidades mais verticais possuem uma elevada densidade do espaço urbano.

De tal modo, *de 2000 a 2022 o fenômeno da verticalização urbana no Brasil esteve atrelado à elevação da densidade populacional nas cidades*. Entretanto, cabe a ressalva: essa conclusão não significa que o adensamento urbano só é possível pela via da verticalização, fato que fica evidente no singular padrão de desenvolvimento do município de *São João de Meriti*, município com maior expressividade da densidade no período e com baixa expressão da verticalização urbana (apenas 4,2% de apartamentos em 2022). Em linhas gerais, é possível afirmar que as cidades mais verticalizadas no período de 2000 a 2022 foram as de maior porte em termos populacionais, especialmente *as metrópoles e as capitais regionais*, aspecto observado quando se ampliam as análises com as Regiões de Influência das Cidades (Regic). Além de a verticalização operar com maior intensidade nas cidades de maior hierarquia, percebe-se uma intensidade maior da verticalização nas cidades que se localizam nas regiões de influência de primeiro nível das metrópoles brasileiras.

Quanto à *difusão territorial da verticalização*, pode-se notar um expressivo aumento no período, passando de 14,9% de municípios com mais de cem apartamentos em 2000 para 31,3% em 2022, dobrando a quantidade de cidades com alguma expressão da verticalização. Porém, mesmo com a difusão territorial ocorrida, a *verticalização brasileira ainda está concentrada em poucas regiões e cidades*. Isso acontece pois o território brasileiro é formado majoritariamente por cidades de pequeno porte, sendo que 69% das cidades possuem menos de 20 mil habitantes, e, como visto, a verticalização é um fenômeno que tende a ocorrer nas cidades de maior porte. Ao analisar o percentual de apartamentos em relação ao total de domicílios, destaca-se que 3.066 cidades possuíam menos de 1% de apartamentos em 2022. Mais precisamente, 54% das cidades tinham pouca ou nenhuma verticalização em 2022. De tal modo, é seguro afirmar que mais da metade das cidades brasileiras desconhecem a forma urbana verticalizada.

No que se refere às cidades do País com alguma expressão da verticalização, é seguro afirmar que no período de 2000 a 2022 esse fenômeno esteve concentrado nas regiões *Sul* e *Sudeste*, com uma intensa expansão para a região Nordeste. Essa alegação é reforçada ao analisar as cidades com mais de cem apartamentos: em 2000 o Sul e o Sudeste concentravam 79,4% dessas cidades, percentual que passou para 65,5% em 2022. Ao considerar a faixa leste do Brasil (Sul, Sudeste e Nordeste), percebe-se a representatividade de 93,2% em 2000 e 89,59% em 2022. Nesse sentido, 90% da verticalização brasileira se concentrou no Sul, no Sudeste e no Nordeste no período de 2000 a 2022. As dinâmicas da verticalização no período permitem definir dois corredores da verticalização no território brasileiro: i) *corredor horizontal*, entre Nordeste e Centro-Oeste; ii) *corredor vertical*, entre Sul e Sudeste. Enquanto no corredor vertical constata-se um incremento positivo na verticalização urbana e na densidade populacional (com forte vínculo com as regiões de influência de primeiro nível), no corredor horizontal nota-se uma baixa intensidade da verticalização e a redução da densidade populacional.

A análise dos *edifícios mais altos do Brasil* indica que a centralidade do fenômeno passou de São Paulo (hegemonia na concentração dos edifícios altos até o ano de 2010) para Balneário Camboriú (nova hegemonia a partir de 2010). Entretanto, a elevada intensidade da verticalização urbana em Balneário Camboriú no período de 2000 a 2022 indica um movimento de saturação na cidade e uma ampliação para o entorno, com efeitos já percebidos nas cidades de Itapema (que passou a figurar entre as dez mais verticais em 2022) e Porto Belo. De tal modo, percebe-se uma tendência de que os edifícios mais altos do País passem a se concentrar no litoral catarinense. Os desafios que a verticalização e os edifícios altos promovem nas cidades brasileiras precisam ser compreendidos e complexificados, a exemplo da verticalização pretérita percebida com maior intensidade no entorno de Balneário Camboriú.

A forma como a verticalização é promovida, pensada e implantada pode gerar *efeitos positivos ou negativos no espaço urbano*. Essa polivalência da forma verticalizada dos edifícios e das cidades torna imprescindível compreender as dinâmicas, as tendências e os desafios das cidades brasileiras. A análise dos efeitos locais da verticalização tornou evidente a importância de considerar como um aspecto da verticalização pode influenciar outros. Os recuos, por exemplo, são fundamentais para mitigar os efeitos dos cânions urbanos e promover a escala humana, além de permitir uma melhor ventilação e insolação. Entretanto, recuos muito elevados podem distanciar as pessoas que estão nos edifícios das pessoas que estão na rua, o que compromete a qualidade de olhos da rua, tão importante para a segurança e a vitalidade urbana. Por outro lado, pouco recuo atrelado a torres altas provoca impactos negativos permanentes na vitalidade do espaço urbano. Sendo assim, cada realidade deve ser pensada de forma a dosar tais aspectos para gerar "boas formas" de verticalização, sendo recomendável que os recuos sejam maiores do que os vistos em Santos (que aplica o recuo de H/10). Para além da regulamentação da verticalização na escala dos edifícios, pensar como a verticalização urbana impacta a linha do horizonte das cidades é fundamental para mitigar o impacto na paisagem e na identidade histórica das cidades brasileiras.

O olhar retrospectivo dos dados censitários permite estabelecer *cinco principais tendências das cidades brasileiras em relação à verticalização urbana* para a próxima década: i) tendência de saturação; ii) tendência de verticalização de alta intensidade; iii) tendência de verticalização de média intensidade; iv) tendência de verticalização de baixa intensidade; v) tendência de não verticalização. Esses cenários apontam contextos em que a verticalização pode ocorrer de forma mais intensa e que, portanto, necessitam de maior atenção em termos de planejamento urbano.

Ao observar o cenário e as tendências da verticalização urbana nas duas *regiões metropolitanas* mais importantes do País, destacam-se dois aspectos que precisam ser considerados: i) controlar o espraiamento da verticalização, que eleva a necessidade de deslocamentos e o custo de gestão das infraestruturas (cenário da RMSP); ii) controlar o espraiamento urbano e o deslocamento das populações de baixa renda para as periferias, aspecto que eleva o custo da forma urbana verticalizada e a torna inacessível para a maior parte da população (cenário da RMRJ).

A realidade das três cidades mais verticais do Brasil indica que os efeitos e os desafios da verticalização são muito diversificados, podendo variar de um extremo positivo para um extremo negativo em apenas uma quadra. Sendo assim, torna-se *importante pensar a verticalização também nas cidades menos verticais* (ou com tendência de não verticalização), de forma a mitigar seus possíveis efeitos negativos. Isso porque mesmo uma quantidade pequena de edifícios, se concentrada em uma rua ou quadra, pode gerar efeitos significativamente prejudiciais para o espaço urbano. De tal modo, mesmo as cidades com baixa expressão da verticalização precisam estar preparadas para promover os aspectos positivos de tal fenômeno e mitigar seus efeitos negativos.

Independentemente das dinâmicas e das tendências, é imprescindível pensar e buscar *boas formas de verticalizar*, que podem ser entendidas como aquelas que promovem fachadas ativas, possibilitam a interação mediante o conceito de olhos da rua, permitem a insolação e a ventilação dos espaços públicos e privados e não agridem a escala humana. Embora esse desafio seja maior nas cidades em que se identificou maior intensidade ou maior tendência de verticalização, essa é uma realidade que deve ser compreendida e encarada por todas as cidades brasileiras em que o morar ocorre também por meio de apartamentos.

Por fim, o território brasileiro ficou mais populoso, mais denso e mais vertical no período de 2000 a 2022. Apesar de a escala vertical desse território tão vasto e diverso começar a ser percebida, ainda há muito para explorar, como visto, principalmente no que tange aos padrões e aos efeitos locais da verticalização. Assim, longe de esgotar a temática, esperamos que este livro provoque novas pesquisas sobre a verticalização, pois, se a cidade dá forma ao que a humanidade é e pretende ser, compreender sua forma nos permite entender não apenas nosso tempo, mas sobretudo nossas perspectivas e ideais futuros.

REFERÊNCIAS BIBLIOGRÁFICAS

AGUIAR, L. F. M. C.; SILVA, M. V. C.; GANDU, A. W.; ROCHA, C. A.; CAVALCANTE, R. M. Caracterização de cânions urbanos e seus efeitos climáticos em área com intenso processo de verticalização na cidade de Fortaleza, Ceará. *Revista Brasileira de Geografia Física*, v. 10, n. 4, p. 1329-1345, 2017.

AL-KODMANY, K. *The vertical city*: a sustainable development model. Southampton: WIT Press, 2018.

ALTUNTAŞ, Z. B.; ÖNDER, D. E. Changes in urban skylines and perception of the citizens: a study of Istanbul. *International E-Journal of Advances in Social Sciences* (IJASOS), v. II, n. 4, p. 258-268, Apr. 2016.

BONDUKI, N. G. Origens da habitação social no Brasil. *Análise Social*, v. 29, n. 127, p. 711-732, 1994.

BRASIL. Lei nº 13.089, de 12 de janeiro de 2015. Institui o Estatuto da Metrópole, altera a Lei nº 10.257, de 10 de julho de 2001, e dá outras providências. *Diário Oficial da União*, 13 jan. 2015.

CASARIL, C. C.; FRESCA, T. M. Verticalização urbana brasileira: histórico, pesquisadores e abordagens. *Revista Faz Ciência*, v. 9, n. 10, p. 169, 2007. Disponível em: https://e-revista.unioeste.br/index.php/fazciencia/article/view/7535. Acesso em: 31 mar. 2024.

CTBUH – COUNCIL ON TALL BUILDINGS AND URBAN HABITAT. *The Skyscraper Center*. 2023. Disponível em: https://www.skyscrapercenter.com/explore-data. Acesso em: 31 mar. 2024.

DAI, D. Y.; RAO, Y. X. The skyline design under constraint of natural environment: a case study of Nanan City. *In*: WANG, J.; DING, Z.; ZOU, L.; ZUO, J. (ed.). *Proceedings of the 17th International Symposium on Advancement of Construction Management and Real Estate*. Berlin: Springer, 2013.

EMPLASA – EMPRESA PAULISTA DE PLANEJAMENTO METROPOLITANO. *Plano de Desenvolvimento Urbano Integrado (PDUI) – RMSP*: diagnóstico final. São Paulo, set. 2019.

FAMS – FUNDAÇÃO ARQUIVO E MEMÓRIA DE SANTOS. *Vista aérea da construção do BNH no bairro da Aparecida em Santos*. 2020. Disponível em: http://www.fundasantos.org.br/news.php?extend.1303. Acesso em: 31 mar. 2024.

GALESI, R.; NETO, C. M. C. Edifício Japurá: pioneiro na aplicação do conceito de “unité d’habitation” de Le Corbusier no Brasil. *Vitruvius*, ano 3, n. 031.02, 2002. Disponível em: https://vitruvius.com.br/revistas/read/arquitextos/03.031/724. Acesso em: 31 mar. 2024.

GEHL, J. *Cidades para pessoas*. São Paulo: Perspectiva, 2013.

GHIAUS, C.; ALLARD, F.; SANTAMOURIS, M.; GEORGAKIS, C.; NICOL, F. Urban environment influence on natural ventilation potential. *Building and Environment*, v. 41, n. 4, p. 395-406, Apr. 2006.

GOTTMANN, J. Why the Skyscraper? *Geographical Review*, v. 56, n. 2, p. 190-212, 1966.

GRAHAM, S. Verticalities of the imagination: futurity and the contemporary in urban science fiction. *In*: BEATTIE,

M.; KAKALIS, C.; OZGA-LAWN, M. (ed.). *Mountains and megastructures*. Singapore: Springer, 2021. p. 267-283.

GREGOLETTO, D.; REIS, A. T. L. Edifícios altos e skyline: preferência estética. *In*: ENCUENTRO ARQUISUR, 34., La Plata, 16-18 sept. La Plata, 2015.

HARARI, Y. N. *Sapiens*: uma breve história da humanidade. Porto Alegre: L&PM, 2015.

HIEBERT, T. The tower of Babel and the origin of the world's cultures. *Journal of Biblical Literature*, v. 126, n. 1, p. 29-58, 2007.

HOLZ, S. A verticalização na orla da Praia da Costa, Vila Velha/ES: 1980 a 2010. *Anais do XVI Simpósio Nacional de Geografia Urbana (Simpurb)*, v. 1, 2019.

HUXTABLE, A. L. *The tall building artistically reconsidered*: the search for a skyscraper style. New York: Pantheon, 1984.

IBGE – INSTITUTO BRASILEIRO DE GEOGRAFIA E ESTATÍSTICA. *Áreas urbanizadas*. 2005. Disponível em: https://www.ibge.gov.br/geociencias/cartas-e-mapas/redes-geograficas/15789-areas-urbanizadas.html?edicao=16668. Acesso em: 31 mar. 2024.

IBGE – INSTITUTO BRASILEIRO DE GEOGRAFIA E ESTATÍSTICA. *Áreas urbanizadas*. 2015. Disponível em: https://www.ibge.gov.br/geociencias/cartas-e-mapas/redes-geograficas/15789-areas-urbanizadas.html?edicao=15952. Acesso em: 31 mar. 2024.

IBGE – INSTITUTO BRASILEIRO DE GEOGRAFIA E ESTATÍSTICA. *Áreas urbanizadas*. 2019. Disponível em: https://www.ibge.gov.br/geociencias/cartas-e-mapas/redes-geograficas/15789-areas-urbanizadas.html?edicao=35569. Acesso em: 31 mar. 2024.

IBGE – INSTITUTO BRASILEIRO DE GEOGRAFIA E ESTATÍSTICA. *Censo demográfico de 1991*. 1991. Disponível em: https://www.ibge.gov.br/estatisticas/sociais/populacao/25089-censo-1991-6.html. Acesso em: 31 mar. 2024.

IBGE – INSTITUTO BRASILEIRO DE GEOGRAFIA E ESTATÍSTICA. *Censo demográfico de 2000*: Plataforma Sidra. 2000. Disponível em: https://sidra.ibge.gov.br/pesquisa/censo-demografico/demografico-2000/inicial. Acesso em: 31 mar. 2024.

IBGE – INSTITUTO BRASILEIRO DE GEOGRAFIA E ESTATÍSTICA. *Censo demográfico de 2010*: Plataforma Sidra. 2010. Disponível em: https://sidra.ibge.gov.br/pesquisa/censo-demografico/demografico-2010/inicial. Acesso em: 31 mar. 2024.

IBGE – INSTITUTO BRASILEIRO DE GEOGRAFIA E ESTATÍSTICA. *Censo demográfico de 2022*: Plataforma Sidra. 2024. Disponível em: https://sidra.ibge.gov.br/pesquisa/censo-demografico/demografico-2022/inicial. Acesso em: 31 mar. 2024.

IBGE – INSTITUTO BRASILEIRO DE GEOGRAFIA E ESTATÍSTICA. *Regiões de Influência das Cidades (Regic) 2018*. 2020. Disponível em: https://www.ibge.gov.br/geociencias/organizacao-do-territorio/redes-e-fluxos-geograficos/15798-regioes-de-influencia-das-cidades.html. Acesso em: 31 mar. 2024.

IGNATOVA, A. *My Neighborhood*. Nairobi: UN-Habitat, May 2024.

JACOBS, J. *Morte e vida de grandes cidades*. 3. ed. São Paulo: Editora WMF Martins Fontes, 2011.

KARSSENBERG, H.; LAVEN, J.; GLASER, M.; VAN'T HOFF, M. (ed.). *A cidade ao nível dos olhos*: lições para os plinths. Porto Alegre: EDIPUCRS, 2015.

KROPF, K. Aspects of urban form. *Urban Morphology*, v. 13, n. 2, p. 105-120, 2009.

LE CORBUSIER. *La Ville Radieuse*: éléments d'une doctrine d'urbanisme pour l'équipement de la civilisation machiniste. Éditions de L'Architecture d'Aujourd'Hui, 1933. Disponível em: https://www.errproject.org/cdrom/32.pdf. Acesso em: 31 mar. 2024.

LEMOS, D. C. S.; BARBOSA, S. A.; LIMA, F. T. A. A influência de cânions urbanos no conforto térmico: o caso de Juiz de Fora. *Pesquisa em Arquitetura e Construção (PARC)*, Campinas, v. 13, n. 00, 2022.

LIMA, B. A. A. A promoção de habitação social por meio da reabilitação de edifícios vazios no centro de São Paulo. *Planejamento e Políticas Públicas (PPP)*, n. 53, p. 413-450, 2019. Disponível em: https://www.ipea.gov.br/ppp/index.php/PPP/article/view/1036/532. Acesso em: 31 mar. 2024.

LYNCH, K. *A imagem da cidade*. São Paulo: Martins Fontes, 2011.

MARICATO, E. Urbanismo na periferia do mundo globalizado: metrópoles brasileiras. *São Paulo em Perspectiva*, v. 14, n. 4, p. 21-33, 2000.

MASCARÓ, J. L. *Infraestrutura urbana*. Porto Alegre: Masquatro, 2005.

MCID – MINISTÉRIO DAS CIDADES. *Dados abertos*. 2024. Disponível em: https://dados.gov.br/dados/conjuntos-dados/dados-do-minha-casa-minha-vida. Acesso em: 31 mar. 2024.

METRÓPOLIS. Direção: Fritz Lang. Produção: Erich Pommer. Alemanha: UFA, 1927.

MUMFORD, E. CIAM urbanism after the Athens charter. *Planning Perspectives*, v. 7, n. 4, p. 391-417, 1992.

MUMFORD, E. *Designing the modern city*: urbanism since 1850. New Haven: Yale University Press, 2018.

NASCIMENTO, I. S. O arranha-céu: produto verticalizado da globalização. *Sociedade & Natureza*, v. 12, n. 23, 2000.

PAE, T.; SOOVÄLI-SEPPING, H.; KAUR, E. Landmarks of Old Livonia: church towers, their symbols and meaning. *Journal of Baltic Studies*, v. 41, n. 4, 2010.

PEIXER, K. *Programa Minha Casa Minha Vida*: adequação dos projetos às características das famílias moradoras. O caso de Blumenau/SC e a resposta ao desastre de 2008. Dissertação (Mestrado) – Universidade Federal de Santa Catarina, Florianópolis, 2014.

PESSOA, J. Entrevista com Benjamin Adiron Ribeiro. *Vitruvius*, ano 16, n. 062.02, 2015. Disponível em: https://vitruvius.com.br/revistas/read/entrevista/16.062/5523. Acesso em: 31 mar. 2024.

PNUD – PROGRAMA DAS NAÇÕES UNIDAS PARA O DESENVOLVIMENTO; FJP – FUNDAÇÃO JOÃO PINHEIRO; IPEA – INSTITUTO DE PESQUISA ECONÔMICA APLICADA. *Atlas do Desenvolvimento Humano no Brasil*: Índice de Desenvolvimento Humano Municipal. 2010. Disponível em: http://www.atlasbrasil.org.br/. Acesso em: 31 mar. 2024.

REVISTA ACRÓPOLE. *Apartamentos para industriários*. São Paulo, n. 119, 1948.

RIO DE JANEIRO (ESTADO). *Plano Estratégico de Desenvolvimento Urbano Integrado da Região Metropolitano do Rio de Janeiro*. Rio de Janeiro, 2018. Produto 18, Tomo I.

ROSSELLA, B. *La tipologia architettonica della "casa-torre" in Italia*: una panoramica globale. Università degli Studi di Padova, 2022.

SANTOS, M. *A urbanização brasileira*. São Paulo: Hucitec, 1993.

SANTOS, V. V. P. *Viver em condomínios verticais do programa Minha Casa, Minha Vida na periferia de Curitiba-PR*: pós-ocupação, trajetórias e sociabilidade. Dissertação (Mestrado) – Universidade Federal do Paraná, Curitiba, 2017.

SÃO PAULO (Estado); FIPE – FUNDAÇÃO INSTITUTO DE PESQUISAS ECONÔMICAS. *Metrópoles sustentáveis – Cidadãos mais felizes*. São Paulo, dez. 2022.

SILVA, A. E. *A produção do espaço urbano pelo programa Minha Casa Minha Vida (faixa 1) na região metropolitana de Recife/PE*: entre a reprodução social da vida e a reprodução do espaço mercadoria. Dissertação (Mestrado) – Universidade Federal de Pernambuco, Recife, 2016.

SILVA, M. L.; TOURINHO, H. L. Z. O Banco Nacional de Habitação e o Programa Minha Casa Minha Vida: duas políticas habitacionais e uma mesma lógica locacional. *Cadernos Metrópole*, v. 17, n. 34, p. 401-417, 2015.

SOMEKH, N.; GAGLIOTTI, G. Metrópole e verticalização em São Paulo: exclusão e dispersão. Anais do XV Enanpur, 2013. Disponível em: https://anais.anpur.org.br/index.php/anaisenanpur/article/view/1/1. Acesso em: 31 mar. 2024.

SOMEKH, N. Verticalização das cidades brasileiras: legislação, forma urbana, densidades e qualidade de vida. *Anais do XVI Enanpur*, 2015. Disponível em: https://anais.anpur.org.br/index.php/anaisenanpur/article/view/2519/2499. Acesso em: 31 mar. 2024.

STAMPS, A. E. Fractals, skylines, nature and beauty. *Landscape and Urban Planning*, v. 60, n. 3, p. 163-184, 15 Aug. 2002.

TEXIER, E. *Tableau de Paris*. T. 1. 1852-1853. Disponível em: https://gallica.bnf.fr/ark:/12148/bpt6k2058533/f72.item.zoom#. Acesso em: 31 mar. 2024.

THE WRIGHT LIBRARY. Sixty Years of Living Architecture: The Work of Frank Lloyd Wright (1951-1956). 2010. Disponível em: http://www.steinerag.com/flw/Books/sixty.htm#1147.97. Acesso em: 31 mar. 2024.

TRATA BRASIL. *Ranking do saneamento 2024*. 2024. Disponível em: https://tratabrasil.org.br/ranking-do-saneamento-2024/. Acesso em: 31 mar. 2024.

URZEDO JÚNIOR, S.; CASTRO, D. M. Teste de correlação entre o indicador de urbanização e renda (Ceperj) com o índice de vulnerabilidade social (IVS) nos recortes espaciais das unidades de desenvolvimento humano (UDHS) da Região Metropolitana do Rio de Janeiro. *In*: MARGUTI, B. O.; COSTA, M. A.; FAVARÃO, C. B. (org.). *Territórios em números*: insumos para políticas públicas a partir da análise do IDHM e do IVS de UDHs e regiões metropolitanas brasileiras, livro 2. Brasília: Ipea; INCT, 2017. Cap. 1.

VARDOULAKIS, S.; FISHER, B. E. A.; PERICLEOUS, K.; GONZALEZ-FLESCA, N. Modelling air quality in street canyons: a review. *Atmospheric Environment*, v. 37, n. 2, p. 155-182, Jan. 2003.

VILLAÇA, F. *As ilusões do Plano Diretor*. São Paulo: edição do autor, 2005.

WILLIS, C. *Form Follows Finance*: skyscrapers and skylines in New York and Chicago. New York: Princeton Architectural Press, 1995.